W0060782

Schlecky Silberstein

DAS INTERNET MUSS WEG

Eine Abrechnung

Sollte diese Publikation Links auf Webseiten Dritter enthalten,
so übernehmen wir für deren Inhalte keine Haftung, da wir uns diese
nicht zu eigen machen, sondern lediglich auf deren Stand zum
Zeitpunkt der Erstveröffentlichung verweisen.

Verlagsgruppe Random House FSC® N001967

PENGUIN und das Penguin Logo sind Markenzeichen
von Penguin Books Limited und werden
hier unter Lizenz benutzt.

1. Auflage 2019
Copyright © der deutschsprachigen Ausgabe 2018
by Albrecht Knaus Verlag, München,
in der Verlagsgruppe Random House GmbH,
Neumarkter Straße 28, 81673 München
Umschlag: Bürosüd nach einem Entwurf von
Favoritbüro, München
Druck und Bindung: GGP Media GmbH, Pößneck
Printed in Germany
ISBN 978-3-328-10443-8
www.penguin-verlag.de

Dieses Buch ist auch als E-Book erhältlich.

Urteile nie über einen anderen,
bevor du nicht einen Mond lang in
seiner Filter Bubble gesurft hast.

Inhalt

Gut gemeint, miserabel umgesetzt.
Warum es sich mit dem Internet unmöglich leben lässt

Lieber Leser, seitdem dieses Buch erstmals das Licht der Buch-läden erblickte, wurde ich von einer Frage verfolgt: Wie kann jemand das Internet verteufeln, der als Blogger und Gründer einer Online-Comedy-Show all seine Erfolge genau diesem Medium zu verdanken hat? Mittlerweile wird die Frage immer seltener gestellt, denn pünktlich zur Veröffentlichung der Erstauflage stolperte Facebook über einen gigantischen Datenskandal im Rahmen der Cambridge-Analytica-Affäre, wenig später präsentierte die EU mit der Datenschutzgrundverordnung eine historische Maßnahme gegen die bis dahin weitestgehend unregulierte Datensammelwut vieler Konzerne aus dem Silicon Valley. Man kann sagen: Mittlerweile existiert in der vernetzten Welt ein besseres Verständnis für die Macht der Daten und die damit verbundenen Manipulationsmöglichkeiten. Das Internet in seiner aktuellen Form ist die menschenfeindlichste Maschine, die die Menschheit je gebaut hat. Ich fordere daher den Komplett-Reset, den großen Blackout. Dann haben wir vielleicht die Chance, die Kontrolle über dieses Medium zurückzugewinnen. Diese Option möchte ich gemeinsam mit Ihnen durchdenken und eröffne mit den gravitätischen Worten: Wer die Zukunft erschaffen will, muss die Vergangenheit verstehen.

Die beginnt in unserem Fall mit der Erfindung des Buchdrucks. Die Erfindung des Buchdrucks hat alles verändert: Plötzlich lag das Wissen der Welt nicht mehr bei wenigen korrupten Geistlichen, es stand jedem offen, der sich informieren wollte. Erstmals konnten Gedanken in großem Maßstab vervielfältigt und geteilt werden. Der Austausch von Ideen bedeutete die »Globalisierung des Denkens«, die den modernen Humanismus ungebremst bis in die letzten Winkel Europas bringen sollte.

So wird es uns stets vorgebetet, und langfristig trifft das auch zu. Kurzfristig, also in den drei Jahrhunderten, nachdem Johannes Gutenberg 1450 mit seinen beweglichen Lettern die erste gedruckte Bibel produzierte, brach das Chaos aus. Diese Seite der Geschichte wird viel zu selten erzählt, verrät uns aber mehr über das Internet, als Sie glauben. Bevor wir uns also in die Tücken der Gegenwart stürzen, lassen Sie uns nach Mainz ins Jahr 1445 schweifen, wo der Goldschmied Johannes Gutenberg seit zehn Jahren an einem System arbeitete, das seiner Einschätzung nach das *next big thing* werden könnte. Bis dahin wurden Bücher von Spezialisten per Hand geschrieben, und weil diese Spezialisten in der Regel Mönche oder Nonnen waren, hielt sich die Spannung ihrer Werke in Grenzen. Gutenberg erfand mit dem Handgießinstrument eine Art Backform für Buchstaben. In diese Form goss er heißes, flüssiges Metall und hatte nach dem Abkühlen einen Buchstaben-Stempel. 1455 präsentierte Gutenberg die erste Bibel, die mithilfe dieser Buchstaben-Stempel entstanden war, und demokratisierte damit das rare Gut Wissen. Bis zu diesem Zeitpunkt hatten sich die Menschen auf einen kleinen Wissenskanon geeinigt, und Nachrichten waren Mundpropaganda nach dem Stille-Post-Prinzip. Plötzlich wurden die Bürger von unterschiedlichsten Druckerzeugnissen nahezu überrollt, von denen die Bibel nur eines unter vielen war: Bücher, Pamphlete, Traktate, Flugblätter, Satiren, Pornografie, alles war dabei. Jeder mit genügend Geld und Zugang zu einer Druckerpresse konnte vom konstruktiven Beitrag bis zum hirnverbrannten Wahnsinn alles in den Raum stellen, und schnell merkten die Zeitgenossen, dass man nicht nur Geschichten, sondern auch Denkanstöße publizieren kann. Binnen weniger Jahre konnten alle mitreden, nicht nur Kirche und Adel, während das Drucken immer preiswerter wurde. Alles war mit allem vergleichbar, und immer häufiger mussten die Menschen sich entscheiden, welcher von den vielen Meinungen sie sich anschließen wollten. Es gab weder Erfahrung im Umgang mit Massenpropaganda, noch gab es überhaupt Erfahrung mit Druckerzeugnissen, es gab nur eines: Verunsicherung. Zuerst ging es den alten Eliten an den Kragen: Die lutherische Bibelübersetzung brachte das Wort Gottes zu den kleinen Leuten, die daraufhin das Auslegungsmonopol der lateinisch gebildeten Geistlichen in Frage stellten. In der Folge tobten gerade in Deutschland unterschiedliche Konfessionskriege, die in den Geschichtswissenschaften häufig als Dreißigjähriger Krieg zusammengefasst werden. Nie zuvor hatte Mitteleuropa eine solche Verwüstung gesehen: Zwischen 1517 und dem Westfälischen Frieden von 1648 schrumpfte die Bevölkerung von schätzungsweise 17 Millionen Menschen auf 10 Millionen. Das waren die direkten Folgen des Buchdrucks; vom Philanthropinismus und Humanismus, die Europa später küssen sollten, bekamen die Zeitgenossen nichts mehr mit.

Dem aufmerksamen Leser erschließen sich die Parallelen zur Gegenwart. Zurzeit erleben wir eine ähnliche Entwicklung. Geld, Papier und Logistik waren in den letzten 550 Jahren die Bedingung für die Verbreitung von Informationen, bis das Internet den nächsten großen Demokratisierungsschub brachte: Heute kann jeder alles für sehr wenig Geld publizieren, eine Möglichkeit, von der eifrig Gebrauch gemacht wird. Wieder begegnen wir einer Wasserwand von Informationen, mit deren Ausmaß wir noch nie in der Geschichte der Menschheit Erfahrung gemacht haben. Auch wenn der Buchdruck für die Zeitgenossen im 15. Jahrhundert eine Revolution war, er ist ein Witz gegen den Schritt vom analogen ins digitale Zeitalter. Heute kann die Information eines Einzelnen in weniger als zwei Sekunden an nahezu die Hälfte aller Menschen auf dem Planeten geschickt werden. Überlegen Sie sich das mal!

Wird Krieg ausbrechen? Sagen wir mal so: Auf der ganzen Welt lösen nationalistische Regierungschefs ihre liberalen Vorgänger ab, die Arbeitslosigkeit steigt, und sowohl Historiker als auch Statistiker fürchten, unsere weitgehend friedlichen Zeiten könnten bald vorbei sein. Das liest man immer wieder.

In diesem Buch geht es nicht um Krieg. Es geht um die Transformation der analogen in die digitale Welt, die viele als eine weitere Errungenschaft nach der Elektrizität und der Dampfmaschine wahrnehmen, weshalb sie sich auf die Zukunft freuen. Das ist alles eine Frage der Perspektive. Für mich ist das Internet Schritt zwei. Schritt eins war das Rad.

Als großer Science-Fiction-Fan war ich schon als Kind fasziniert von Dystopien wie *1984* und *Brave New World*, wobei ich mich fragte, warum es bei der ganzen Auswahl an Visionen so wenige optimistische Vorstellungen von der Zukunft gibt. Wahrscheinlich liegt es in der Natur des Menschen, sich vor dem Ungewissen zu fürchten und stattdessen die Vergangenheit zu romantisieren. De facto ging es bei allem »Früher war alles besser« immer bergauf. Wohlstand und Gesundheit sind in der Menschheitsgeschichte stetig gestiegen, doch wir ziehen daraus nicht den Schluss: »Morgen wird alles besser«. Dabei sollte uns die Statistik optimistisch stimmen: Wächst die Weltwirtschaft weiterhin wie in den letzten 50 Jahren, wird die Welt im Jahr 2050 fast fünfmal reicher sein als heute, 2100 werden wir unseren Wohlstand im Vergleich zu heute etwa vervierunddreißigfacht haben. Aber genau diese exponentiell ansteigende Rasanz fordert uns einiges ab. Das Gefühl vieler Zeitgenossen, die Welt drehe sich für sie zu schnell, ist mehr als nur ein Gefühl, es ist ein Tatsachen-Erlebnis. Gemäß dem Moore'schen Gesetz, das der Intel-Mitbegründer Gordon Moore bereits 1965 formulierte, verdoppelt sich die Rechenleistung von Prozessoren alle 18-24 Monate.

Wenn sich die Rechenkapazität von Computern alle zwei Jahre verdoppelt, haben wir ein klassisches exponentielles Wachstum, das heißt, die Rechenleistung steigt nicht konstant, sondern mit der Zeit immer schneller. Dabei sind Computer nicht nur stationäre Rechner oder Laptops, sondern auch Smartphones, Fernbedienungen sowie das Innenleben Ihrer elektrischen Zahnbürste. Wir sind in allen Lebensbereichen von Computern umgeben, deren Leistung sich in atemberaubender Geschwindigkeit erhöht. Durch das Internet sind diese Computer in der Regel alle in unterschiedlichen Ausgestaltungsstufen miteinander vernetzt. In diesem Netz bewegt sich der Mensch, dessen Rechenleistung deutlich langsamer steigt – manche haben sogar das Gefühl, sie sinke seit einigen Jahren. Der Mensch war schon immer dazu verdammt, dem technischen Fortschritt, den er ja selbst anschiebt, hinterherzukommen. Bislang waren wir immer in der Lage, zum aktuellen technischen Status quo aufzuschließen, entgegen den Prognosen der Skeptiker, die nach jeder technischen Revolution den Untergang der Menschheit voraussagten. Aber wenn Sie mich fragen, ist die Erfindung des Internets überhaupt nicht vergleichbar mit all den Peanuts-Errungenschaften unserer Vorfahren, die jeweils ein neues Zeitalter eingeläutet haben sollen. Das Internet ist der eine riesengroße Schritt, von dem sie in 100 000 Jahren sagen werden: Das war die erste Zeitenwende der Menschheit. Messen Sie mich an meiner Aussage in 100 000 Jahren.

Das Internet ist kein neuer Standard, der uns auf ein neues technologisches Plateau hebt, das wir die nächsten 50 Jahre in Ruhe bewirtschaften können. Das Internet oder besser gesagt die vernetzte Welt verändert sich so schnell, dass 2019 ganz anders aussieht, als 2022 es tun wird. Wenn ich also dem Buchtitel gemäß fordere »Das Internet muss weg«, dann rede ich von der aktuellen Version des Internets. Alle Probleme, die ich auf den folgenden

Seiten illustriere, haben ihre Wurzeln in jüngster Vergangenheit. Wenn Sie mich auf einen konkreten Zeitpunkt festnageln wollen, dann beginnt die von mir kritisierte Version des Internets am 9. Februar 2009, als der *Facebook-Like-Button* eingeführt wurde, womit die Hochphase der Attention Economy begann. Ich beziehe mich also auf das Social-Media-Internet, in dem Einzelpersonen bequem und gratis ihr eigenes Egomarken-Portal im Internet eröffnen können. Darauf kommen wir im Detail später noch zu sprechen.

Zurück zur Dystopie: In den meisten finsteren Zukunftsvisionen der Science-Fiction und der Cyberpunk-Kultur gibt es bei allen fantastischen Gedankenspielen auffallend oft eine Konstante: Die Welt wird nicht von gewählten Regierungen, sondern von Konzernen regiert. Ganz offensichtlich fürchten wir uns davor, vom Kapitalismus mit Haut und Haar gefressen zu werden und eines Tages 24 Stunden lang für die Gewinn-Interessen anderer zu leben. Der Gag ist: Das tun wir bereits! Wir befinden uns mitten in einer düsteren Science-Fiction, aber weil unsere Autos immer noch nicht fliegen, merken wir es nicht. Sie ahnen bereits meine These: Technologie-Konzerne wie Facebook, Google und Apple regieren die Welt. Das ist Auslegungssache. Niemand im Silicon Valley will Legislative, Exekutive und Judikative über den Haufen werfen oder gar an sich reißen. Ebenso wenig haben die größten Tech-Milliardäre der Welt Ambitionen, eine Präsidentschaft anzutreten. Große Tech-Konzerne wollen fürs Erste nur Geld verdienen. Und sie sind unglaublich gut darin. Interessant ist, dass die wenigsten Internetnutzer verstehen, *womit* die größten Tech-Konzerne der Welt ihr Geld verdienen. Die meisten antworten: mit Werbung. Das ist sogar ein bisschen richtig, aber nur ein kleiner Teil der ganzen Antwort: Facebook und Google verdienen ihr Geld mit den Nutzerdaten ihrer User. Diese Daten werden unter anderem für den gezielten Einsatz personalisierter Werbung ausgewertet. Aber auch für Rohdaten gibt es einen Markt:

Datenhandel ist wie Drogenhandel eine sehr diskrete Branche, die für eine 200-Milliarden-Dollar-Industrie auffällig unauffällig in der Gesellschaft auftritt.

WAS SIND MEINE DATEN WERT?

€ Datenhandel ist eine 162-Milliarden-Euro-Industrie

2012 machten Datenhändler 121 Milliarden Euro Umsatz

@ Eine Liste mit Kontakten von 1000 Menschen, die unter Magersucht leiden, kostet 64 Euro

Der durchschnittliche Wert einer E-Mail-Adresse beträgt 72 Euro

Abb. 1 Diskret, aber mächtig. Datenhändler könnten in Sachen Einfluss schon bald Bankern den Rang ablaufen.

Daten-Broker kaufen Nutzerdaten von sozialen Netzwerken, aber auch von Spieleherstellern und Anbietern von Unterhaltungselektronik – machen wir's kurz: Daten-Broker kaufen alle Daten. Denn es gibt keine wertlosen Daten. Dafür beschäftigen Daten-Broker die talentiertesten Mathematiker und Statistiker der Welt, die den ganzen Tag nichts anderes tun, als Zusammenhänge zwischen unterschiedlichen Daten zu finden. Über verschiedene statistische Methoden und hochspezialisierte Algorithmen schürfen Daten-Broker aus allen Daten nichts weniger als statistische Fakten. Wenn Sie zum Beispiel Kastanienmännchen verkaufen, können Sie bei einem Daten-Broker eine Analyse in Auftrag geben, bei welchen Menschen statistisch gesehen die Wahrscheinlichkeit am höchsten ist, dass sie noch in diesem Jahr mindestens ein Kastanienmännchen kaufen werden. Anschließend präsentiert Ihnen der Daten-Broker, was Sie tun müssen, um die Wahrscheinlichkeit zu erhöhen, von potenziellen Kastanienmännchen-Käufern gesehen zu werden. Das hat weniger etwas mit Werbung zu tun als mit gezielten datengestützten Prognosen. Es gibt auf der Welt kein Unternehmen, das daran kein Interesse hat. Datenhändler sind also die größten Käufer von Daten. Die größten Anbieter sind Google und Facebook. Je mehr Geld diese Unternehmen verdienen wollen, desto mehr Daten müssen sie abbauen. Das heißt: Google und Facebook suchen den ganzen Tag nach Möglichkeiten, ihren eigenen Service so zu verändern und zu verfeinern, dass ihre Nutzer maximal viele Daten erzeugen.

Wenn der Rohstoff Daten heißt und Datenhändler die Hauptkunden von Facebook und Google sind, was sind dann die Nutzer von Facebook und Google? Die Rohstofflieferanten. Buchstäblich jeder unserer Schritte ist ein mess- und verkaufbares Datenprodukt. Gleich mehrere Apps auf Ihrem Smartphone messen, wann sich Ihre Positionsdaten verändern, jede einzelne Handlung auf Facebook wird festgehalten, Ihre Einkäufe beinhalten unglaublich wertvolle Informationen, die natürlich registriert und weiterverkauft werden. Jeder Ihrer Kontaktpunkte mit irgendeiner Art von vernetztem Mikrochip erzeugt handelbare Daten. Und so hat sich in den vergangenen zehn Jahren die Grundarchitektur des Internets komplett verändert, obwohl es augenscheinlich aussieht wie immer. Fast jeder Inhaber eines Servers optimiert sein Produkt dahingehend, möglichst viele Daten abgreifen zu können. Als größte Player am Datenmarkt geben Google und Facebook das Tempo und den Trend vor. Und der liegt im Anreiz zur Interaktion. Tech-Konzerne verlassen sich nicht mehr darauf, dass wir so oder so Daten dalassen, stattdessen werden wir gemäß den aktuellsten Erkenntnissen der Neurowissenschaften mit Interaktionsanreizen bombardiert. Denn Interaktion ist, wenn Sie so wollen, der Samen, aus dem Daten erst entstehen. Jede einzelne Vibration Ihres Smartphones ist ein Interaktionsanreiz, die Gestaltung Ihres Newsfeeds auf Facebook und Instagram ist ein Interaktionsanreiz; dass keine Variable mehr ohne Kennzahl kommt (Freunde, Likes, Kommentare …), folgt ebenso wie sämtliche Formen und Farben im Internet dem Konzept eines ausführlich getesteten Interaktionsanreizes. Dieses System gilt nicht für ausgewählte Märkte, sondern für die ganze Welt. Deshalb haben wir auch überall auf der Welt die gleichen Probleme. Medien müssen sich dem Diktat der Interaktionsanreize anpassen. Vielleicht haben Sie auch schon festgestellt, dass die Nachrichtenberichterstattung heutzutage deutlich emotionaler ist als noch in den Neunzigern. Das liegt einzig daran, dass Emotionen durch viele Studien belegt Interaktionen fördern. So werden nüchterne oder differenzierte Haltungen von Algorithmen gefiltert, die nur für eine Aufgabe programmiert wurden: den Interaktionsgrad zu erhöhen. Leider sorgen negative Emotionen für mehr Interaktion als positive Emotionen. Heißt das etwa, Algorithmen machen uns absichtlich wütend, weil Wut die effektivste Determinante für Interaktion ist? Indirekt ja. Und das ist das Problem mit Algorithmen. Sie arbeiten tausendmal schneller als das menschliche Gehirn, aber sie verstehen den Menschen nicht. Wenn der Massenmörder Anders Breivik auf Facebook viele Inhalte mit den gleichen Schlagworten teilt, also interagiert, dann lernt der Algorithmus: Das gefällt ihm offenbar, davon sollte er mehr sehen, dann interagiert er. Der Algorithmus versteht nicht, dass die Schlagworte »Heil«, »Auslöschung« und »Invasion« Ausdruck negativer Gefühle wie Wut sind. Und deshalb macht der Algorithmus den Massenmörder unfreiwillig wütender mit immer mehr Content aus der Welt der rassistischen Arschlöcher.

Falls Sie sich noch an die Prä-Internet-Ära erinnern können: Gab es damals Reflexhandlungen wie das Checken des Smartphones oder Panik-Gefühle, wenn Sie ein bestimmtes Produkt zu Hause vergessen hatten (abgesehen von Ihrem Pass auf dem Weg zum Flughafen)? Oder ein Stadtbild, in dem Menschen komplett absorbiert in ein Gerät starren? Das gab es nicht, weil es kaum Interaktionsanreize gab. Nehmen Sie die ersten Mobiltelefone: Niemand wischte selbstvergessen durch seine Telefonnummern. Erst 2007, als Social-Media-Kanäle über das Smartphone mobil besucht werden konnten, kamen die ersten Handy-Zombies. Apple, Nokia und Motorola haben keine Daten verkauft, sondern Hardware. Der Reflex Smartphone-Checken entstand erst durch die Interaktionsanreize, die vor allem Facebook anbietet. Hinter diesen Impulsen verbirgt sich nämlich noch mehr als der kleine Stupser, doch irgendetwas Datenträchtiges zu tun. Wenn wir auf der Toilette unsere Social-Media-Kanäle checken, kommt der Antrieb dazu aus einer kleinen Region im Vorderhirn. Hier befindet sich der Nucleus accumbens, der die wichtigsten Rezeptoren des Menschen beherbergt: die Dopaminrezeptoren. Über Dopamin wird das Belohnungssystem gesteuert. Oder nennen wir es doch einfach Anreizsystem. Ohne den Neurotransmitter Dopamin würden wir morgens einfach im Bett bleiben. Genau genommen hätten wir nicht mal ein Bett, weil unsere Vorfahren ohne Dopamin keinen Antrieb gehabt hätten, das Bett zu erfinden. Dopamin hängt zusammen mit unserer Erwartung auf ein positives Gefühl, das durch eine bestimmte Handlung ausgelöst wird. Wir haben Lust auf Sex, weil wir erwarten, uns dabei gut zu fühlen. Beim Sex wird daher Dopamin freigesetzt. Wir essen Kuchen, weil wir erwarten, den Geschmack zu genießen. Daher wird beim Kuchenessen Dopamin freigesetzt. Wir checken auf der Toilette einen Social-Media-Kanal, weil wir erwarten, dass wir etwas Interessantes entdecken oder dass uns jemand erwähnt beziehungsweise geschrieben hat. Allerdings ist unser Belohnungssystem extrem leicht von außen zu trainieren. Wenn Ihr Smartphone in der Tasche vibriert, ist automatisch Ihr Belohnungssystem aktiviert, dagegen können Sie gar nichts tun. Sie empfinden eine Erwartung und verknüpfen sie mit der Handlung, auf Ihr Smartphone zu schauen. Ist die Nachricht fantastisch, wird viel Dopamin freigesetzt, ist sie mindestens interessant, wird wenig Dopamin freigesetzt, war es eine Werbemail, wird gar kein Dopamin freigesetzt, weil Erwartung und Ergebnis zu weit auseinanderliegen. Dabei gibt es einen Trick: Würde Ihr Smartphone nur bei positiven Nachrichten vibrieren und sich bei »Nieten« gar nicht melden, wären Erwartung und Dopaminausstoß deutlich geringer. Das klingt auf den ersten Blick seltsam, ist aber die Basis für alle Formen des Glücksspiels. Ein Spielautomat, bei dem Sie immer gewinnen, wäre völlig reizlos. Die Ungewissheit des Ergebnisses macht Reiz und Intensität der Dopaminabgabe aus. Dazu gibt es in diesem Buch überzeugende Experimente, die den Schluss zulassen: Smartphones sind kleine Spielautomaten, deshalb können wir uns so schwer davon lösen. Die Münze ist dabei eine Dateneingabe infolge eines Interaktionsanreizes.

Dopamin ist ein häufiges Wort in diesem Buch, und das hat einen Grund: Die Belohnungssysteme der meisten Internetnutzer befinden sich nicht mehr in einem natürlichen Gleichgewicht. Oder drastischer: Viele von uns sind gehackt. Wenn Sie morgens als Erstes auf Ihr Smartphone schauen, wurden sie gehackt. Wenn Sie in der Kneipe sitzen und zum Smartphonechecken auf die Toilette gehen, wurden Sie gehackt. Wenn Sie es nicht schaffen, Ihr Smartphone 15 Minuten nach dem Vibrieren nicht anzurühren, wurden Sie gehackt. Aber Sie sind nicht allein.

Wenn ich sage »Das Internet muss weg«, meine ich, wie erwähnt, eigentlich das Social-Media-Internet, das jedoch einen so großen Teil des Gesamt-Internets ausmacht, dass der Titel dieses Buches schon klargeht. Mit Social-Media-Internet meine ich ein Netz, in dem weite Teile der Bevölkerung und nicht ein paar wenige Nerds über ein Social-Media-Profil verfügen. Das Social-Media-Internet unterscheidet nicht mehr zwischen technikaffinen Menschen und Normal-Bürgern. Auf Social-Media-Kanälen wird ein Querschnitt der Gesellschaft abgebildet, online und offline werden nicht mehr als unterschiedliche Welten betrachtet. Die ersten Menschen werden geboren, die keine Welt außer der vernetzten Welt kennen. Die gleichen Menschen werden aber auch von Kindesbeinen an Interaktionsanreizen ausgesetzt, die nachweislich einen starken neurologischen Einfluss haben. Gerade die Gehirne von Kindern verfügen über eine hohe Plastizität, man kann auch sagen Lernfähigkeit, ich bevorzuge in diesem Zusammenhang das Wort Programmierbarkeit. Wir wissen nicht, was das bedeutet. Vielleicht gar nichts. Vielleicht tritt das ein, was man schon beim Buch, beim Radio und beim Fernsehen beobachtet hat: gar nichts. Kinder passen sich schnell an neue mediale Bedingungen an, ohne dabei jemals in den Verdacht geraten zu sein, alle Errungenschaften ihrer Vorfahren aufs Spiel zu setzen. Die Forschung zum Social-Media-Konsum von Menschen, die keine andere Welt als die Social-Media-Welt kennen, findet genau jetzt statt, wir müssen uns also gedulden. Und doch dürfen uns ein paar Zahlen beunruhigen: Nie waren Angststörungen und Depressionen unter Teenagern so hoch wie heute. Nie gab es so viele Teenager-Selbstmorde. Nie beklagte sich eine Generation so sehr über Beziehungsstörungen wie Millennials, und nie registrierten Psychologen einen so niedrigen Stand des Empathie-Levels unter Jugendlichen wie heute.

In diesem Buch geht es nicht um böse Technologie-Konzerne, die skrupellosen Raubbau an Nutzerdaten begehen. Es geht vielmehr um Kollateralschäden, die niemand vorausahnen konnte. Die Erfindung des Facebook-Like-Buttons war ein gut gemeintes Instrument, mit dem man seinen Freunden zeigen konnte, dass man sie schätzt. Kein Mensch konnte nach der Einführung 2009 voraussehen, dass Facebook damit ein Monster geschaffen hatte, das zwar die Interaktionszahlen explodieren lässt, aber auch reihenweise Menschen in tiefste Krisen stürzt. Das ist nur eine von vielen nicht geplanten Entwicklungen, um die es in diesem Buch geht. Wir haben zudem viele digitale Schmetterlingseffekte, bei denen Ereignis A durch völlig irrsinnige Verkettungen Ereignis B auslöst. Überhaupt soll Ihnen dieses Buch Zusammenhänge näherbringen, die nicht auf der Hand liegen und mich bei der Recherche selbst überrascht haben. Dieses Buch will Sie zu einem mündigen Internetnutzer machen, denn das Problem ist nicht das Internet. Es sind die Leute, die es bedienen, ohne die Funktionen zu kennen.

Mir geht es mit diesem Buch auch um eine kritische Distanz zu den Möglichkeiten des Internets. So erinnere ich mich mit Schaudern an den Arabischen Frühling. Westliche Medien waren Anfang 2011 wie im Rausch, als Proteste und Aufstände wie ein Lauffeuer durch weite Teile der arabischen Welt gingen. Die Rede war von einer Facebook-Revolution, und gerade in den USA war man davon überzeugt, dass Technologie aus dem Silicon Valley vielleicht nicht sofort den Weltfrieden, zumindest aber die Demokratie in alle Welt bringen werde. Der Korrespondent George Friedman fasste pointiert zusammen: *For the Western media, anyone under the age of 30 with an iPhone is by definition a liberal democrat.* – »Für die westlichen Medien ist jeder Mensch unter 30, der ein iPhone besitzt, automatisch ein Liberaldemokrat.«

Tatsächlich blieben vom Arabischen Frühling nur drei Bürgerkriege und eine Flüchtlingskrise, die fünf Jahre später besonders Kritiker der liberalen Weltordnung über Social Media vereinen sollte. Es bleibt spannend.

GETTING STARTED.
DAS MÜSSEN SIE WISSEN

Mein geschätzter Verlag verdonnerte mich dazu, auch an die Leser zu denken, die das Netz nicht wie ihre Westentasche kennen. Gleichzeitig warnte man mich davor, Power-User und Experten zu langweilen. Ich versichere beiden Lesergruppen: Sie werden auf Ihre Kosten kommen. Nur ist das hier kein Roman, der den Leser mit einem nervenzerfetzenden Doppelmord auf Seite eins in seinen Bann zieht. Der richtige Schocker beginnt früh genug, dafür brauchen Sie aber ein Basis-Verständnis für die Motivation aller Protagonisten. Ich habe unendlich lange über einen Einstieg nachgedacht, der jeden, vom Technik-Agnostiker bis zum Start-up-Guru, gleichermaßen aktivierend in dieses Buch einlädt. Bis es mir irgendwann wie Schuppen von den Augen fiel: Wenn Sie den Kreislauf des Geldes verstehen, das jeden Tag durch das Internet fließt, dann können Sie sich die größten Probleme der Digitalisierung schon fast selbst herleiten. Wir müssen also erst mal über Geld reden. Sollten Sie sich auf den folgenden Seiten langweilen, dann verfügen Sie bereits über einen wichtigen Teil des Basis-Wissens und blättern gleich zum nächsten Kapitel, bei dem der Datenhandel im Mittelpunkt steht. Ab da versichere ich auch Intensiv-Nutzern des Internets: Es geht an die Nerven.

Wenn das Internet eines ist, dann dynamisch. Dieses Buch ist eine Momentaufnahme, aber schon übermorgen kann es sich lesen wie eine Schrift aus dem Pleistozän des Internets. Auf meinem Blog schleckysilberstein.com werde ich mich voraussichtlich bis in alle Ewigkeit mit allem auseinandersetzen, was man wissen muss, um ein skeptischer Nutzer zu bleiben.

Und jetzt viel Spaß beim Lesen.

Follow the Money.
Geld ist der Treibstoff des Internets

Wenn Sie es nicht selbst schon wussten: Im Internet dreht sich alles ums Geld. Natürlich ist die Website des Tierheims Twistringen frei von Profitinteressen, aber die digitale Infrastruktur, in der sie sich befindet, ist zu hundert Prozent von kapitalistischen Dynamiken gekennzeichnet. Was das Geldverdienen im Internet so spannend beziehungsweise pervers macht, ist die vorherrschende Gratis-Kultur. Der Internetnutzer war es immer gewohnt, digitale Inhalte seriös aufbereitet vorzufinden, ohne alle fünf Minuten etwas bezahlen zu müssen, wie es etwa am Zeitschriftenregal Usus ist. Nichtsdestotrotz wollen Content-Ersteller und Service-Dienstleister für ihre Arbeit entlohnt werden, also haben sie sich verschiedenste Wege erschlossen, dennoch Geld zu verdienen. Ich beschränke mich auf die wichtigsten Erlösmodelle, die man kennen muss, um das Internet im Social-Media-Zeitalter zu verstehen. Der elektronische Handel, wie ihn Amazon und klassische Online-Shops betreiben, gehört nicht dazu. Das größte und spannendste Geschäft namens Datenhandel folgt im nächsten Kapitel.

Banner-Werbung
Der transparenteste Weg, im Internet an Geld zu kommen, ist Werbung. Sie alle kennen Werbebanner im Umfeld eines Artikels. Es gibt verschiedene Anbieter für diese Banner; der beliebteste stammt von Google selbst. Das funktioniert so:

Jeder Website-Betreiber kann sich kostenlos beim Programm *Google AdSense* registrieren. Dort kann der Nutzer einen sogenannten *AdSense-Banner* erstellen, der sich bequem in seine Homepage einbinden lässt. Welche Werbung dieser Banner konkret anzeigt, hängt vom jeweiligen Besucher der Seite ab beziehungsweise von dessen Surf-Vergangenheit. Über einen gar nicht so komplizierten Algorithmus ahnt Google, welcher Art Produkt oder Dienstleistung der Website-Besucher zum Zeitpunkt x am ehesten zugeneigt ist. Hat die Person am gleichen Tag Turnschuhe gesucht, steigt die Wahrscheinlichkeit, Turnschuhwerbung auf den anschließend besuchten Seiten zu finden. Noch immer halten viele Internetnutzer dieses Prinzip für Voodoo und können nicht begreifen, dass sie von elektrischen Zahnbürsten verfolgt werden, weil sie zuvor Parodontose gegoogelt haben. Seien Sie versichert: Es hat nichts mit schwarzer Magie zu tun.

Sobald ein Seitenbesucher auf einen dieser AdSense-Banner klickt, wird dem Konto des Seitenbetreibers eine kleine Geldsumme gutgeschrieben. Deren Höhe hängt von so vielen Faktoren ab, dass ich es im Sinne der Verständlichkeit dabei belasse. Viel spannender ist, dass anders als bei Zeitungsangeboten für die Einblendung der Werbeanzeige keine Pauschalsumme bezahlt wird. Zeitungen haben Preislisten, die sich an ihrer Auflage bemessen, das heißt: Eine Anzeige kostet 70 000 €, wie oft sie gesehen wird und wie oft ein konkreter Kauf daraus resultiert, ist Glückssache. Wie viel über einen AdSense-Banner verdient wird, ist da deutlich leistungsgerechter. Wird der Artikel häufig aufgerufen, steigt die Wahrscheinlichkeit, dass der Banner geklickt wird, entsprechend steigt der Verdienst pro Artikel. Hier verbirgt sich ein folgenschwerer Aspekt, der den Journalismus für immer verändert hat: In der alten Zeitungswelt hat der einzelne Artikel den Werbeerlös nicht beeinflusst. Ob der Autor eine reißerische Lügengeschichte oder einen in monatelanger Recherche entwickelten Pulitzerpreis-Anwärter verfasste, spielte für den Erlös pro Artikel keine Rolle. Der Erlös pro Artikel konnte nicht mal berechnet werden. Beim Online-Artikel ist es messbar und entscheidend, wie oft er aufgerufen wurde. Andersherum weiß jeder Online-Journalist, wann sein Artikel buchstäblich wertlos war, und so weiß es auch sein Chefredakteur. Im Kapitel »Süße Droge Reichweite« gehen wir detaillierter darauf ein, merken Sie sich jetzt nur: Wer viel verdienen will, und das ist durchaus menschlich, muss dafür sorgen, dass seine Artikel so verfasst sind, dass sie so oft wie möglich neu geladen werden und damit der entsprechende Werbebanner so oft wie möglich unter dem Cursor eines Lesers landet.

Neben dem AdSense-Banner, den man an einem kleinen blauen Dreieck erkennt, gibt es unzählige weitere Banner von Medienagenturen, die aber im Wesentlichen alle nach dem gleichen Muster funktionieren. Manchmal reicht allein die Anzahl der Aufrufe des Banners, manchmal erfolgt eine Honorierung nur, wenn über den Banner auch tatsächlich ein Kauf getätigt wurde. Dazwischen gibt es viele verschiedene Modelle, die für den Seitenbetreiber aber in der Regel immer bedeuten: Je mehr Aufrufe, desto mehr Einnahmen.

Affiliate-Links

Affiliate-Programme funktionieren nach dem Provisionsprinzip und können als Banner oder als Link in Erscheinung treten. Nehmen wir an, Sie haben sich auf einem Tech-Blog über ein ganz bestimmtes Laptop-Modell schlaugemacht und sich zum Kauf entschieden. Mit an Sicherheit grenzender Wahrscheinlichkeit werden Sie in dem Artikel einen Link finden, der Sie direkt zum Online-Shop führt. Der jeweilige Händler weiß durch den Link, wer ihm den Kunden beschert hat, und so fließt im Rahmen dieses Affiliate-Deals ein Prozentsatz x vom Produktpreis an den Betreiber des Blogs. In den meisten Fällen führt der Link zu Amazon, denn hier gilt: Alles, was der Käufer zusätzlich im Rahmen dieser einen Einkaufssession ersteht, wird anteilig dem Konto des Seitenbetreibers gutgeschrieben. Hat der Tech-Blog also nur einen

Affiliate-Link zu einem USB-Stick verwendet, verdient er zusätzlich, wenn sich der Käufer neben dem Stick noch eine Hydraulik-Presse für 60 000 € in den Warenkorb legt.

Aus diesem Grund sind Amazon-Affiliate-Links für Seitenbetreiber meist interessanter als Affiliate-Links mit dem Hydraulikpressen-Shop. Und jetzt fragen Sie sich gerne, welches Interesse ein Tech-Blogger hat, ein vorgestelltes Produkt zu verreißen. Sicher, es zahlt auf die Glaubwürdigkeit der Seite ein, und das ist langfristig wertvoller, als jedes Produkt in den Himmel zu loben. In der Tendenz muss es bei Bewertungsseiten jedoch um Verkäufe gehen, und glauben Sie mir: Ich habe schon so viel Schrott erstanden, der nicht mal einen halben Stern verdient gehabt hätte, aber auf mehreren Seiten als Cutting-Edge-Technologie angepriesen wurde. Denn leider gibt es zahlreiche Agenturen, deren Geschäftskonzept darin besteht, positive Rezensionen für alles Mögliche zu verfassen. Auf Amazon ist das kein Geheimnis, aber auch in Kommentarspalten auf den Seiten von spezialisierten Shops sind diese Agenturen aktiv. Es gibt Tech-Blogs, die nur für die Hohepreisung eines einzelnen Produkts gegründet werden. Die sind meistens in der Launch-Phase online, um dann nach drei Wochen wieder vom Netz genommen zu werden. Und nicht jede dieser Seiten wird von echten Menschen verfasst. Es gibt Programme, die mit Fotos und Mustersätzen zu einem Produkt gefüttert werden und dann vollautomatisch einen neuen Tech-Blog im Netz registrieren, nur um ein Produkt zu bewerben. Ebenso gibt es sogenannte Content-Aggregatoren, die automatisch beliebte Produkte identifizieren und sie ebenso automatisch mitsamt der Produktbewertung und natürlich dem Affiliate-Link auf einer Seite sammeln, die sich als seriöses Technik-Forum ausgibt. Zwei Personen in meinem Freundeskreis leben sehr gut von solchen Aggregatoren, die circa einmal pro Monat ein wenig Wartung erfordern. (Ihr wisst, wer ihr seid. Ich mag euch trotzdem.)

Sie merken schon: Gerade über den Bereich »Dirty Tricks im E-Commerce« könnte man Bücher schreiben. Es gibt diese Bücher auch, nur heißen sie nicht »Dirty Tricks«, sondern oft einfach nur »Erfolgreich im Internet in 10 Schritten«. Die kurze Faustformel lautet: Alles, was denkbar ist, ist auch machbar. Während eines Aufenthalts in Peking (ausgerechnet) mailte mir ein Freund, er habe durch Zufall eine Seite eines Schweizer Betreibers gefunden, die eine exakte Kopie meines Blogs sei. Daraufhin habe ich einen neuen Artikel verfasst und fasziniert registriert, wie er nach wenigen Sekunden perfekt formatiert auf der Schweizer Kopie erschien. Inklusive zusätzlicher Affiliate-Links. Ich habe den Betreiber ausfindig gemacht. Es war ein Teenager, der sich immerhin reuig zeigte und die Seite vom Netz nahm.

Advertorials

Warum im Umfeld werben, wenn man auch direkt einen ganzen Artikel kaufen kann? Ein Advertorial ist eine Werbeanzeige in der Aufmachung eines redaktionellen Beitrags, ein Artikel, den der Autor im Auftrag des Werbenden verfasst, der ihn dafür bezahlt. Das klingt nicht nur schal, es ist es auch. Ich nehme auch Geld für Artikel und kann zumindest für die Blogger-Zunft sagen: Dass es sich bei dem Artikel um Werbung handelt, wird ganz groß in der Artikelüberschrift mit den Worten »Werbung« oder »Sponsored Post« gekennzeichnet. Wobei die Kennzeichnung meist auch von den werbenden Unternehmen explizit eingefordert wird, alles andere wäre Schleichwerbung. In der Regel funktioniert das so: Eine PR-Agentur stellt eine Anfrage, zum Beispiel für die Verbreitung eines Werbefilms. Der Blogger kann entscheiden, ob das Video in den Rahmen seines Programms passt, wobei ich auch schon oft gebeten wurde, Videos über die Vorteile von Solaranlagen zu verbreiten. In dem Fall lehne ich ab, weil ich weiß, meine Leser würden sich auflehnen. Passt das Video thematisch, steht den Blogs frei, wie sie darüber berichten. Ich habe auch mal testweise ein Video eines großen Autobauers nach allen Regeln der Kunst verrissen, um zu testen, wie weit das Versprechen der redaktionellen Freiheit wirklich gilt. Es gab keinen Widerspruch, allerdings habe ich auch nie wieder von der Agentur gehört. Dennoch verstehe ich den Unmut meiner Leser, weil sich mit einem Advertorial Unternehmen in das Heiligtum eines Mediums einkaufen. In den Content-Bereich nämlich. Oft lese ich Kommentare wie »Schade, dass der AdBlocker keine Advertorials blockt«.

AdBlocker erkennen klassische Werbebanner und blenden sie aus. In der Folge laden Seiten schneller, und der Lesespaß wird nicht von Werbung getrübt. Für den Werbemarkt bedeutete das Aufkommen dieser Browser-Erweiterungen logischerweise sinkende Einnahmen. Und so wurden die Budgets für Bannerwerbung sehr schnell in den Topf für Advertorials umgelegt. Die Anfragen für In-Article-Werbung sind bei allen Online-Angeboten explodiert, was die Beziehungen zwischen Redaktionen und Lesern regelmäßig trübt. Aber die Ironie des Kapitalismus will es so: Leser störten sich an Werbung im Content-Umfeld, jetzt haben sie die gleiche Werbung viel störender im Content. Und so edel wie sich die Anbieter von AdBlockern oft geben, so clever verdienen sie Geld. Das Unternehmen *Eyeo* bietet die erfolgreiche und kostenlose Browser-Erweiterung *Adblock Plus* an, die in ihrer Wachstumsphase die Marke von 100 Millionen Nutzern knackte, denen sie weitgehend werbefreies Surfen versprach. Weitgehend bedeutet hier: Adblock Plus blockt nur Werbung, die das Unternehmen als inakzeptabel kennzeichnet. Akzeptable Werbung wird weiterhin auf den Bildschirmen der Nutzer angezeigt. Als akzeptabel betrachtet Eyeo: keine aggressiven Pop-ups (Banner, die unvermittelt aufpoppen), keine Banner, die den Lesefluss unterbrechen, also mitten im Text platziert sind, und ein paar weitere Kriterien mehr. Marketer können ihre Banner bei Eyeo prüfen lassen. Natürlich gegen eine Gebühr. Genial! 2014 meldete das Unternehmen dem Bundesanzeiger eine Bilanzsumme von 4 799 002,94 €.

Seit September 2016 können Unternehmen bei Eyeo sogar Banner in Auftrag geben. Natürlich nur akzeptable Banner. Der Nutzer-Protest blieb übrigens bei der als akzeptabel eingestuften Werbung aus.

Influencer

Die mit Abstand beliebtesten Werbeflächen für Marketer sind echte Menschen. So macht es einen Unterschied, ob die *Computerbild* eine Gaming-Tastatur bewirbt oder ein Gamer mit drei Millionen Facebook-Fans. »Influencer« ist ein Marketing-Neologismus für Leute mit vielen Social-Media-Fans. Das können viele Follower auf Twitter oder Instagram sein, Fans bei Facebook, Abonnenten bei YouTube – am besten eine akkumulierte Kombination aus allem. Diese Kriterien erfüllen in erster Linie Stars, und das dürften Sie noch aus fernerer Vergangenheit kennen: Erfolgreiche Personen aus Kultur oder Sport haben schon immer Werbeverträge gemacht, waren Markenbotschafter oder haben ihr Arbeitsgerät von einem Sponsor erhalten. Das ist immer noch so, nur gibt es, getreu der Vorhersage Andy Warhols, mittlerweile 100 000 Mal mehr Stars als noch Ende der Achtzigerjahre (Schätzung). Um genau zu sein, reden wir hier von Social-Media-Stars, also Menschen, die deshalb Stars sind, weil sie viele Social-Media-Fans haben. Das große Versprechen des Social-Media-Zeitalters ist dabei, dass man erstmals keine überragenden Talente braucht, um heutzutage ein Star zu sein. Der moderne Star geht noch zur Schule, kann weder singen noch schauspielern, noch würde er in irgendeiner sportlichen Disziplin besonders hervorstechen, und trotzdem verfügt er über 900 000 Fans. Und genau das macht diese jungen Influencer so interessant für die Werbewirtschaft: Sie sind die perfekte Identifikationsfläche für ihre genauso normalen Fans.

Das Prinzip Influencer-Marketing lässt sich am besten am Beispiel von YouTubern erklären, also Menschen, die regelmäßig Videos von sich auf YouTube senden und in einer perfekten Symbiose mit den Interessen ihrer Fans und den Interessen der Werbewirtschaft leben. Besonders eindrucksvoll: Beauty Blogger. Mehrmals pro Woche präsentieren meistens junge Damen Schminktipps, für die sie natürlich real existierende Produkte verwenden.

Unternehmen wie L'Oréal haben also ein Interesse, dort ihre Produkte zu platzieren, während Zuschauer ein Interesse haben, die vorgestellten Produkte auch kaufen zu können. Für die Werbewirtschaft ist damit ein Traum wahr geworden: Echte Menschen präsentieren Produkte über einen Zeitraum, der als klassische TV-Werbung unbezahlbar wäre. Aber es kommt noch besser: Diese Menschen werden von der Zielgruppe nicht als bezahlte Models wahrgenommen, sondern als Freunde. Influencer haben, wie der Name schon sagt, einen Einfluss auf ihre Follower, weil sie eben keine unnahbaren Stars sind, sondern ihren Anhängern das Gefühl geben, diese könnten an ihrem Leben teilhaben. Der unbezahlbare Wert für die Werbewirtschaft liegt auf der Hand: Wer sein Leben mit mir teilt, dem vertraue ich um ein Vielfaches mehr als einer Person, die ich hin und wieder in People-Magazinen sehe.

Bevor ich erkläre, wie YouTuber Geld verdienen, muss ich noch einmal betonen: Es sind nicht kreative Inhalte, die einen jungen Menschen zum Fan eines YouTubers machen. Es ist die Person. In ihren erfolgreichsten Videos sitzen YouTuber ohne Schnitt vor der Kamera und reden über sich und ihre Gefühle. Ein Sketch, ein Kurzfilm oder eine Kunstperformance wären mit Sicherheit origineller, aber nicht das, was die Fans sich wünschen. Für Menschen, die mit halbwegs professionell hergestellten Medienprodukten aufgewachsen sind, ist es immer wieder unerklärlich, wie sich Teenager stundenlang andere Teenager anschauen können, die nicht mehr tun, als normale Teenager zu sein. Und damit 500 000 Views pro Video generieren. Aber genau diese Nähe zieht Fans von YouTubern immer wieder vor den Bildschirm. Einen wesentlichen Reiz macht auch ein konkretes Das-könnte-ich-auch-Gefühl aus, das unter anderem dafür sorgt, dass YouTuber bei Schülern schon länger ganz oben auf der Liste der Berufswünsche steht. Glauben Sie mir, für diese Erkenntnis habe ich lange gebraucht, und der Weg dorthin war nicht frei von psychischen Schmerzen.

Fangen wir also an: Ein YouTuber ist quasi sein eigener Privatsender. Im Schnitt erscheinen drei Videos pro Woche, die durchschnittlichen Produktionskosten pro Clip liegen im mittleren zweistelligen Bereich. Meistens reichen eine Kamera und zwei Licht-Panels aus, erstaunlich viele YouTuber verzichten sogar auf ein Ansteckmikrofon. Mit so einem überschaubaren Set-up lassen sich 500 000 Fans langfristig bequem bespielen. Da YouTube Google gehört, kann man die Clips ebenfalls über das AdSense-System monetarisieren, nur werden hier keine Banner, sondern kurze Werbefilme vor die Videos geschaltet. Das generiert Einnahmen, aber weil wir hier über das Prinzip »Geld verdienen als Influencer« sprechen, möchte ich gleich zum Influencer-Aspekt springen: Unternehmen haben schnell erkannt, dass ihre Produkte in den Händen eines YouTubers eine hochprofitable Form des Marketings sind und ganz anders gehandhabt werden als Product Placement in den traditionellen Medien. Wo ein Unternehmenslogo in der Unschärfe eines ARD-Tatorts regelmäßig für Entrüstungsstürme sorgt, gehört die offene Präsentation eines Produkts bei YouTubern zum guten Ton. In sogenannten HAUL-Videos zeigen YouTuber in 20 Minuten 20 Produkte, und zwar nicht im Kontext einer Storyline, vielmehr ist die Produktpräsentation der Content. Wer jetzt denkt »Das schaut doch keine Sau«, der irrt: HAUL-Videos erfreuen sich ebenso vieler Zuschauer wie ein hochpersönlicher Seelenstriptease.

Die Vermittlung zwischen Marken und YouTubern übernehmen in der Regel Influencer-Agenturen beziehungsweise Influencer-Netzwerke. Wenn also *Ferrero* ein besonders schlankes, schönes Model sucht, um Nutella auch bei figurbewussten Teenager-Mädchen ganz nach oben zu bringen, kann sich das Unternehmen an eine dieser Agenturen wenden. Sein Produkt wird dann in einem YouTube-Clip präsentiert, der je nach Reichweite des Influencers 100 000 bis 900 000 Kontakte erzielt. Die Reichweite entscheidet dabei natürlich auch über das Honorar.

Abb. 2 Sie präsentiert ihren Lieblingsaufstrich
aus tiefster Überzeugung. Andernfalls wiese
eine Einblendung auf eine Werbung hin.

Laut einer Preistabelle, die der *Süddeutschen Zeitung* im Februar 2015 vorlag, erhielt die damals 25-jährige YouTuberin Nilam Farooq alias »daaruum« 12 800 € pro Kooperation, einen Post über Instagram gab es bereits für 2970 €. Das klingt viel, ist auch viel, aber aufgrund meiner sieben Jahre in der Werbebranche kann ich Ihnen versichern: Im Gegensatz zu klassischer Werbung (Print, TV, Radio) ist das unschlagbar günstig.

Wer sich als erwachsener Mensch zum ersten Mal durch das Video-Archiv einer Beauty-Vloggerin (= Video-Bloggerin) klickt, ist zunächst schockiert. Hier werden Produkte mit so viel Nachdruck gelobt, dass der Betrachter vermuten muss, die Protagonistin würde mit dem Tod ihrer Familie erpresst. Noch viel größer aber ist das Problem der klaren Kennzeichnung als das, was es ist: knallharte Werbung. Dem durchschnittlichen Teenager von Verstand wurde lange Zeit suggeriert: »Ich war heute bei Rossmann und habe mir von meinem Geld diese zehn Produkte gekauft, deren Namen ich deutlich ausspreche und ohne die ich mir ein Leben in Würde nicht mehr vorstellen kann.« Das ist laut Telemediengesetz Schleichwerbung:

> *Schleichwerbung ist immer dann gegeben, wenn der redaktionelle Gehalt mit Werbung vermischt wird, ohne dass die Werbung als solche kenntlich gemacht wird. Nach dem Telemediengesetz (§ 6 Abs. 1 Nr. 1 TMG) ist Schleichwerbung verboten, denn die sogenannte »kommerzielle Kommunikation« muss deutlich als solche erkennbar sein. Auch nach dem Gesetz gegen den unlauteren Wettbewerb (§ 4 Nr. 3 UWG) sind verschleierte geschäftliche Handlungen mit Werbecharakter unzulässig.*

Nur: Wo kein Kläger, da kein Richter. Erst seit Mitte 2017 gehen die Landesmedienanstalten gegen Schleichwerbung im Sinne des Telemediengesetzes vor und leiten formale Verfahren ein. Bis dahin waren Fans, YouTuber, Unternehmen und Vermarkter unter sich: eine Standleitung ungefilterter Werbebotschaften direkt ins Kinderzimmer. Das ist für Eltern und Jugendschützer nur schwer zu ertragen, zumal die Kennzeichnungspflicht, auch wenn sie eingehalten wird, meiner Einschätzung nach unzureichend ist. Wenn sich ein YouTuber hundertprozentig absichern möchte, ist das mit einer winzig kleinen Einblendung »Werbesendung« laut Telemediengesetz gegeben.

In der Regel gilt jedoch: Weist mir doch erst mal nach, dass für diesen Inhalt Geld geflossen ist. Und so besuchen 17-jährige Influencer ihre Fans in einem nagelneuen Mercedes-Modell, das perfekt ausgeleuchtet effektiv vier Minuten lang zu sehen ist. Anschließend gibt es eine kurze Umarmung mit dem Fan, und das Video mit dem Titel »OMG ICH ÜBERRASCHE EINEN FAN!!!« ist vorbei.

Aber auch wenn Jugendschützern bei diesem Gebaren das Messer in der Tasche aufgeht, darf man nicht vergessen, die Meinung der Nutzer zu hören. Im Rahmen der ARTE-Dokumentation »Re: Mein Leben als Werbefläche – YouTube und die Generation Z« befragte das Team bei einer Meet-and-Greet-Veranstaltung Englands erfolgreichster YouTuber die Fans nach ihrer Haltung gegenüber Product Placement und Schleichwerbung. Die überraschend selige Antwort lautete unisono: Das gehört dazu, ich mag's, wenn mir Tanya Bakes (Englands erfolgreichste YouTuberin) neue Produkte zeigt. Wenn sie's selbst nicht mag, würde sie es nicht empfehlen.

Sätze wie diese treiben Marketing-Leuten auf der ganzen Welt Tränen der Freude in die Augen. Oder wie Marketing-Experte Ricky Ray Butler in der gleichen Dokumentation erklärt: Durch YouTube können Unternehmen, Influencer und das Publikum zum ersten Mal Werbung gemeinsam genießen. Das kann man krank und rundheraus abstoßend finden, doch eine Mehrzahl der Teenager hat kein Problem damit, ihren YouTube-Stars dabei zuzusehen, wie sie den Traum eines jeden Jugendlichen leben: Man wird den ganzen Tag mit Produkten zugeschüttet und muss nichts anderes tun, als darüber zu reden. Ich teile Ihre Befürchtung, dass hier einem Ultramaterialismus Vorschub geleistet wird, der nicht zwingend die sympathischsten jungen Erwachsenen produzieren muss. Gleichzeitig haben ältere Generationen schon immer vorhergesagt, dass ihre Nachfolger das Abendland in den Untergang reißen werden. In zehn Jahren wissen wir mehr.

Die Instagram-Mafia

Nachdem Facebook den Online-Dienst Instagram 2012 für eine Milliarde Dollar übernahm, wurden in der Foto- und Video-Community sukzessive Mechanismen eingeführt, die bereits bei Facebook für mehr Interaktion sorgten. Viele Instagram-User der ersten Stunde erinnern sich noch mit Schrecken an den März 2016, als Instagram ein Update seines Algorithmus ankündigte, das versprach, auf intelligente Weise den Content rauszufiltern, der ohnehin langweilig ist. Bis dahin erschienen im Newsfeed des

Instagram-Users alle Content-Anbieter, denen er folgte, gleichgewichtet in der zeitlichen Reihenfolge ihres Content-Uploads. Ab April galten dann neue Regeln, die Facebook-Nutzer schon kannten und ohne größeren Aufruhr akzeptiert hatten: Je mehr soziale Interaktionen (Likes, Comments etc.) ein Foto sammelt, desto höher ist die Wahrscheinlichkeit seiner Sichtbarkeit. Umgekehrt bleibt Content mit weniger sozialen Interaktionen als irrelevant im Filter hängen. Eine wesentliche Rolle für die Relevanz des einzelnen Beitrags spielt außerdem die Relevanz des Absenders. Hohe Fanzahlen sind daher die besten Voraussetzungen, vom Algorithmus begünstigt zu werden. Mit diesem Update begann der teilweise existenzielle Run auf Likes und neue Follower, denn viele Instagram-Influencer lebten bereits von Werbeeinnahmen.

Die ersten Profiteure waren Unternehmen, die Fans und soziale Interaktionen verkaufen. Das klingt dubios, gehört aber zum ganz normalen Marketing. Googeln sie einfach mal nach »Fans kaufen«, sie werden seriöse Unternehmen finden, die sich auch nicht Fake-Fan-Börse, sondern Marketing-Service nennen. Auf likeskaufen.eu gibt's 1000 Facebook-Fans für 23,79 €, 500 Instagram-Follower kosten 47,59 €, 50 000 YouTube-Views erhalten Sie für 199,99 €. Das ist gemessen am Effekt extrem günstig. Social-Media-Services geben artig an, gegen das Treiben mit gekauften Likes intensiv vorzugehen, aber dazu müssten sie beweisen können, dass die sozialen Interaktionen gekauft sind. Im Sommer 2017 wurde eine sogenannte Klickfarm in Thailand entdeckt. Die Polizei fand selbst gebaute Metallregale, an denen unzählige Smartphones angebracht waren. Die »Klickarbeiter« tätigten die gekauften Likes per Hand.

Auf diese Weise handgemachte, kommerzielle Likes von echten Menschen sind für einen Algorithmus zur Stunde nicht von tatsächlichen Likes zu unterscheiden, weil Algorithmen keine Intentionen verstehen. Die Anbieter gehen dabei sehr sorgfältig vor und verteilen 5000 Likes auf YouTube über einen längeren Zeitraum, ebenso wird die Herkunft der Interaktionen aus Thailand, Bangladesh oder der Ukraine über sogenannte Proxy-Tools verschleiert. Und das sind nur die preiswerten Möglichkeiten. Der heilige Gral auf Instagram ist der »Verified Badge«. Das ist ein kleiner blauer Haken, den Instagram 2014 einführte, um Fake-Profilen zu begegnen. Ein »Verified Badge« bedeutet: Dieser Instagram-Account wurde von echten Instagram-Mitarbeitern geprüft und ist das Original. Der Badge ist nicht nur ein Symbol, sondern führt auch zu einer höheren Sichtbarkeit. Und hier wird's geheimnisvoll: Es gibt auf offiziellem Weg nichts, was Sie tun können, um den Verified Badge zu bekommen. Allerdings existiert ein Schwarzmarkt. Im September 2017 berichtete das Magazin *Mashable* von einem Mittelsmann, der einen Instagram-Mitarbeiter bestochen habe, einen Verified Badge für einen Kunden freizuschalten. Laut *Mashable* sind dabei 15 000 Dollar geflossen.

Spätestens seit dieser Meldung fällt immer häufiger das Wort Instagram-Mafia. Und hier der komische Teil: Der aktuelle Trend im Marketing lautet: Runter von der klassischen Werbung, rein ins Influencer-Marketing. Doch wenn schon Social-Media-Kanäle nicht zweifelsfrei falsche von echten Fans unterscheiden können, wie soll es dann werbenden Unternehmen gelingen? Für Betrüger ist es ein Leichtes, sich 100 000 Instagram-Fans und authentisch wirkende Interaktionen für kleines Geld in Niedriglohnländern zu kaufen. Laut *Forbes* stellen Top-Influencer bis zu 25 000 Dollar für einen Post auf Instagram in Rechnung.

Eine Fake-Community kann sich also schnell auszahlen. Nehmen wir an, das fiktive Unternehmen *BeautyBootie* fährt eine Kampagne für seinen neuen Lippenstift »GlossyStrike«. Das Marketingziel: Der Hashtag #GlossyStrike muss 2000 Mal auf Instagram verwendet werden. Dafür kauft BeautyBootie für 5000 € einen Post bei der fiktiven Instagram-Betrügerin Farina Fakemann. Diese streicht 4000 € ein und überweist die restlichen 1000 € an eine Klickfarm in Thailand mit dem Auftrag, den Hashtag #GlossyStrike in den Stunden nach Zahlungseingang 2000 Mal auf Instagram zu erwähnen. Alle wären zufrieden, obwohl kein echter Mensch den Hashtag gelesen hätte. Die Marketing-abteilung von BeautyBootie hätte die Zielvorgaben erreicht, die vermeintlich logisch mit der Investition in Farina Fakemann zusammenhingen. Dass de facto kein einziger Lippenstift mehr verkauft wurde, kann 1000 Ursachen haben.

Die PR-Agentur *Mediakix* veröffentlichte im August 2017 ein Experiment, bei dem sie zwei fiktive Instagram-Nutzerinnen erschuf, für die sie Fake-Follower kaufte. Die falschen Nutzerinnen »calibeachgirl310« und »wanderinggggirl« wurden mit Fotomaterial aus kostenlosen Bilddatenbanken zum Leben erweckt. Nachdem rund 80 000 Follower für beide Profile aktiviert waren, wendete sich Mediakix an Agenturen für Influencer-Marketing und hatte sofort vier Angebote, unter anderem von einem Unternehmen für Bademode, in der Tasche. Insgesamt investierte die Agentur 1000 Dollar für Fake-Follower, Fake-Likes und Fake-Kommentare und hatte innerhalb von 24 Stunden zwei marktreife, aber falsche Influencer erschaffen.

Abb. 3 Sieht aus wie echt, ist aber ein Model, das mit gekauften Followern auf einflussreich getrimmt wurde: »calibeachgirl310«.

In den Anfangsjahren des Internets wussten große Player, dass jederzeit ein besserer Konkurrent am Markt auftauchen und binnen weniger Jahre der eigenen Firma den Rang ablaufen kann. Der ehemalige Marketingverantwortliche der Plattform *MySpace*, Sean Percival, erinnerte sich 2015 auf einer Konferenz daran, wie Facebook als damals kleiner Wettbewerber in den Markt drang. MySpace war so etwas wie ein soziales Netzwerk für Künstler, vor allem Musiker. 2003, als MySpace gegründet wurde, ahnte noch niemand, dass einmal Privatpersonen ohne Talente in einem Online-Netzwerk aktiv sein könnten. Am 9. August 2006 durchbrach MySpace die 100-Millionen-Mitglieder-Marke.

Im Rückblick identifizierte Percival jede Menge Probleme, angefangen von Sicherheitslücken, die nie in den Griff bekommen wurden, über pornografischen Content, dem man nicht Herr wurde, bis hin zu ungeschickter und als penetrant empfundener Werbung, was die Nutzer in Summe zu Facebook flüchten ließ. Facebook platzierte Werbung lange Zeit sehr dezent, weshalb frühe Beobachter immer wieder rätselten, womit das Unternehmen eigentlich Geld verdiente. Bei MySpace wurde hingegen durch unterschiedliche Beteiligungen ein klarer Fokus auf Monetarisierung gelegt. Oder wie Percival sagt:

Es ging nur um Monetarisierung. Geld verdienen, jeden Dollar aus der Plattform pressen … Facebook war der große Gewinner. Kein Fokus auf Monetarisierung. Kaum Werbung in den ersten Jahren. Und wenn sie Werbung einsetzten, dann taten sie es sehr dezent, sehr unaufdringlich.

Sie lesen richtig: Facebook war mal die sympathische Alternative zu geldgierigen Online-Diensten. In meiner Fantasie wäre der perfekte Facebook-Konkurrent heutzutage ein Player, der 1:1 das Facebook von 2006 nachbaut. Aus den gleichen Gründen, aus denen MySpace-Nutzer zu Facebook-Nutzern wurden, könnte ein neues Netzwerk für aktuelle Facebook-Nutzer interessant werden. Warum passiert das nicht? Weil Facebook mittlerweile über das Vermögen verfügt, Konkurrenten einfach aufzukaufen, wie Instagram 2012 für eine Milliarde Dollar und WhatsApp 2014 für 19 Milliarden Dollar. Womit wir bei einer weiteren ertragreichen Methode wären, im Internet an Geld zu kommen: Gründen Sie ein Unternehmen, und lassen Sie es sich für unverschämt viel Geld abkaufen.

Wenn es nichts kostet, sind Sie das Produkt

In einer Sache sind wir uns alle einig: Facebook und Google sind Datenkraken allererster Kajüte, aber diese Megakonzerne haben jetzt schon so viel Macht und Kapital, dass jeder Widerstand gegen ihr Treiben zwecklos ist. Und wenn wir so gemeinsam mit dem Kopf schütteln, tun wir das mit dem Deutsche-Bahn-Gefühl des genervten Verbrauchers, weil wir von Werbung für Rasenmäher verfolgt werden. Denn natürlich ist es für Google ein Leichtes zu erahnen, dass wir einem Rasenmäherkauf gegenüber sehr positiv eingestellt sind. Schließlich haben wir in den Wochen der Recherche Google alles gefragt, was es über Rasenmäher im Jahr 2019 zu wissen gibt. Auf dieser Ebene ist die Datenkrake transparent, ja sogar nützlich. Natürlich nervt uns Werbung weniger, wenn sie sich an unseren aktuellen Interessen orientiert. Aber Google kennt eben nicht nur unsere Konsumpräferenzen, sondern auch die anderen 99,8 Prozent aller Aspekte, die jeden Einzelnen von uns zu dem machen, was wir sind. Es gibt keine Daten, die so belanglos sind, dass Google oder Facebook sie nicht archivieren sollten. Am Ende machen es diese Unternehmen auch aus dem einfachen Grund, weil es geht. Stellen Sie sich eine unendlich lange Personal-, ach, sagen wir ruhig Stasi-Akte vor, in die alle Ihre Bewegungsdaten, alle Suchanfragen, alle sozialen Interaktionen, alle Mails, alle Überweisungen, alle besuchten Websites fließen. So eine Akte lässt sich ganz legal, vollautomatisch und kostengünstig pflegen, und anders als bei der Stasi-Akte gibt es zwischen Spitzel und Bespitzelten einen Deal: Wir dürfen Google und Facebook gratis nutzen, dafür dürfen diese Unternehmen uns komplett auslesen und die Daten weiterverkaufen. Aus diesem Prinzip stammt der berühmte Sinnspruch des Internets: Wenn du nichts bezahlst, bist du selbst das Produkt.

Was vielen Denkern und Ökonomen schon länger Kopfschmerzen bereitet, ist die Befürchtung, dass die meisten Internetnutzer keine Vorstellung davon haben, was ihre Daten wert sind. Dazu müssten besagte Nutzer verstehen, welche Werte aus ihren persönlichen Daten generiert werden. Ich verspreche Ihnen: Dieses Datending ist das verrückteste Geschäft, für das Sie je gratis Rohstoff waren.

Welche Daten werden gesammelt?

Wenn ich Ihnen sage »Alle Ihre Daten werden archiviert«, dann antworten Sie »Das weiß ich auch«, und das Problem bleibt weiterhin abstrakt. Ziel dieses Buches ist, hinter das abstrakte Halbwissen und die abstrakt diffusen Befürchtungen zu führen. Überraschenderweise sind für das Verständnis der größten Probleme der Digitalisierung keine Programmierkenntnisse erforderlich. Die Älteren erinnern sich: Ende der Neunziger bissen sich Unternehmen die Zähne an der mangelnden Zahlungsbereitschaft des durchschnittlichen Internetnutzers aus. Ein großer Teil des Hypes um die New Economy und die um 2000 herum platzende Dotcom-Blase liegt im mangelnden Verständnis der Netzkultur, bevor die Wirtschaft hineindrängte: Informationen und Daten wurden geteilt, nicht verkauft.

Für die Jüngeren hier ein kleiner Exkurs zur Dotcom-Blase: Ab ca. 1997 wuchs bei Anlegern das Interesse an Online-Angeboten, die in der Regel mit .com endeten. Das gar nicht mal so abwegige Gerücht machte die Runde, da entstehe ein neuer Megamarkt, der sich so nur alle 100 Jahre entwickle. Wer sich diese einmalige Investitions-Chance entgehen ließ, war selbst schuld. Nur deckte sich die Hysterie um die Dotcom-Aktien nicht mit der Realität. Es war ein neuer Markt voller Chancen, aber die tatsächlichen Umsätze waren deutlich geringer, als man sich versprochen hatte. Auf dem Höhepunkt der Blase im März 2000 verstanden Anleger langsam, dass die Gewinnerwartungen der Dotcom-Unternehmen völlig illusorisch waren. Sie sprangen ab, die Blase platzte, und es folgte eine Kettenreaktion, die zahlreiche Unternehmen in den Konkurs schickte.

Ein entscheidender Grund für die falschen Erwartungen war die Annahme, dass Menschen bereit sind, für digitale Güter genauso viel zu bezahlen wie für Güter, die man in die Hand nehmen kann. Dabei war es die Gratis- und Sharing-Kultur, die das Internet so besonders machte. Noch heute können sich viele an die Magie erinnern, als sie zum ersten Mal über *Napster* eine 2,8 MB große MP3 auf die Festplatte zauberten – nach knapp zwei Stunden Wartezeit. Wer einmal vom Gratis-Zauber ergriffen war, wollte nie wieder zurück in die alte Bezahlwelt. Bis in die Mitte der Nullerjahre waren also E-Commerce und Online-Werbung die verbreitetsten Einnahmequellen. Um das Surfen zu erleichtern, arbeiteten damals viele Webseiten mit Cookies: Kleine Hintergrundprogramme, die im Browser Informationen speichern, damit die Seite zum Beispiel beim nächsten Besuch schneller lädt. Das war angesichts dünner Bandbreiten – ein Datenpaket von 5 MB brauchte bis zu einer Stunde Ladezeit – von den meisten Nutzern durchaus erwünscht, auch wenn schon damals erste Datenschützer die Augenbrauen reckten.

Mit immer schnelleren Übertragungsraten wuchs die Anzahl der Hintergrundprogramme, die zunehmend nicht nur Informationen im Browser speicherten, sondern auch auf den Servern von spezialisierten Unternehmen, die zuerst verstanden: Nutzerdaten sind Gold wert. Neben dem besten Suchalgorithmus hatte Google zu der Zeit auch den besten Business-Riecher und kaufte eifrig Datensauger-Unternehmen auf, was zu den schlauesten Shopping-Touren der Wirtschaftsgeschichte zählen darf. Mark Zuckerberg war noch ein bisschen schlauer: Mit Facebook schuf er eine Datenbank, die Millionen Freiwillige jeden Tag mit Terrabytes persönlichster Informationen füttern und auch noch Spaß dabei empfinden. Genial!

Verzeihen Sie mir die uninspirierte Aufzählung, aber genau sie ist es, die am besten verdeutlicht, welche Daten jeder Mensch täglich produziert: Damit ein Smartphone einen Anruf entgegennehmen kann, muss es von einem Funkmast lokalisiert werden. Ohne die Positionsdaten des Smartphones klingelt es auch nicht. Der Handyhersteller oder der Provider braucht also die Positionsdaten für die Erfüllung seines Serviceversprechens. Ihre gesamten Bewegungsdaten sind ein Beiprodukt, das nicht weggeschmissen, sondern an Daten-Broker weiterverkauft wird. Ja, das haben Sie irgendwo in den AGB ausdrücklich autorisiert. Wie? Sie haben die AGB nie gelesen?

Wenn Sie mit Kreditkarte oder EC-Karte einkaufen, wird ebenso ein hübscher Datensatz produziert: Produkt, Ort, Uhrzeit, Summe. Bei der Internationalen Funkausstellung 2016 waren der Megatrend Smart Devices. Alles war smart: Smart-Kaffeeautomat, Smart-Mixer, Smart-Staubsauger, Smart-Zahnbürste. Letztere protokolliert für ihren User, wie oft er sich am Tag die Zähne putzt. Für den Fall, dass er es mal vergisst. Der Verbraucher hat davon einen bedingten Nutzen, seine Krankenkasse schon eher. Fakt ist: Alles, was smart ist, ist in irgendeiner Form ein Computer mit Zusatzfunktion (Zähne putzen, saugen, pürieren), und Computer sammeln, verarbeiten und versenden Informationen. Dabei ist es völlig egal, ob das eine Datenpaket x (Sie putzen sich nur fünf Mal in der Woche abends die Zähne) dem sammelnden Unternehmen einen verwertbaren Erkenntnisgewinn bringt. Daten-Broker kaufen alles. Warum? Für die Korrelationen.

Wunderwelt der Korrelationen

2012 veröffentlichte die *New York Times* einen Artikel über einen Vater, der sich in der Filiale eines *Target*-Supermarkts darüber beschwerte, dass er seit kurzer Zeit nur noch Gutscheine für Babyprodukte erhalte. Wenig später beichtete ihm seine Teenager-Tochter, sie sei schwanger. Das Mädchen hatte ihre ungewollte Schwangerschaft nicht verzweifelt mit der Target-Firmenzentrale geteilt, vielmehr ließen die Kreditkartendaten der gemeinsam genutzten Kreditkarte keinen anderen Schluss zu. Die Daten-Analysten der Target-Märkte hatten über die Art der Produktkäufe ein klar schwangeres Muster gefunden.

Armeen von Mathematikern und Statistikern suchen im Dienst von Daten-Brokern und Marketingabteilungen nach Korrelationen. Facebook kann allein über die Likes eines Users sehr zuverlässige Prognosen über dessen politische Ansichten, seine sexuelle Orientierung oder seinen Drogenzuspruch treffen. Hätte Facebook eine entsprechende Abteilung, könnte das Unternehmen verunsicherten Teenagern die Frage beantworten, ob sie homosexuell sind oder nicht. Pikanterweise ist diese Einschätzung in einigen Ländern ein Todesurteil. Wir dürfen nicht vergessen: Facebook sitzt auf einem monströsen Datensatz, nach dem sich nicht nur Psychologen die Finger lecken würden. Es kann sein, dass Männer, welche die *Beastie Boys* liken, regelmäßig zum Wakeboarden gehen, in der Finanzbranche arbeiten, ein Faible für vietnamesisches Essen haben und gleichzeitig nie länger als fünf Monate liiert waren, mit einer Wahrscheinlichkeit von 97,2 Prozent einen Amoklauf begehen werden. Wir wüssten nicht, warum das so wäre, aber Facebook würde diesen Herren Anzeigen für kugelsichere Westen in den Newsfeed liefern.

Sollte das vorangegangene Beispiel auf Sie zutreffen, beruhigen Sie sich: Es ist frei erfunden. Ich will damit nur sagen, dass für das menschliche Auge völlig chaotische Daten ohne Zusammenhang trotzdem ein Muster verbergen können. Man braucht keinen leistungsfähigen Rechner, um auf Basis eines solchen Datenschatzes unterschiedlichste Gleichungen nach der Unbekannten aufzulösen. Und oft genug ist die Unbekannte der Klarname eines Users. Der Sexualforscher Alfred Kinsey hat seinen Probanden in den Dreißiger- und Vierzigerjahren absolute Anonymität versprochen. 2013 war die Wissenschaftlerin Raquel Hill dennoch in der Lage, den Daten Kinseys mit einer Trefferquote von 97 Prozent die korrekten Namen zuzuordnen. Es ist verblüffend, wie wenige Daten es tatsächlich benötigt, um Rückschlüsse auf den Rest zu ziehen. Zum Beispiel auf den Klarnamen eines Users, der im Netz als Blutundboden88 unterwegs ist.

Aus diesem einfachen Grund sind alle Daten wertvolle Daten, und es lohnt sich, so viele wie möglich zu sammeln und zu speichern. Eine Taschenlampen-App für Android-Telefone namens *Brightest Flashlight Free* sammelte heimlich Bewegungsdaten ihrer immerhin 50 Millionen User, bis die nirgendwo erwähnte Zusatzfunktion durch Zufall entdeckt wurde. Das Unternehmen hinter der App kam straffrei davon, weil die App kostenlos war. Und doch wurden Gewinne generiert. Der Anbieter des beliebten Mobile Games *Angry Birds* macht hingegen kein Geheimnis daraus, dass unterschiedliche Nutzerinformationen gesammelt und verkauft werden. Zumindest weiß das jeder Nutzer, der sich intensiv mit den Nutzungsbestimmungen auseinandergesetzt hat.

Wer kann diese Daten kaufen? Jeder, der es bezahlen kann. Das Geschäft von Datenhändlern ist vielfältig. Einige bieten eine Analyse an, welche Kundentypen einen E-Rasenmäher kaufen, andere Unternehmen wie *InfoUSA* verkaufen Kontaktlisten mit dem Titel »Leichtgläubige Rentner«. *ExactData* generiert aus Korrelationen Mailinglisten für Menschen mit Angststörungen, Inkontinenz und Erektionsstörungen (»Sie brauchen eine Penispumpe. Wir wissen das«). Das klassische Bewerbungsgespräch wird wohl weiterhin ein Einstellungskriterium sein, aber gehen Sie davon aus, dass Ihr Gegenüber bereits alles über Sie wissen kann: Stärken, Schwächen, Leistungsvermögen, Risikobereitschaft, sexuelle Vorlieben, Ängste, psychische Erkrankungen, Schuldenstand – was eben von Interesse ist.

In ihrem Buch *Weapons of Math Destruction* berichtet Cathy O'Neil von dubiosen Universitäten in den USA, die jedem ein Diplom versprechen und zwischen 2004 und 2014 neben den Studiengebühren fleißig staatliche Förderungen kassiert haben. Die

Corinthian Colleges gerieten dabei ins Visier des Justizministers des Bundesstaats Kalifornien. Nicht nur wurden unverhältnismäßig hohe Studiengebühren verlangt, ebenso war das Facebook-Targeting der Universitäten mehr als fragwürdig. Der Beschwerde nach wurden die Online-Anzeigen für die Corinthian Colleges gezielt an Zielgruppen ausgesteuert, welche die Kriterien isoliert, ungeduldig, unselbstbewusst und naiv erfüllten. Facebook ist fein raus, es gibt bei der Planung einer Facebook-Anzeigenkampagne selbstredend weder das Kästchen »naiv« noch »zerrüttet«. Hier beginnt der Job spezialisierter Agenturen, die über Korrelationen und Analysen genau diese Klientel zielgerichtet finden.

Aber Vorsicht: Die Definition von Korrelation schließt den Zufall nicht aus, wie auch Wikipedia weiß:

Eine Korrelation beschreibt eine Beziehung zwischen zwei oder mehreren Merkmalen, Ereignissen, Zuständen oder Funktionen. Zwischen Merkmalen, Ereignissen oder Zuständen braucht keine kausale Beziehung zu bestehen: Manche Elemente eines Systems beeinflussen sich gegenseitig nicht; oder es besteht eine stochastische (= vom Zufall beeinflusste) Beziehung zwischen ihnen.

In einigen Regionen korreliert die Anzahl der Störche mit der Geburtenrate. Dennoch wissen wir, dass der Storch kein Aphrodisiakum mit Flügeln ist. Entscheidend ist die dritte Variable: die Ländlichkeit der Region. Je ländlicher die Region, desto mehr Kinder werden geboren. Und zufällig nistet der Storch am liebsten in ländlichen Regionen.

Auf der sehr empfehlenswerten Seite *Spurious Correlations* finden Sie unzählige Beispiele von Zusammenhängen, die man glauben will, weil sie auf dem Graphen so schön zusammenhängend aussehen. So stieg zwischen 1999 und 2009 die Zahl der Pool-Toten in den USA immer dann, wenn der Schauspieler Nicolas Cage besonders oft im Kino zu sehen war. Das ist gespenstisch, hat aber nichts miteinander zu tun. Hier ist ausnahmsweise der Menschenverstand besser als jeder Computer, denn auch die besten Algorithmen fallen regelmäßig auf Scheinkorrelationen rein. Wenn 90 Prozent aller von einem Algorithmus berechneten Korrelationen korrekt sind, klingt das nach einem fantastischen Wert. Dennoch können dramatisch falsche Entscheidungen auf Basis der 10 Prozent Scheinkorrelationen getroffen werden.

Widerspruch zwecklos

Regelmäßig liest man Facebook-Beiträge wie diesen:

> *Gemäß den Artikeln I. 111, 112 und 113 des Strafgesetzbuchs, geistiges Eigentum, erkläre ich, dass meine Rechte an allen meinen persönlichen Daten nur bei mir liegen. Die kommerzielle Nutzung bedarf meiner schriftlichen Zustimmung.*

Das ist genau so süß, wie es nutzlos ist. Es geht schon damit los, dass der Post auf meiner Wall keine gültige Zustellung ist. Aber auch wenn Sie diese Nachricht per Einwurfeinschreiben zum Firmensitz von Facebook schicken, ändert es nichts daran, dass man erst dann einen Facebook-Account hat, wenn man zuvor den AGB zugestimmt hat. Die sind im Falle von Facebook entgegen anderslautender Gerüchte vergleichsweise knapp gehalten. Hier der wichtigste Punkt:

> *Du bist damit einverstanden, dass deine persönlichen Daten in die USA weitergeleitet und dort verarbeitet werden.*

Das ist der Deal. Facebook ist kein Menschenregister der Bundesregierung, sondern ein gewinnorientiertes Unternehmen in den USA. Ich habe mit Facebook einen Vertrag geschlossen, der mir die Nutzung des Netzwerks erlaubt und mich zur Preisgabe meiner Daten verpflichtet. Dieser Kuhhandel wird den meisten Nutzern nie bewusst, deshalb ist es mir ein Anliegen, Ihnen den

Wert Ihrer Daten zu erklären, die Sie Facebook schenken. Wir alle haben Facebook ein gigantisches Menschenlabor geschenkt. Mit 1,5 Milliarden Probanden weltweit verfügt Facebook zumindest über eine theoretische Macht, die dem Göttlichen schon sehr nahe kommt.

Im US-Wahlkampf 2010 führte Facebook in den USA das »Voter Megaphone« ein. Zu den Standard-Buttons kam ein neuer I Voted-Button hinzu. Der Eingriff in die Netzwerk-Architektur war aller Ehren wert; so lautete die offizielle Sprachregelung: Wir wollen so viele Menschen wie möglich animieren, zur Wahl zu gehen. Was soll daran falsch sein? Facebook führte gleichzeitig nonchalant eine 61 Millionen Versuchskaninchen starke Studie zur politischen Mobilisierung und zu sozialen Dynamiken durch, für die unterschiedlichste Organisationen Millionen zahlen würden. Die meisten dieser 61 Millionen Nutzer fanden in ihrem Newsfeed einen Wahlaufruf von Facebook, darunter wurden sechs Facebook-Freunde angezeigt, die bereits den I-Voted-Button betätigt hatten. Wie bei einer ganz normalen Verhaltensstudie wurde mit den Parametern gespielt: Einige 100 000 Nutzer sahen nur die Namen der Facebook-Freunde, aber keine Gesichter, andere wurden zur unfreiwilligen Vergleichsgruppe, die gar keinen Wahlaufruf bekam. Das Wissen über die Faktoren politischer Mobilisierung hatte nie zuvor in der Menschheitsgeschichte auch nur im Ansatz so gut erforscht werden können. Kein Forschungsinstitut der Welt hätte überdies die Mittel, 61 Millionen Menschen zu befragen. Mit einem so großen Panel gelangt man an die pure Wahrheit, die so allerhöchstens ein Gott kennen kann. Sollte Mark Zuckerberg über Nacht Ambitionen entwickeln, Präsident der USA werden zu wollen, war die Megastudie aus dem Jahr 2010 sein Türöffner ins Weiße Haus. Und noch mal: Facebook darf das alles. Hier eine Reihe von Dingen, die Facebook darf:

- Facebook darf allen Usern kündigen und über Nacht eine Fan-Page für Zuckerbergs Ehefrau Priscilla Chan werden.

- Facebook darf Ihren Newsfeed mit Werbung für das Karel-Gott-Album *Eine Liebe ist viele Tränen wert* fluten.
- Facebook darf Sie mit einer kleinen Algorithmus-Änderung signifikant unglücklicher machen und Sie in eine Depression stürzen – siehe unten.
- Facebook darf Sie, ohne dass Sie es merken, zu Probanden in seinen Studien machen.

Die Seite gehört Facebook. Mit seiner eigenen Seite darf man fast alles machen, was man will. Es ist dafür völlig irrelevant, ob die Seite zehn Stammleser hat oder 1,5 Milliarden.

Die Erkenntnisse aus seinen Algorithmus-Änderungen darf Facebook für das eigene Produkt einsetzen.

2012 führte Facebook zum Beispiel ein weiteres heiteres Experiment durch. Anhand von 680 000 Nutzern sollte ermittelt werden, ob und wie man die Stimmung von Personen beeinflussen kann. In der Folge teilte Facebook die unfreiwilligen Teilnehmer in zwei Gruppen auf und bespielte Gruppe eins über eine Veränderung des Algorithmus mit Beiträgen, welche viele euphorische Schlagworte wie »fantastisch« und »sensationell« enthielten. Bei der Vergleichsgruppe blieb alles unverändert. Und tatsächlich postete Gruppe eins deutlich optimistischere Gedanken als Gruppe zwei. Der Beweis war erbracht. Stimmungen sind ansteckend. Oder anders: Stimmungen kann man steuern. Oder noch anders: Facebook kann Stimmungen steuern. Die Facebook-Nutzer aus den Testpanels wussten davon nichts, niemand außer den Verantwortlichen wusste etwas davon, bis der Facebook-Datenwissenschaftler Adam Kramer die Studie im Juni 2014 veröffentlichte. So fantastisch die Erkenntnisse auch waren: Ein Großteil der Öffentlichkeit fühlte sich missbraucht. Oder wie William Hughes von *AV News* damals fand:

Adam Kramer wird als Leiter der Studie geführt. In einem Interview, das Facebook vor einigen Jahren veröffentlichte,

*wird Kramer zitiert, er sei bei dem Unternehmen eingestiegen,
weil es die »größten Feldstudien der Menschheitsgeschichte«
ermögliche. Das ist eine charmante Beschreibung der Tatsache,
dass Facebook nicht nur ein Ort ist, an dem wir die Kinderfo-
tos unserer Freunde oder die jüngsten politischen Einschätzungen unseres rassistischen Onkels vorfinden – es ist überdies
ein fantastisches Versuchslabor mit jedem Einzelnen von uns
als potentielles Versuchsobjekt.*

Das sollte die letzte große Studie sein, die Facebooks Datenwis-
senschaftler veröffentlichten. Aber sicher nicht die letzte, die
sie durchführten. Google ist da cleverer und veröffentlicht gar
nichts. Genauso wie Snapchat und alle anderen, die auf gigantischen Datensätzen sitzen und kein Geld zu verschenken haben.
Ich wiederhole mich gerne: Die dürfen das. Es liegt an uns, diese
Praxis zu verstehen und ein entsprechendes Verhältnis zum Wert
unserer Daten zu entwickeln. Da ist noch Luft nach oben. Die
Wissenschaftlerin Karrie Karahalios von der Universität Illinois
führte 2013 eine Umfrage zum Verständnis von Facebook durch.
Ganze 62 Prozent wussten nichts von irgendwelchen Algorithmen und dachten stattdessen, alles lande unbearbeitet in Echtzeit in ihrem Newsfeed.

Und jetzt noch mal in aller Deutlichkeit: In gewissen Bereichen
wissen große Tech-Unternehmen mehr über uns als wir selbst.
Wo unsere Erziehung oder unser kulturelles Umfeld dafür sorgt,
dass wir uns unterbewusst etwa vor unserer eigenen sexuellen
Identität verstecken, liegen die Fakten für Facebook oft schon auf
der Hand. Das führt zu ethischen Fragestellungen wie: Was soll
oder muss Facebook tun, wenn alle Statistiken darauf hinweisen,
dass ein Nutzer mit höchster Wahrscheinlichkeit in den nächsten
drei Monaten Selbstmord begehen wird? Im August 2017 veröffentlichten Harvard-Wissenschaftler gemeinsam mit Kollegen der
Universität Vermont eine Studie, nach der depressive Symptoma-

tiken über Instagram-Fotos diagnostiziert werden können. Nach der Auswertung von 44 000 Fotos ermittelten die Wissenschaftler Muster beziehungsweise eine Kombination von Faktoren wie die Wahl der Filter oder die Anzahl im Foto erkennbarer Gesichter, die mit hoher Wahrscheinlichkeit auf eine depressive Erkrankung der Nutzer schließen ließen. Ebenso verfügt Facebook über unterschiedliche Stimmungsanalyse-Tools, welche die Wahl der Worte in einem Social-Media-Beitrag einer potentiellen psychischen Erkrankung zuordnen können. Wenn also alle statistischen Parameter signalisieren, dass sich ein Nutzer langfristig in einem kritischen psychologischen Zustand befindet, kann dann im Falle eines Suizids des Nutzers schon von unterlassener Hilfeleistung seitens des Netzwerk-Betreibers gesprochen werden?

Während dieses Buch entsteht, gibt es dazu keine juristische Einschätzung, ethisch sollten wir uns schon jetzt damit auseinandersetzen. Die Facebook Product Managerin Vanessa Callisson-Burch bestätigte *BBC News* im Frühjahr 2017, es existiere ein Algorithmus, der Facebook im Rahmen eines Suizid-Präventionsprogramms nach auffälligen Begriffen scannt. Was im Falle eines konkreten Alarms passiert, verriet sie nicht. Was könnte oder müsste passieren? Bekommt der Nutzer eine Direktnachricht? Falls ja, wie wäre sie formuliert? »Danke, dass du dich für Facebook entschieden hast. Leider haben wir Grund zu der Annahme, dass du dir statistisch gesehen schon bald das Leben nehmen wirst. Wir raten dir, einen Therapeuten aufzusuchen, und verbleiben mit besten Grüßen, dein Facebook-Team«? Wohl kaum. Facebook könnte subtil dagegensteuern und dem entsprechenden Nutzer besonders lebensbejahende Beiträge ausspielen. Vielleicht wäre es am sinnvollsten, die Angehörigen zu informieren. Auch hier stellt sich die Frage nach dem Wie. Nicht zuletzt, weil es sich um einen falschen Alarm aufgrund eines Korrelationsfehlers handeln könnte, weil der Nutzer gerade besonders viel Albert Camus oder Edgar Allen Poe liest. Es wäre eine historische Peinlichkeit, sollte ein gesunder Nutzer öffentlich machen, Facebook hätte ihm eine Therapie nahegelegt. Wie so oft bei ethischen Fragen gilt: Es ist nicht einfach.

Die Menschen-Farm

Sollte ich meinen Kindern erklären, wie das Internet funktioniert, würde ich es mit einem großen Bauernhof vergleichen. Die Bauern sind Google, Facebook, Amazon und Apple, und wir sind die Hühner. Wir werden mit Online-Erfahrungen gefüttert und legen Tag für Tag Daten-Eier, die Google, Facebook, Amazon und Apple dann ihren echten Kunden verkaufen: den Datenhändlern. Ähnlich wie bei der Erdölgewinnung entscheidet im Konkurrenzkampf, wer die ausgeklügelteren Methoden präsentiert, um an den Rohstoff zu kommen. Ein Problem war lange Zeit die Versorgungslücke, in der wir uns weder über weite Strecken fortbewegen noch aktiv Informationen über Smartphone oder Computer teilen. Besser bekannt als das häusliche Privatleben. Viele unserer privatesten Gedanken äußern wir nur in den eigenen vier Wänden. Wer es schafft, diese Informationen direkt aus den Wohnzimmern seiner Nutzer zu pumpen, bringt sich und sein Geschäft auf ein ganz neues Level.

Am 23. Juni 2015 brachte Amazon mit »Echo« eine kleine Dose heraus, die mit sieben Mikrofonen ausgestattet als Audio-Assistent vermarktet wurde, der sich mit dem cloudbasierten »Alexa Voice Service« verbindet und auf Kommando im Internet sucht, Taxis bestellt oder Schuhe ordert. Dieser billige und völlig durchsichtige Versuch, die häusliche Privatsphäre seiner Nutzer abzuhören, wurde von den Kunden natürlich ... begeistert gefeiert. Auf gefühlt jedem dritten Wunschzettel der USA stand eine »Alexa«, während die Tech-Blogs unisono vom *next big thing* schrieben. Eifrig lieferte Google mit »Google Home« ein ähnliches Produkt auf den Markt und zwang damit den ehemaligen Trendsetter Apple, auf den Trend mit seinem eigenen intelligenten Lautsprecher »HomePod« zu antworten. Zum Vergleich: Die Stasi musste noch mühsam und heimlich Tapeten verwanzen, Amazon hat es geschafft, dass seine Nutzer für die Verwanzung 179 € zahlen. Wobei der Vergleich natürlich hinkt. Niemand konnte im alten Ostberlin Pizza oder Waschmittel bei der Stasi ordern. Ebenso hört »Echo« laut Amazon nicht die ganze Zeit zu, sondern nur auf Stichwort. Gleichzeitig versichert Amazon, seine Abhör-Dose werde immer intelligenter, je mehr das System zuhören dürfe. Natürlich haben Datenschützer ihre Reflex-Warnungen ausgesprochen, aber ganz offensichtlich hat sich die Mehrheit der westlichen Konsumgesellschaft aufrichtig über das Gadget gefreut. Super Coup, Amazon.

Politik mit Daten

Während Unternehmen lediglich ihren Profit maximieren wollen, treten Parteien und Organisationen für den gesellschaftlichen Wandel ein. Das beginnt beim datengestützten Wahlkampf. Während diese Zeilen entstehen, hüllt sich Berlin in ein Meer von Wahlkampfplakaten: Beliebig platzierte Gesichter mit Namen und Parteilogos wie zu Adenauers Zeiten. Doch anders als in den Adenauer-Jahren ist der Online-Wahlkämpfer in der Lage, über kluges Targeting unterschiedliche Botschaften in die Facebook-Feeds unterschiedlicher Wählergruppen zu senden. Dabei können die Botschaften einander diametral entgegenstehen.

3. Dezember 2016. Nach dem Trump-Sieg schockte ein Online-Artikel der Schweizer Zeitschrift *Das Magazin* die Welt. Überschrift des Artikels: »Ich habe nur gezeigt, dass es die Bombe gibt.« Darin erklärt der Psychologe Michal Kosinski ein Verfahren, mit dem er einzelne Facebook-Nutzer besser kennenlernt als diese sich selbst. Dazu hat er einen Online-Persönlichkeitstest entwickelt, der den Teilnehmern auf Basis des OCEAN- oder Big-Five-Modells einen Einblick in die eigene theoretische Persönlichkeitsstruktur verschafft. Das OCEAN-Modell setzt sich aus fünf Persönlichkeitsdimensionen zusammen, welche in der Theorie die allgemeine Persönlichkeit eines Menschen definieren:

1. Offenheit – Personen, die aufgeschlossen für Neues sind, erzielen bei Offenheit meist hohe Werte. Zu den wesentlichen Faktoren zählen hier Einfallsreichtum sowie ein breites Interessenspektrum.

2. Gewissenhaftigkeit – Personen mit einem hohen Maß an Gewissenhaftigkeit sind zuverlässig und ordentlich. Gewissenhafte Menschen sind organisiert, methodisch und sorgfältig.

3. Extraversion – Extrovertierte Personen schöpfen Kraft aus der Interaktion mit anderen; sie sind in der Regel gesprächig, mitreißend und durchsetzungsstark.

4. Verträglichkeit – Diese Personen sind freundlich, hilfsbereit und empathisch. Sie empfinden häufiger Mitleid und engagieren sich besonders stark für Harmonie.

5. Neurotizismus – Neurotizismus wird oft als emotionale Instabilität bezeichnet. Personen mit hohen Neurotizismuswerten empfinden häufig emotionale negative Emotionen und neigen zu launischem und angespanntem Verhalten.

Facebook-Nutzer lieben solche Tests. Vor allem, wenn man das Ergebnis mit seinen Freunden teilen kann.

Die Durchführung des Tests war der einfache Part des Verfahrens. Nachdem sämtliche Teilnehmer in Persönlichkeitsgruppen (eher offen, ordentlich, extrovertiert, harmoniebedürftig oder neurotisch) unterteilt worden waren, analysierte Kosinski alle verfügbaren Daten pro Person. Im Umkehrschluss konnten die Psychologen über die offen einsehbaren Online-Aktionen der Nutzer unter anderem folgende Schlüsse ziehen: Wer Lady Gaga per Like die Gefolgschaft signalisiert, ist mit hoher Wahrscheinlichkeit extrovertiert. Einer der besten Indikatoren für Heterosexualität ist das Liken des Wu-Tang-Clans.

Da Facebook-Nutzer nahezu süchtig nach Persönlichkeitstests sind, fand das Team perfekte Bedingungen vor, um seine Methode zu verfeinern. 2012 bewies Kosinski etwa, dass man aus durchschnittlich 68 Facebook-Likes eines Users vorhersagen kann, welche Hautfarbe er hat (95-prozentige Trefferquote), ob er homosexuell ist (88 Prozent), ob Demokrat oder Republikaner (85 Prozent). Aus 300 Likes könne man die Person nicht nur besser kennen als diese sich selbst, man könne sogar präzise Vorhersagen über ihr Verhalten in der Zukunft treffen. Zitat *Das Magazin*: »Was Kosinski genau genommen gefunden hat, ist eine Menschensuchmaschine. Zeige mir alle impulsiven Menschen, alle naiven Menschen, alle phlegmatischen Menschen, aber auch: Zeige mir alle, die mit hoher Wahrscheinlichkeit Demokraten oder Republikaner wählen.«

Anfang 2014 trat der Assistenzprofessor Aleksandr Kogan mit der Anfrage eines Unternehmens an Kosinski heran, das sich für dessen Methode interessierte. Der Auftrag: Die Facebook-Profile von 10 Millionen US-Bürgern sollten nach der Kosinski-Methode vermessen werden. Hinter der Anfrage stand das Unternehmen *SCL – Strategic Communication Laboratories*, das auf der Unternehmenshomepage mit Schlagwörtern wie »Wahlbeeinflussung« für sich warb. Kosinski lehnte ab, ahnte aber bereits, dass seine Methode in den Händen einer Firma, die über die Nutzerdaten von 10 Millionen Facebook-Nutzern verfügte, ein scharfes Schwert sein kann. 2015 durfte der arme Herr Kosinski dann Zeuge werden, wie eine SCL-Tochter namens *Cambridge Analytica* sein Modell in eine erfolgreiche Politik-Beratungsfirma umwandeln konnte, die unter anderem die Brexit-Kampagne betreute. Kosinski erfuhr es aus dem Fernsehen, und weil das Unternehmen zu allem Überfluss auch noch Kosinskis Universität im Namen trug, durfte sich der Wissenschaftler von Freund und Feind anhören, er habe »die Bombe« verkauft.

Alexander Nix, der britische CEO von Cambridge Analytica, konnte 2016 das Wahlkampfteam von Donald Trump überzeugen, was nicht zuletzt deshalb bemerkenswert ist, weil Trump selbst nicht mal einen Computer besitzt und, bis er Twitter entdeckte, als digitaler Neandertaler galt. Mit der Expertise und den Datensätzen von Cambridge Analytica hatte er plötzlich eines der modernsten Wahlkampf-Tools in den Händen, dem Vernehmen nach wahrscheinlich, ohne eine Ahnung davon zu haben, wofür dieser seltsame Engländer eigentlich 15 Millionen Dollar in Rechnung stellte. Heute kann es ihm egal sein.

Hillary Clinton hingegen berief sich auf das Erbe Obamas, der mit einer beispiellosen Social-Media-Präsenz 2009 die Präsidentschaft erlangte. 2009! Das ist im digitalen Zeitalter die Bronzezeit. Am 19. September erklärte Alexander Nix bei einer Rede auf dem Concordia Summit genüsslich, wie falsch das Clinton-Team mit der Annahme liege, eine moderne Digitalkampagne würde mit demografischen Konzepten gewonnen. Einem demografischen Konzept nach erreicht alle Frauen die gleiche Nachricht, weil sie das gleiche Geschlecht haben, und alle Afroamerikaner, weil sie die gleiche Hautfarbe haben. Die Nachrichten selbst bleiben aber unverändert. Das war naiv, beziehungsweise war es 2016 kein Geheimnis, Wähler gezielt auf Basis ihrer demografischen Merkmale zu adressieren. Jedoch arbeiteten die großen Meinungsforschungsinstitute der USA zu der Zeit nach demselben Schema, und so lag Clinton in allen Umfragen vorn. Wieso sollte das Clinton-Team also davon ausgehen, den falschen Wahlkampf zu führen?

Am Tag der dritten TV-Präsidentschaftsdebatte versendete Trumps Team 175 000 verschiedene Variationen seiner Argumente. Die teilweise mikroskopisch kleinen Unterschiede bei Titeln, Untertiteln, Fotos, Videos, ja sogar Farben in den Facebook-Anzeigen waren nahezu maßgeschneidert auf die Persönlichkeitsprofile ihrer Adressaten, oder wie Nix im Gespräch mit *Das Magazin* versicherte: »Wir können Dörfer oder Häuserblocks gezielt erreichen. Sogar Einzelpersonen«. Zwei Beispiele: In Miamis Stadtteil Little Haiti versorgte Cambridge Analytica die Einwohner mit

Nachrichten über das Versagen der Clinton-Stiftung nach dem Erdbeben von Haiti. Schwarze Männer sahen Nachrichten, in denen Clinton sie als Raubtiere bezeichnet. Damit erreichte das Team Trump nicht nur viel feinere demografische Nischen, man warb außerdem unterhalb des Radars der Clinton-freundlichen Medien: Die sogenannten Dark Posts erschienen exklusiv in der Timeline all jener, die ein ganz spezielles Profil erfüllen. Perfekte Bedingungen also für Autoren von Fake News, wie zum Beispiel *Breitbart*-Chef Steve Bannon, der übrigens dem Vorstand von Cambridge Analytica angehört.

Der Rest ist Geschichte, nur muss der Artikel von *Das Magazin* dringend um ein paar wichtige Punkte ergänzt werden: Diese »Bombe« ist eine sehr gängige Marketingpraxis, für die es bei allem Respekt vor Michal Kosinski keinen verrückten Wissenschaftler braucht. So hat sich Cambridge Analytica mitnichten exklusives Geheimwissen angeeignet. Das OCEAN-Modell ist ein verbreitetes Profil-Tool, das bereits in den Dreißigerjahren entwickelt wurde. Die Kombination dieses Modells mit Verfahren zur Analyse frei erwerblicher Daten ist kein besonders origineller Kniff und wird von unzähligen Marketing-Services angeboten. Hier gibt es bessere und schlechtere Angebote, aber das Prinzip ist ein mehr oder weniger alter Hut. Dass Parteien immer noch auf Plakate und Händeschütteln setzen, liegt an einer Verschlafenheit als Resultat eines hohen Durchschnittsalters ihrer Entscheider. Kurz: Theoretisch kann jeder gezielt kleinste Wählergrüppchen separat ansprechen. Das Interessanteste am Artikel »Ich habe nur gezeigt, dass es die Bombe gibt« ist die gigantische Anzahl von 2,5 Millionen Aufrufen und die damit verbundene Überraschung. Kommentare wie »Das war's, die Welt geht unter …« belegen, dass weite Teile der deutschsprachigen Bevölkerung das Kerngeschäft der größten Online-Konzerne nicht durchschauen.

Kann man aus dem System aussteigen?

Kurze Antwort: Ja. Aber dazu müsste man komplett auf das Internet verzichten. Eric Schmidt, Gründer von Google, betont immer wieder, man müsse die Services, denen man nicht vertraut, nicht nutzen. Das ist natürlich völliger Schwachsinn, denn ohne Internet lässt sich heutzutage weder studieren noch Geschäfte machen. Die Idee liegt nahe, wenigstens Facebook und Google zu umgehen. Doch beide Unternehmen bekommen selbst dann unsere Daten, wenn sie für uns nicht sichtbar sind. Nehmen wir die fiktive Website eines kleinen Fußballforums, das nur Informationen aus der 5. Kreisklasse Oldenburg/Delmenhorst präsentiert: Damit die Seite überhaupt gegoogelt werden kann, müssen die Betreiber zulassen, dass sogenannte *Crawler* von Google die Website indizieren. Kurz gesagt wird dabei die Seite mit allen ihren Inhalten von Google gescannt, andernfalls könnte sie von einem Delmenhorster Fußballfan gar nicht gefunden werden. Die Betreiber haben also gar kein Interesse, ihre Seite an Google vorbeizuführen. Nehmen wir an, neben der Leidenschaft für den Sport treibt die Gründer auch ein gewisses ökonomisches Interesse an. Die erste Verdienstmöglichkeit bietet der Google-AdSense-Banner. Auch hier kann niemand ein Interesse haben, die bequemste Methode der Monetarisierung auszuschlagen. Damit eine Website wächst, sollten die Inhalte teilbar sein, um neue Leser zu erreichen. Deshalb findet man auf nahezu jeder Website der Welt einen Facebook-Button. Auch wenn Sie nie auf einen klicken, weil Sie zum Beispiel keinen Facebook-Account haben, weiß Facebook, dass Sie da sind und was Sie auf dieser Homepage tun.

Es gab für mich einen zentralen Tag der Erkenntnis, an dem mein Blog *schleckysilberstein.com* gehackt und mit Schadsoftware kontaminiert wurde. Von da an bekamen alle Leser, die den Blog besuchen wollten, eine feuerrote Warnmeldung, dass die Seite nicht sicher sei und sich möglicherweise Viren über den Browser auf den Rechner schlichen. Das ist grundsätzlich ein großartiger Service von Google, nur kam ich selbst nicht mehr auf meine eigene Seite. Mein erster Gedanke war: Google hat mich ausgesperrt. Mein zweiter Gedanke war: Google IST das Internet. Wenn Google entscheidet, welche Seiten besucht werden können und welche nicht, selbst wenn meine Seite auf einem Server liegt, der nicht von Google betrieben wird, dann unterliegen alle Websites den Zugangsregeln von Google.

Und hier noch eine Rausschmeißer-Anekdote, die Sie vollends verunsichern soll: Als die Maidan-Demonstranten am 21. Januar 2014 wie jeden Tag den Maidan-Platz in Kiew betraten, erreichte sie beim Übertreten einer imaginären Linie eine SMS mit folgendem Inhalt: *Sehr geehrter Kunde! Sie wurden als Teilnehmer an einem Massenaufruhr erfasst.* Absender unbekannt.

DAS DESINFORMATIONS-ZEITALTER LÄDT EIN

Süße Droge Reichweite.
Journalisten sind abhängig

Ach ja, die Medien. Ich stelle mir immer wieder gerne vor, wie ein altehrwürdiger FAZ-Journalist auf die Medienwelt heute blickt und knapp der Versuchung widersteht, sich den Brillenbügel ins Hirn zu rammen. Denn wenn ein Online-Journalist heute eines ist, dann das: getrieben. Erinnern Sie sich an den Punkt Bannerwerbung im Kapitel »Follow the Money«: Je häufiger ein Artikel gelesen wird, desto häufiger werden seine Banner im Umfeld geladen, desto mehr wird genau mit diesem Artikel verdient. Das ist transparent und auf den ersten Blick nicht weiter verwerflich, aber versetzen wir uns mal in die Lage eines Redakteurs von *Spiegel Online*: Die Nachrichtenagenturen vermelden, Donald Trump wolle den Muslimen Amerikas den Führerschein entziehen. Sofort beginnt ein Wettrennen gegen die Zeit: Sowohl die Kollegen der FAZ, der BILD, der ZEIT, der TAZ, von *BuzzFeed*, aber auch die Online-Ableger der Regionalzeitungen, Twitter-Nutzer und Facebook-Seitenbetreiber laufen auf allen Zylindern. Wer die Meldung zuerst in einen Artikel gegossen hat, kann davon ausgehen, zuerst zitiert und verlinkt zu werden und damit so viele Banner-Aufrufe wie möglich zu erzielen. Der Drittschnellste hat gerade so eben noch gute Zahlen erreicht, aber es gibt noch eine zweite Chance: Der fundiertere Artikel, der nicht nur die Nachricht als solches transportiert, sondern wissenswerte Hintergründe liefert. In der Zwischenzeit laufen Daten darüber ein, wie sich das Thema entwickelt, wie sich der eigene

Artikel entwickelt, welches die zentralen Schlagworte zum Thema sind und unter welchen Schlagworten das Thema in sozialen Medien *trendet*. In Echtzeit kann der Redakteur die Aufrufe seines Artikels verfolgen. Währenddessen tritt der Pressesprecher des US-Präsidenten vor die Kamera und vermeldet Details: Man wolle nicht Muslimen den Führerschein entziehen, sondern islamistischen Gefährdern. Übersetzungsfehler hin, Missverständnis her, ein gewaltiger Unterschied. Also muss der erste Online-Artikel korrigiert werden: Es folgt ein Update. Während auf Twitter der Hashtag für das Top-Thema #LetMuslimsRoll von Platz eins auf Platz vier wandert, beginnt ebenso auf Twitter die Medienkritik: Wer hat eigentlich diese Fehlinformation zuerst verbreitet? Rechte Medien und Facebook-Pages entscheiden: *Spiegel Online* war's! Und es wird diskutiert, ob das linke *SPON* mal wieder aus freien Stücken den US-Präsidenten diskreditieren wollte oder ob es sogar eine Fake-News-Kampagne von ganz oben war. Was auch immer ganz oben ist. Dann die Rettung: Boris Becker meldet Insolvenz an. Und alles beginnt von vorn. Das ist keine Mediensatire, sondern Tagesgeschäft für jeden, der sein Geld mit Nachrichten-Content verdient. Wobei das eine das andere nicht ausschließt.

Ein Beispiel aus dem Dezember 2017: Nach den Vergewaltigungsvorwürfen gegen den Filmproduzenten Harvey Weinstein diskutierte die Welt heftig über Alltagssexismus. Im Rahmen der Debatte entstand der Hashtag #MeToo, mit dem sich Frauen auf Twitter mit den Opfern solidarisierten. #MeToo bedeutete so viel wie »Ich kenne das, mir ist so etwas auch schon widerfahren«. Gleichzeitig entstand mit dem Hashtag ein Signal-Wort, das einen Trend kennzeichnete und somit ein überproportional hohes Interesse für ein Thema versprach, also auch hohe Klickzahlen. Jeder Journalist konnte im Dezember 2017 damit rechnen, dass ein Artikel, der sich unter #MeToo subsumieren ließ, mehr Leser finden würde als ein Artikel über den Machtkampf an der Spitze der CSU. Und wo der journalistische Instinkt für das Thema fehlte, halfen Trend-Tools wie *Chartbeat*, *BuzzSumo* und der Blick in die Twitter-Trends nach – mehr zu diesen Tools später.

Am 18. Dezember meldete das schwedische Online-Magazin *thelocal.se*, die schwedische Regierung habe ein Gesetz auf den Weg gebracht, das differenzierter regeln solle, wann im juristischen Sinne eine Vergewaltigung vorliegt. Der Gesetzesentwurf berücksichtigt die Tatsache, dass es zum Beispiel über Einschüchterung zu nicht einvernehmlichem Sex kommen kann, ohne dass sich das Opfer zuvor explizit gewehrt hat. Der freie Journalist André Anwar brachte die Nachricht ins deutsche Medien-Spektrum, würzte sie aber entscheidend mit der Formulierung, Männer müssten vor dem Sex um Erlaubnis fragen. Das führte zur Killer-Headline »Männer müssen sich in Schweden Sex-Genehmigung einholen«. Genau diese Formulierung wurde in unterschiedlichen Variationen von *NOZ*, *Augsburger Allgemeine* und *Stuttgarter Nachrichten* verwendet, später ließ sich *Focus Online* dazu hinreißen, von einer »schriftlichen Genehmigung« zu sprechen. Oder die *BILD* knackig: »Schweden führt Sex-Genehmigung ein«. Auf Facebook wurde die Formulierung binnen Minuten tausendfach multipliziert, bis ausgerechnet Stefan Sichermann vom Satire-Magazin *Der Postillon* klarstellte: Kein Mensch hat je von einer Genehmigung geredet. In der schwedischen Quelle heißt es:

Es ist verboten, mit jemandem Sex zu haben, der nicht explizit »Ja« gesagt hat oder aktiv zeigt, dass er daran teilnehmen will.

Wer würde dieser Aussage nicht zustimmen? Um auf Facebook erfolgreich zu sein, muss eine Headline allerdings Emotionen schüren. Nicht umsonst hat Facebook im Februar 2016 neue Reaktions-Buttons eingeführt, die den alten Like-Button unter anderem auch um den Wut-Button ergänzen. Und weil Wut das beste Schmiermittel für Interaktion in sozialen Medien ist, wurde die

Original-Nachricht so lange umgestellt und uminterpretiert, bis die *Augsburger Allgemeine* mit einem zugekniffenen Auge titeln konnte: Männer müssen sich in Schweden Sex-Genehmigung einholen. Genau damit erreichte die *Augsburger Allgemeine* über 10 000 Shares. Historisch! Besuchen Sie das Blatt mal auf Facebook, und sie werden sehen: Der durchschnittliche Artikel generiert dort ca. 50 Shares. Die *Augsburger Allgemeine* wurde unterm Strich fürstlich für ihre perfide Interpretation belohnt. Es war kein guter Artikel, aber ein verdammt erfolgreicher. Dieser Belohnungsmechanismus, den alle Medienmacher kennen, lädt jeden Tag ein, die Grenzen der sachlichen Berichterstattung zu sprengen.

Man hätte die Quelle bis zum schwedischen Original zurück-verfolgen können, aber das hätte wertvolle Sekunden in der Inkubationszeit der Neuigkeit gekostet. Die *Augsburger Allgemeine* hatte als Erstveröffentlicher die Nase vorn, aber gerade in den ersten Minuten kann ein Player mit höherer Reichweite links überholen und mit der Story viral gehen. Kein Mensch fragt danach, wer eine Nachricht zuerst hatte. *Focus Online* hatte gute Chancen, die *Augsburger Allgemeine* stehen zu lassen und das Thema nach Hause zu holen. Mit der angeblichen schriftlichen Genehmigung erfand man einen Wut-Turbo, der leider nicht zünden wollte. Vielleicht, weil die BILD mit ihrer Riesenreich-weite rechtzeitig ins Rennen eingestiegen war und *Focus Online* damit wichtige Leser weggeschnappt hatte. Unterdessen kauten sie in Augsburg auf den Fingernägeln und beteten, dass der Zeit-vorsprung ausreichte, um in der kritischen ersten Runde so viele Shares wie möglich zu bekommen. Denn wenn der Artikel ein-mal viral gegangen ist, können ihn die Großen nicht mehr ein-holen. Im Übrigen bietet Online im Gegensatz zu Print die ein-zigartige Möglichkeit, eine bereits veröffentlichte Nachricht zu editieren, und so machte die *Augsburger Allgemeine* nachträglich aus »Männer müssen sich Genehmigung einholen« die sanftere Variante »Partner müssen sich Genehmigung einholen« – möglicherweise war das lange Festhalten an Headline-Variante eins der Schlüssel zum Sieg. Ich wäre gern bei der Sektdusche in Augsburg dabei gewesen.

Mich nervt dieses Früher-war-alles-besser ja selbst langsam, aber gerade in Sachen seriös aufbereitete Informationen hat das gute alte Zeitungsmodell einen Substanz-Vorteil: Bis Redaktionsschluss arbeiten alle ihre Informationen, die das große Ganze zusammenhalten, in einen Artikel ein, und am nächsten Tag gibt's alles Wissenswerte abgedruckt auf einer Seite. Gerne mit einer Prise Persönlichkeit des Autors. Heute vertrauen Redakteure auf unterschiedliche Analyse-Tools, die zum einen Themen auf Basis ihrer sozialen Dynamik vorschlagen, andere, wie zum Beispiel das beliebte Tool *Chartbeat*, warnen über eine rote Alarmnachricht, dass ein Artikel nur schlechteste Chancen hat, genügend Klicks zu generieren. Am Ende sorgen diese Tools vor allem für ein Phänomen, das jeder Online-Nutzer kennt, der nicht die letzten fünf Jahre unter einem Stein verbracht hat: Alle schreiben über das gleiche Thema. Tools wie *Chartbeat* oder *BuzzSumo* treffen in Echtzeit Prognosen über die Relevanz eines Themas durch automatische Stichwort-Suchen in sozialen Medien und Kommentarspalten und gewichten das Ergebnis aufgrund der Häufigkeit der Likes und Shares. Das ist technisch genial, aber es verleitet dazu, Themen zu reiten und nicht Themen zu setzen. Überdies sind Journalisten auch nur Menschen und wünschen sich für ihre Beiträge so viel Reichweite wie möglich. Die meisten Analyse-Tools bieten eine Smartphone-App an, über die man abends beim Weinchen checken kann, wie oft der eigene Artikel bis dahin gelesen, geteilt und kommentiert wurde. In seinem Buch *Blattkritik* berichtet der glühende Zeitungsmann Stefan Schulz von Online-Redakteuren, die nahezu süchtig nach *Chartbeat* sind beziehungsweise nach der Erfolgsmessung ihrer Beiträge über möglichst hohe Zahlen.

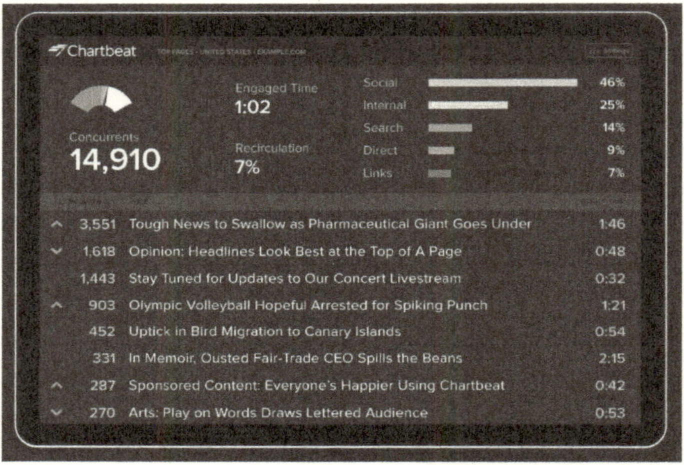

Abb. 4 Daten lügen nicht: *Chartbeat* ist ein EKG für Online-Artikel und sagt Ihnen anhand unzähliger Daten auch, wann ein Thema tot ist.

Wer sich auf hohe Verbreitungszahlen konditioniert – und das geht schneller als man denkt –, macht die Zahlen zur Determinante Nummer eins für die Gestaltung seiner Inhalte. Im Kapitel »Online-Sucht« lernen wir, wie die permanente Anwesenheit von Performance-Kennzahlen unser Denken verändert. Es steht jedoch außer Frage, dass die Aufgabe von Journalismus nicht darin besteht, hohe Klickzahlen zu erzielen. Wenn es danach geht, wird es bald keine Berichte mehr von lähmend trockenen, aber entscheidenden Haushaltsdebatten geben. Oder ist das schon so? Im Frühling 2016 waren das beherrschende Medienthema die Zustände in europäischen Flüchtlingslagern. Täglich berichteten neue Nachrichtenmacher aus Idomeni, bis am 10. Juni die Fußballeuropameisterschaft begann. *Google Trends* liefert hier eine interessante Kurve, die ziemlich genau zum Beginn der EM die Vollbremsung für das Interesse am Schlagwort »Idomeni« dokumentiert. Nahezu stufenlos verlagerte sich die breite Berichterstattung nach Frankreich, was selbstverständlich keinen überraschen darf, nur kehrte sie nach dem EM-Finale nie wieder in die Flüchtlingslager zurück. Es musste dem Beobachter vorkommen, als hätte irgendeine Organisation während der EM in den Lagern aufgeräumt, sie vielleicht sogar aufgelöst. Ich vermute, die unerträglichen Zustände haben sich nicht gebessert. Warum kehrte die Berichterstattung nie wieder nach Idomeni zurück, wenn es doch vor der EM so wichtig war, die Menschen dort nicht zu vergessen? Tools wie *Chartbeat* kennen keine Verantwortung, genauso wenig entscheiden sie aus einem Gewissen heraus. Wir hätten unsere Augen nach diesem Fußballfest wieder dorthin richten sollen, wo das Elend am größten ist. Aber was tun, wenn neben dem Entwurf des Artikels »Idomeni platzt aus allen Nähten« ein Warnhinweis prangt, der uns verschwindend geringe Klickzahlen prognostiziert?

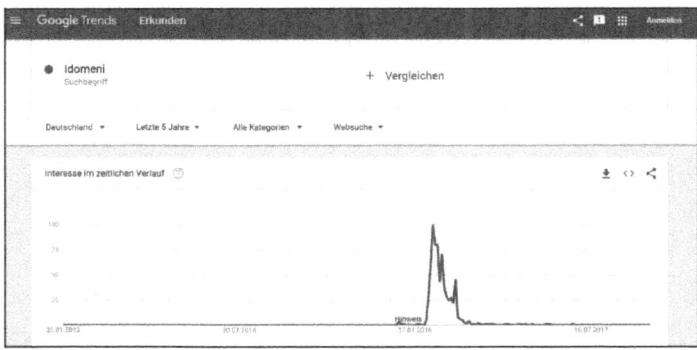

Abb. 5 Für ein paar Wochen zerriss uns das Leid im Flüchtlingslager Idomeni das Herz. Danach nie wieder.

Dieser zahlengetriebene Journalismus kann brandgefährlich werden, wenn er zum Reflex wird. Ich kenne diesen Reflex aus eigener Erfahrung: Als ich meinen Job in einer Werbeagentur kündigte, um mich exklusiv als Blogger zu verdingen, waren meine

»Nachrichten« Ereignisse in der Webkultur. Ich startete mit dem Anspruch, nur über Dinge zu schreiben, die ich persönlich als relevant erachtete. Ich wollte keinen Blog pflegen, der sich nur an dem orientierte, was garantierte Klicks versprach – davon gab's genug. Also trat ich mit dem Ideal an, hundertprozentig hinter allem zu stehen, was ich schreibe. So wie wahrscheinlich jeder Journalist am Anfang seiner Karriere. Und ich hatte dafür beste Bedingungen: Als Ein-Mann-Medium konnte mir keiner Vorgaben machen, stattdessen freute ich mich über maximale Unabhängigkeit. Allerdings war ich nach meiner Kündigung auch finanziell abhängig von meinem Blog. Ich hatte mein Hobby zum Beruf gemacht, was gemeinhin als höchste Stufe der Selbstverwirklichung gilt. Aber plötzlich spürte ich auch einen Performance-Druck, den es zu Hobbyzeiten nicht gegeben hatte. Schlechte Zahlen bedeuten schlechte Einnahmen, also besorgte ich mir im Rahmen meiner Professionalisierung Tools, die mir einen lückenlosen Echtzeit-Einblick in alle relevanten Kennzahlen meines Blogs lieferten. Das beginnt bei den Aufrufzahlen eines Artikels, der durchschnittlichen Lesedauer und der Gesamtzeit, die ein User auf der Seite verbringt, man erfährt aber auch demografische und geografische Faktoren.

Anfangs empfand ich die Allgegenwart der Zahlen noch als nützlich, aber mit der Zeit bemerkte ich, dass ich in einem Spiel gefangen war, in dem die Qualität der Artikel keine Rolle mehr spielte. Stattdessen wurden die Zahlen zum eigentlichen Zentrum meiner Arbeit. Die Artikel waren plötzlich Mittel zum Zweck für besonders hohe Artikelaufrufe, Share-Zahlen und Likes. Ich stieg um auf die App-Versionen meiner Statistik-Tools, damit ich auch unterwegs auf dem Smartphone checken konnte, wie sich die Aufrufzahlen meiner Artikel entwickeln. Von da an zog ich mehrmals pro Stunde das Smartphone aus der Tasche und bekam ein kleines High über »Bombenartikel«, aber noch viel mehr Downer, wenn meine Erwartungen enttäuscht wurden. Die Auswahl meiner Artikel folgte dem immer gleichen Muster: Ich bildete eine Erwartung an die Zahlen und konstruierte alle Inhalte so, dass die Erwartung nicht enttäuscht wurde. Und irgendwann erwischte mich das süße Gift der boulevardesken Berichterstattung: Wider besseres Wissen drehte ich die Dinge so, dass sie eine maximale Lautstärke entwickelten. Ich ließ wichtige Details aus, wenn die Story dadurch pikanter wurde, manchmal musste auch eine Adaption der Wahrheit her, wenn ich wusste: Dann wird der Artikel geteilt wie blöd.

In dieser Phase hatte sich der Schwerpunkt Webkultur schon längst in Richtung Viral-Gewäsch bewegt, also hin zu Geschichten wie: Ein süßer Hund, der zeitlebens gequält wurde, erlebt seinen dritten Frühling in den liebevollen Armen eines einsamen Rentners. Die Fotos zerreißen einem das Herz. Ich habe tatsächlich mal solche Artikel geschrieben, als mein einziges Ziel war, die verdammten Zahlen explodieren zu lassen. Wer hier Hinweise von Suchtverhalten erkennt, darf sie behalten oder sich auf das Kapitel »Online-Sucht« freuen. In meinem Fall ging es zum Glück nicht um klassischen Journalismus. So hatte meine Zahlen-Sucht keinen Einfluss auf das politische Klima in Deutschland. Und doch maße ich mir an, aus meinen persönlichen Erfahrungen ein grundsätzliches Risiko für alle Formen des Online-Publishing abzuleiten: Zahlen verführen. Das kann einen die eigene Unabhängigkeit kosten, aber es öffnet auch Tür und Tor für Manipulation.

Anfang 2016 beherrschte die AfD die öffentliche Debatte in Deutschland. Jeder gefiel sich darin, die AfD öffentlich abzulehnen, und die Medien lernten über die Zahlen: Die Leute wollen über die AfD reden. Das Schlagwort AfD in der Artikelüberschrift war ein Garant für hohe Klickzahlen. Auf den ersten Blick gibt es auch nichts, was dagegenspricht, dass sich die Zivilgesellschaft in Deutschland kritisch mit einer Partei auseinandersetzt, die für ein Gedankengut steht, das unsere Geschichte wie kein zweites geprägt hat. Dennoch gab es Stimmen, die sich dafür aussprachen, die AfD zu ignorieren, anstatt sie im Rahmen einer breiten

Berichterstattung populär zu machen. Diese Warnungen sollten den Hype nicht aufhalten.

Denn die AfD war klüger als die Rechtsausleger-Parteien vor ihr. Sie hatte gelernt, wie sie die Hysterie füttert, um noch mehr Aufmerksamkeit zu bekommen. Auf dem Höhepunkt berichtete die »Tagesschau« über eine Äußerung Frauke Petrys, man müsse angesichts unkontrollierbarer Flüchtlingszuströme an deutschen Grenzen auch über den Gebrauch der Schusswaffe nachdenken. Unter dem Label »Schießbefehl« dominierte die AfD über Tage die Berichterstattung, und ohne einen Pfennig ins Marketing gesteckt zu haben, sorgte Frauke Petry unter Schützenhilfe der Medien dafür, dass man in ganz Deutschland wusste: Diese Partei würde an der Grenze schießen lassen. *Chartbeat* empfahl: Was auch immer du schreibst, der Begriff »Schießbefehl« sollte darin vorkommen. Wer die AfD ablehnte, wurde in seiner Meinung bestärkt, wer fremdenfeindlich war, hatte endlich über die Leitmedien seine Partei gefunden. Am 7. März 2016 erklärte Frauke Petry ihre Strategie in einer parteiinternen Mail, die *kress.de* vorlag:

In einer auf Zuspitzungen und Verkürzungen angelegten Medienlandschaft gehen differenzierte und sachlich formulierte Aussagen leicht unter. Dies trifft umso mehr zu, wenn der Platz, den uns die »Noch-Inhaber« politischer Mehrheiten in diesen Medien zugestehen, nach wie vor limitiert ist. Um sich medial Gehör zu verschaffen, sind daher pointierte, teilweise provokante Aussagen unerlässlich. Sie erst räumen uns die notwendige Aufmerksamkeit und das mediale Zeitfenster ein, um uns in Folge sachkundig und ausführlicher darzustellen.

In einem der wichtigsten Bücher über virales Marketing, *Trust Me, I'm Lying*, erklärt der selbsternannte Medien-Manipulator Ryan Holiday:

The most powerful predictor of what spreads online is anger.

»Der mächtigste Prädiktor dessen, was sich online verbreitet, ist Wut.« Diesen Satz sollte sich jeder merken. Mein Facebook-Newsfeed war während der Schießbefehl-Kampagne voll von Hass-Noten gegen die AfD. Ich verwende übrigens bewusst den Begriff Kampagne. Die Äußerung Frauke Petrys zu kommentieren war der sicherste Weg, viele Likes, Zustimmung und ein Gefühl der Zugehörigkeit zu bekommen. Außerdem war es auch noch politisch. Was kann daran falsch sein? Das haben die Landtagswahlen im Anschluss gezeigt. Ich weiß, wie schwer es ist, auf 3000 Likes und glühenden Zuspruch der eigenen Peergroup zu verzichten und einen Artikel über die AfD liegen zu lassen. Aber genau das verstehe ich unter Medienverantwortung. Auch wenn die anderen unverschämt gute Zahlen damit machen, über das Stöckchen der Provokateure zu springen.

Als ich 2006 meinen ersten Job als Werbetexter antrat, befand sich die Branche im Umbruch. Die Zeiten, in denen Werbekunden Millionen in die klassischen Kanäle TV, Print und Radio gesteckt hatten, waren vorbei, die Finanzkrise 2007 beförderte die neue Denke: Weg von den klassischen und vor allem teuren Medienplätzen, rein in die Berichterstattung. Werbekunden wollten nicht mehr im Werbeblock versendet werden, sie wollten Gesprächsanreize setzen. In der Folge wuchsen PR-Agenturen und klassische Werbeagenturen zusammen. Die Erfolgsformel lautete: Presse generieren – was nichts anderes bedeutet, als Werbung so aufzubereiten, dass Medien, oder wie man in der Branche sagt: Multiplikatoren, darüber berichten. Dieses Prinzip war der Anfang von viraler Werbung, die aus gutem Grund die gesamte Werbebranche beflügelte. Denn gute virale Werbung kostet fast nichts. Für die Produktion guter viraler Werbung reicht manchmal ein Handy-Video, in den virtuosesten Fällen nur ein Gedanke. Durch meine Ausbildung zum Werbetexter ist es eine Berufskrankheit geworden, bei viralen Phänomenen Kampagnen-Muster zu suchen. In meiner späteren Arbeit als Webkultur-Beobachter habe ich mich noch intensiver mit den Funktionsweisen von

Viralität befasst. Und ich muss immer wieder fasziniert feststellen, wie klug Rechtspopulisten die Prinzipien des viralen Marketings verstehen. Im Kern geht es dabei nur um ein Gesetz: Verpacke deine Botschaft so, dass sie darüber berichten müssen. Der gute Medien-Manipulator schließt daher einen Pakt: Du kriegst deine Artikel-Reichweite, ich kriege meine politische Reichweite. Im Boulevard-Journalismus war das übrigens schon immer eine fruchtbare Wechselbeziehung.

Nur Feiglinge lesen Artikel komplett

Jakob Nielsen erforscht seit 1990 nicht, was wir lesen, sondern, wie wir lesen: Über Kameras, die beim Leseprozess nur die Bewegung der Augen verfolgen, können präzise Rückschlüsse darauf getroffen werden, welcher Inhalt eines Textes überhaupt über den Radar eines Lesers geht. Im Unterschied zum Papier nehmen wir einen Bildschirm nicht als reines Lese-Medium wahr, sondern als Interaktionsmedium. Wenn Sie einen Online-Artikel lesen, laufen im Hintergrund noch unzählige weitere Prozesse, die Ihre Aufmerksamkeit verlangen: Werbung tritt teilweise zwischen den Absätzen auf, Nachrichten unterschiedlicher Messenger-Dienste gehen ein, Push-Nachrichten kündigen eine möglicherweise alles verändernde Neuigkeit an. Überdies halten Sie nicht den Bildschirm in der Hand, sondern die Finger auf der Tastatur respektive Maus. Weil das Internet ein Interaktionsmedium ist, muss sich der Online-Artikel in der Regel gedulden, sobald eine neue Mail auf sich aufmerksam macht. Sie greifen unbewusst um und haben mit Ihren Fingern, die auf der Tastatur ruhen wie ein Puma vorm Sprung, in unter einer Sekunde die Mail aufgerufen, um nach einem Scan der Betreffzeile wieder zum Artikel zurückzukehren. Das ist nicht schlimm, weil ein Computer eben ein Multitasking-Werkzeug allererster Güte ist, aber es sorgt dafür, dass Sie Texte anders lesen: Jakob Nielsen veröffentlichte 2006 seine Erkenntnis, dass ein Online-Artikel in der Regel in der Form eines F gelesen wird. Kaum einer seiner Probanden las die Texte

Zeile für Zeile, wie es beim Buch üblich und bewährt ist. Stattdessen werden im Regelfall die ersten Zeilen noch komplett gelesen, danach überspringt der Blick ein paar Zeilen, um die nächste Zeile ca. zur Hälfte zu erfassen. Dann tastet der Blick den linken Rand des Artikels ab, und damit gilt er als gelesen.

»F«, so Nielsen, steht für *fast*, also »schnell«. 2008 arbeitete das University College London mit einer ähnlichen Methode wie Jakob Nielsen. Nur wurden hier keine normalen Nachrichtenleser beobachtet, sondern Studenten, die an den Computern der British Library für ihre Arbeiten recherchierten. Hier offenbarte sich dasselbe Leseverhalten, das eher der Jagd nach Informationen gleicht – was bei der Forschungsrecherche durchaus sinnvoll ist. Kurz: Lesen ist vielleicht nicht mehr der korrekte Begriff für den Prozess, den wir bei Online-Artikeln anwenden, es ist eher ein »Textedurchsuchen«. In der Folge, so Nielsens Schätzung, wird der durchschnittliche Online-Artikel effektiv nur zu 18 Prozent gelesen. Und bevor Sie jetzt empört dieses Buch niederlegen, weil das bei Ihnen ganz anders ist: Erstens handelt es sich hier um einen Durchschnitt, zweitens liegt es in der Natur der Sache: Ein ans Internet angeschlossener Computer ist ein dramatisch schlechtes Lese-Medium. Blöd freilich, dass er Zeitungen als Nachrichtenquelle Nummer eins abgelöst hat.

Bleiben wir doch beim Medien-Nutzer. Zur Medien-Nutzung gehören schließlich immer zwei, und Journalisten waren schon immer dazu verdammt, ihre Nachrichten so aufzubereiten, dass sie auch von den Lesern gelesen werden. Logisch. Mit den berühmten viel beschworenen Aufmerksamkeitsspannen, die auch darin begründet sind, dass uns durch das Internet immer mehr Nachrichtenangebote zur Verfügung stehen, werden Nachrichtenartikel kürzer. Ein aktueller Trend ist zum Beispiel, die Kernaussage des Artikels vorweg in Stichpunkten zusammenzufassen, damit sie möglichst in den oberen Balken des »F« fällt. Ebenso geben viele englischsprachige Nachrichtenseiten vorweg an, wie viel Zeit der Artikel den Leser ungefähr kosten wird. Es kursiert schon länger das Gerücht, dass 70 Prozent aller Personen, die einen Artikel auf Facebook teilen, nur die Headline gelesen haben. Diese Zahl war ein Spaß der *Science Post*, inspirierte aber die Columbia University 2016 zu einer ernsthaften Studie mit dem Ergebnis: fast richtig. Es sind 59 Prozent.

Lassen Sie uns über die Rolle von Facebook als Aggregator von Nachrichten sprechen. 2014 veröffentlichte die *New York Times* versehentlich ein Strategiepapier, das die Medienhäuser weltweit in Schnappatmung versetzte: Zwischen 2011 und 2013 sank die Zahl der Leser, die ihre Nachrichten gezielt über die Startseite auf *nytimes.com* suchten, von 160 Millionen auf 80 Millionen. Der Rest kam mehr oder weniger zufällig über Empfehlungen auf Facebook. Man mag sagen: Über welchen Weg die Leser zur *New York Times* kommen ist doch egal, bestenfalls gewinnt das Blatt durch Facebook neue Leser. Und zum Teil stimmt das auch. Deshalb geht's gleich weiter mit einer Umfrage aus dem Jahr 2013 von der amerikanischen Filiale der Gesellschaft für Konsumforschung: Mehr als 5000 Facebook-Nutzer wurden nach ihrem Nachrichtenkonsum über Facebook befragt. 16 Prozent gaben an, auf Facebook gezielt nach Informationen zu suchen, 78 Prozent sagten, sie stolperten dort lediglich über Nachrichten.

Das ist eine sehr spannende Beobachtung dazu, auf Basis welcher Effekte wir uns unsere Meinung bilden. Mit wir meine ich nicht uns, die wir jeden Morgen eine komplette FAZ aus Papier lesen, gefolgt von einer mit Bleistiftnotizen zu versehenden *Süddeutschen Zeitung* für das differenzierte Meinungsbild. Ich rede von dem Nachrichtenkonsumenten, der mittlerweile als der Durchschnitt gelten kann und der über Facebook auf Nachrichten stößt, die er gar nicht aktiv gesucht hat. Das ist neu. Früher entschied sich der auf Mündigkeit erpichte Bürger aktiv für Nachrichten, indem er sich eine Zeitung kaufte oder rechtzeitig zur »Tagesschau« respektive den »Tagesthemen« den Fernseher einschaltete. Heute scrollen wir durch unseren Facebook-

Feed und lassen uns überraschen. Das ist das Spannende an Facebook: Es können Urlaubsbilder eines Bekannten angezeigt werden, lebensverändernde Sinnsprüche oder eben ein Nachrichtenartikel, den einer unserer Facebook-Freunde für teilenswert hält. Meistens mit einem persönlichen Kommentar, der die Empfehlung unterstreicht. Nicht jede Headline führt zum Klick auf den ganzen Artikel, aber im Vorbeiscrollen nistet sie sich in unserem Unterbewusstsein ein. Dagegen können wir gar nichts tun. Auf diese Weise ist Facebook immer mehr zum Mittler zwischen Nachrichtenproduzenten und Nachrichtenkonsumenten geworden. Auch ich habe schon glühende Plädoyers auf Basis von Headlines gehalten, die ich mit einer halben Gehirnhälfte auf Facebook registriert hatte. Das ist genauso menschlich wie erschütternd. Der Mensch neigt dazu, sein Halbwissen als empirisch belegtes Fachwissen zu verkaufen, um sich bis zum Schluss als lukrativen Paarungs- oder Geschäftspartner zu präsentieren – auf dem Marktplatz der Eitelkeiten wird gezockt wie beim Hütchenspiel.

Unterm Strich hat es Facebook geschafft, die Regeln vorzugeben, nach denen Artikel ihre Leser finden. Wer diese Regeln als Herausgeber missachtet, hat wenig Chancen, gesehen zu werden. Rufen wir uns in Erinnerung, wie Ihr Newsfeed entsteht: Sie sehen nicht alle Inhalte aller Seiten und Personen, die Sie jemals mit einem Like versehen haben. Das wäre eine unübersichtliche Content-Wand, die kein Mensch verarbeiten könnte. Also filtert Facebook auf Basis eines speziellen Algorithmus alles, was Sie eher weniger interessiert, heraus. Dabei werden alle von Ihnen zur Verfügung stehenden Daten zu Hilfe genommen, um Ihnen nur noch das Drittel aller Inhalte zu zeigen, das Sie spannend finden. Das ist durchaus vermessen, aber für Facebook bietet dieses Vorgehen nur Vorteile. So hat sich durch Limitierung des Contents ein lukratives Erlös-Modell ergeben: Wer die Wahrscheinlichkeit erhöhen möchte, von Facebook in den Newsfeed seiner Nutzer durchgelassen zu werden, kann dafür zahlen. Jeder einzelne Artikel kann mit einem Budget aufgeladen werden, im Gegenzug erhöht Facebook dafür dessen Reichweite.

Aber das große Filtern hat noch einen anderen Effekt. Dazu muss man sich wieder einmal klarmachen, was das eigentliche Interesse von Facebook beziehungsweise sein Kerngeschäft ist. Die Bereitstellung von Nachrichten ist es nicht. Facebook ist ein hundertprozentiges Marketing-Tool. Wie wir im Kapitel zum Datenhandel gesehen haben, sammelt es Daten, die dann wie ein Rohstoff weiterverkauft werden. Facebook tut den ganzen Tag nichts anderes, als seinen Nutzern ein Umfeld zu schaffen, in dem sie möglichst viele Daten von sich preisgeben. Dazu will Facebook seine Nutzer so lange wie möglich auf seinen Servern halten. Die Methode, nach der entschieden wird, welchen Content ein Nutzer sieht und welchen nicht, ist einzig darauf ausgerichtet, dass er auf der Plattform bleibt. Und dafür muss er sich auf Facebook wohlfühlen. Was sollte man dagegen einwenden? Nehmen wir noch mal das Beispiel vom norwegischen Amokläufer Anders Breivik. Nach seiner Festnahme stellten die Behörden seinen Computer sicher und analysierten unter anderem auch seinen Facebook-Verlauf. Die Welt, die sich den Ermittlern dort auftat, war ein rassistisches Paralleluniversum, in dem nur Menschen zu leben schienen, die sich auf den nächsten Kreuzzug vorbereiten. Angst, Hass, Rassismus und Gewalt kennzeichneten das Umfeld, in dem sich Breivik am wohlsten fühlte. Den Facebook-Algorithmen war egal, dass Breivik in Interaktion mit menschenverachtenden Medien und Nutzern getreten war, sie haben lediglich registriert: Diese Art von Content gefällt dem Nutzer, damit fühlt er sich wohl, wir sollten ihm mehr davon geben. Angesichts der Hass-Blase, in der sich Breivik vor dem Amoklauf über Jahre befand, war seine Tat gar nicht mehr so überraschend.

Diese Blase nennt man Filter Bubble, oder auch Echokammer. Algorithmen schmiegen sich so perfekt an unsere Präferenzen an, dass uns die Technik Scheuklappen aufsetzt. Das bedeutet: Es gibt nicht das eine Internet. Jeder hat sein eigenes Internet, das sich perfekt an sein Weltbild angepasst hat.

Das heißt um Himmels willen nicht, Filter Bubbles seien eine Erfindung des Internet-Zeitalters. Schon Goethes Werther befand sich in einer ungesunden Filter Bubble namens Ultra-Romantik, die ihn schließlich in den Freitod stürzte. Menschen pflegen ihre Echokammern selbst, indem sie sich Milieus anschließen und sich Peergroups suchen. Und welche Motivation hätte ein Ultranationalist, Facebook-Fan der TAZ zu werden, nur um seiner Filterblase zu entfliehen? Meine Kritik geht etwas anders: Facebook und Google (auch Google ist perfekt auf jeden einzelnen Nutzer zugeschnitten) verstärken unsere natürliche Neigung zur Bestätigung unseres Weltbilds in einem Grade, der die Gesellschaft spaltet. Und zwar überall auf der Welt. Es gibt keinen Hebel, über den wir das Problem der digitalen Scheuklappen bewältigen können. Man müsste die Zeit zurückdrehen. Der technische Fortschritt lässt sich nicht aufhalten, und der aufmerksame Leser wird merken, dass ich in diesem Buch keine Lösungen präsentiere. Mir fallen nämlich keine ein. Um das ganze Ausmaß des Dilemmas zu verdeutlichen, hier das Problem noch mal in Kürze:

Facebook ist der größte Nachrichtenmakler der Welt. Nachrichten entscheiden über das Meinungsbild einer Gesellschaft. Facebook missbraucht Nachrichten als eine von vielen Kundenbindungsmaßnahmen und zwingt die Anbieter von Nachrichten dazu, ihren Content so aufzubereiten, dass er in erster Linie dem Geschäftszweck von Facebook gerecht wird. Die Aufgabe von erfolgreichem Journalismus ist also die Entwicklung von Verweil-Ködern für Facebook, an die noch ein Rest Information gehängt wird. Ergo hängt das Meinungsbild ganzer Gesellschaften direkt an den Profit-Interessen einer monumentalen Marketingagentur. Ergänzen wir diese Tatsache um die Erkenntnis, dass von dieser Rest-Information nur etwas mehr als ein Viertel tatsächlich gelesen wird, dann …

Die Macht der Headline

Neben dem Anspruch zu informieren verfolgt Journalismus noch ein zweites Ziel: Geld verdienen. Auch wenn viele Medien mit sogenannten Paywalls experimentieren, also Artikeln, die man nur gegen eine kleine Gebühr abrufen kann, wird ein Großteil der Einnahmen im Online-Journalismus über Werbung generiert. Hier gilt bis auf Weiteres: Je häufiger ein Artikel gelesen wird, desto mehr Einnahmen zieht er nach sich. Heute sind wir in der Lage, über die zuvor besprochenen Analyse-Tools genau zu verstehen, wie ein Artikel aufbereitet sein muss, um maximal viele Aufrufe zu generieren. Ein Unternehmen aus Potsdam wagte dabei den faszinierenden Versuch, ein Nachrichten-Medium zu schaffen, dass seine Inhalte zu 100 Prozent an den maximal erwartbaren Artikelaufrufen ausrichtete: Die im März 2014 gegründete Seite *heftig.co* erreichte bereits zwei Monate später 11,8 Millionen Besuche mit einer Nachrichtenaufbereitung, die jedem gelernten Journalisten die Zornesröte ins Gesicht trieb. Die Inhalte waren aus dem Netz zusammengesuchte Geschichtchen, Bilderstrecken und Videos, die teilweise schon Jahre im Internet umhertrieben. Der Schlüssel zum Erfolg der Seite lag in einer eigentümlichen Headline-Führung, die eine maximale Erwartungshaltung aufbaute:

Dieses Model sieht aus wie ein Teenie. Du wirst nicht glauben, wie alt sie ist!

Das Schicksal dieses Hundes brachte mich zum Weinen

Über diese 8 Verwendungen für Mineralwasser wirst du staunen

Das, lieber Leser, sind erfolgreiche Artikel-Headlines. Ich habe nicht gesagt gut, sondern erfolgreich. Und zwar nachweislich: Durch die Möglichkeiten des Internets können Online-Angebote beliebig viele unterschiedliche Headlines zum immer gleichen Artikel gegeneinander antreten lassen. Man nennt das *A/B-Testing*, was nichts anderes bedeutet, als einem Programm zu sagen: 50 Prozent aller Leser sehen Headline A, die anderen sehen Headline B. Auf diese Weise lassen sich so lange Headlines testen, bis am Ende die perfekte Headline-Struktur gefunden ist. Das Unternehmen *BuzzSumo* misst jeden Tag den Erfolg von Millionen Artikeln weltweit und ist daher auch in der Lage, die wichtigsten Bausteine zu identifizieren, die in besonders reichweitenstarken Artikeln vorkommen.

Mit solchen Schlagzeilen-Elementen werden Sie von jeder seriösen Journalistenschule gejagt, aber sie werden Geld damit verdienen. *Heftig.co* hat diese Formel nicht erfunden, sondern wie für deutsche Start-ups üblich aus den USA nach Deutschland importiert. Seiten wie *Viralnova* und *Upworthy* arbeiten in den USA schon lange mit dieser Methode namens *Clickbait*, zu Deutsch: Klick-Köder. Clickbait-Artikel sind das Ergebnis millionenfacher A/B-Tests und damit objektiv die erfolgreichsten Medienprodukte unserer Zeit.

Wir erinnern uns an die Sache mit dem Dopamin: Sobald eine Erwartung mit unsicherem Ergebnis geweckt wird, läuft unser Belohnungszentrum auf Hochtouren. Clickbait-Headlines mögen stilistisch betrachtet Vergewaltigungen unserer Sprache sein, aber wissenschaftlich betrachtet triggern sie genau den richtigen Reflex. Viele Kritiker von Clickbait-Seiten wie *heftig.co* sind der Überzeugung, das Konzept werde sich schnell überlebt haben, sobald die Leser verstehen, dass nicht einmal die Hälfte aller Artikel das Versprechen der Headline einlösen. So verbirgt sich hinter vielen Du-wirst-es-nicht-glauben-Artikeln eher schnöde Internetware, die man so oder so ähnlich schon häufiger gesehen hat. Aber auch diese Herangehensweise folgt einem Konzept, über das wir in diesem Buch schon gesprochen haben. Der Reiz liegt im Vorhandensein von Nieten-Artikeln. Dann ist unsere Bereitschaft zum Glücksspiel am größten.

Es gibt eine traumhaft schöne Bilderserie eines elternlosen Wombat-Babys, das sich mit einem elternlosen Känguru-Baby angefreundet hat. Die beiden leben unzertrennlich im Wildlife Kilmore Rescue Centre im australischen Victoria. Nehmen Sie sich die Zeit und schmelzen Sie dahin. Hier der Link zur Bilderserie: http://... STOP. Bereits jetzt haben Sie ein warmes Gefühl im Herzen, weil sich das Dopamin schon vor dem Klick auf die Reise macht. Oder wie der Stanford-Neurowissenschaftler Robert Sapolsky zusammenfasst:

Beim Dopamin geht es nicht um das Vergnügen an sich, es geht um die Antizipation des Vergnügens. Das Versprechen des Glücksgefühls ist stärker als das Glück selbst.

In diesem Prinzip liegt der Schlüssel zur Schlagzeile, die schneller angeklickt wird. Schauen wir uns die drei wichtigsten Merkmale guter, pardon, erfolgreicher Headlines genauer an.

Neugier: Neugier ist nichts anderes als das Gefühl höchster Erwartung. Der Boulevard hat vom ersten Tage an damit gearbeitet, und selbst wenn wir sehenden Auges die billige Tour registrieren, müssen wir oft genug trotzdem wissen, was dahintersteckt.

- Dieser Mann verzichtet seit 20 Jahren auf Salz. Du wirst nicht glauben, welche Farbe sein Urin hat
- Diese 10 Menschen haben einen Unfall ohne Kratzer überlebt. Nummer 8 ist UN-FASS-BAR!!!
- Hund sieht Herrchen nach 10 Jahren Gefängnis zum ersten Mal wieder. Bei Minute drei musste ich weinen

Nummern und Listen: Das Gehirn hat eine ganz spezielle Schwäche für Zahlen und Listen. Ein Grund dafür ist unsere angeborene Faulheit: Ziffern geben uns vor dem Lesen des Artikels ein

Gefühl für die Zeit, die wir investieren müssen. Außerdem versprechen uns Zahlen eine angenehme Portionierung der Information. Ein Artikel, der mit »10 Gründe« beginnt, wird uns nicht in eine komplexe Thematik ziehen, sondern uns zehn kleine Info-Häppchen präsentieren, welche die Prozessorbelastung unseres Gehirns im niedrigen Bereich hält. Es ist völlig nachvollziehbar, dass sich unser Gehirn nach Einfachheit sehnt. Der fiktive Artikel »15 Methoden, den Orgasmus hinauszuzögern« impliziert eine Vollständigkeit. Der Verfasser wird schon nicht 15 Methoden präsentieren, wenn es eigentlich 20 sind.

- 15 Killer-Faktoren im Bewerbungsgespräch
- 70 berühmte Künstler, die arm gestorben sind
- 18 Wege, in unter einem Jahr eine Million Euro zu verdienen

Affirmation: Es fühlt sich gut an, von außen bestätigt zu bekommen, was man schon immer wusste. Es stabilisiert unser Bild von uns selbst und suggeriert Anschlussfähigkeit an andere, denn kaum etwas schmerzt uns mehr als Einsamkeit.

- Süßigkeiten sind wichtig für unser mentales Wohlbefinden
- Faulheit ist der effektivste Weg zum Entwickeln großer Ideen
- Langstreckenläufe sind schlecht für die Gelenke

All diese Beispiele haben wenig bis gar nichts mit wertvollen Informationen zu tun. Der klassische Nachrichtenjournalismus kämpft auch deshalb so sehr ums Überleben, weil er sich in einem Umfeld bewegt, in dem er wissenschaftlich gesehen keine Überlebenschance hat. Analyse-Tools und Algorithmen kennen unsere Klick-Bereitschaft besser als wir selbst, die geheime Formel liegt dabei nicht bei einem einzigen Verlag, sondern bei allen, die an die Methode des zahlengesteuerten Journalismus glauben. Betrachten wir eine klassische Artikelüberschrift aus der alten Nachrichtenwelt:

Wirtschaftsexperten fordern Anhebung des Renteneintritts-
alters

So würde man es bei der FAZ, beim *Spiegel* und auch in den
»Tagesthemen« formulieren.

Und hier drei zeitgemäße Gegenangebote:

- 10 Dinge, die eintreten werden, wenn das Renteneintritts-
  alter nicht angehoben wird
- Du wirst nicht glauben, wie niedrig die Durchschnitts-
  rente 2030 sein wird
- Was Wirtschaftsexperten über die Rentenentwicklung
  denken, wird dich unglaublich wütend machen

Der wesentliche Unterschied zwischen den beiden Modellen liegt
in der Emotionalität. Guter Journalismus gefällt sich immer dann
am besten, wenn er unvoreingenommen, neutral und unabhängig ist. Also all das, was das Internet zumindest in Sachen Erlös-
Perspektive bestraft. Stattdessen belohnt Social Media eine möglichst emotionale Stellungnahme aller Protagonisten von der
Privatperson bis zum Medien-Giganten.

Der Politologe Timothy Ryan von der University of North Ca-
rolina at Chapel Hill beschäftigt sich mit dem Faktor Emotionen
in den Nachrichten und führte dazu eine interessante Untersu-
chung durch: Er schaltete Facebook-Anzeigen, die er über das Ziel-
gruppen-Targeting an Fans des damaligen US-Präsidenten Barack
Obama aussteuerte. Die gleiche Nachricht wurde einmal besorg-
niserregend formuliert und einmal mit dem Ziel aufbereitet, Wut
zu erzeugen. Variante eins lautete: Besorgt? Republikaner blockieren Obamas Gesundheitsreform. Variante zwei lautete: Wütend?
Republikaner blockieren Obamas Gesundheitsreform. Tatsächlich
zog die besorgniserregende Nachricht eine deutlich geringere
Klick-Bereitschaft nach sich als die gleiche Nachricht, die vom Verfasser mit dem Schlüsselbegriff Wut markiert worden war.

Ein Politiker muss daraus den Schluss ziehen, dass die »Neue Mitte« aus den Schröder-Jahren kein Modell für die Zukunft ist. Die Rückkehr der Populisten sollte niemanden wundern, denn wir leben ganz einfach in populistischen Zeiten. Wer als Politiker gehört und damit auch gewählt werden will, ist gut beraten, die wirtschaftlichen Interessen der Medien zu verstehen. Die klügsten Politiker waren schon immer in der Lage, Zeitungen indirekt zu diktieren, was sie zu schreiben haben. Dieses Ökosystem, in dem sich Politik und Medien gegenseitig ernähren, ist nicht neu. Neu ist das mediale Umfeld, das mehr denn je Lautstärke honoriert. Dieses Umfeld gilt für alle Regionen der Welt, in denen viele Personen Zugang zu Social-Media-Kanälen haben. Die Entwicklung ist noch jung, daher fehlen die Studien zu meiner Vermutung, aber vielleicht wissen wir schon 2020, dass die Wahrscheinlichkeit einer nationalistischen Regierung mit der Social-Media-Aktivität der Bürger eines Landes steigt. Im Kapitel »Jobkiller Automatisierung« erkläre ich Ihnen, warum die Digitalisierung beziehungsweise die damit zusammenhängende Automatisierung immer mehr Jobs gerade im Niedriglohnsektor frisst. Das heißt: Wir bewegen uns überall auf der Welt auf Gesellschaften zu, bei denen Nationalismus und Arbeitslosigkeit zusammentreffen. Warum um den heißen Brei reden: In der Geschichte der Menschheit war das schon immer die Killer-Kombination für Krieg.

Und hier einer der wenigen Hoffnungsschimmer in einem an Hoffnungsschimmern armen Buch: Facebook und Google wissen dank ihrer mächtigen Datensätze mehr über uns als wir selbst. Vor diesem Hintergrund wissen beide Unternehmen noch vor uns, wann der gesellschaftliche Unfrieden so weit kippen könnte, dass ihre Profitinteressen leiden. In diesem Falle könnte es eine Frieden-vor-Profit-Option geben, auf die ein Algorithmus automatisch zurückfällt und entsprechend Anpassungen im Newsfeed beziehungsweise in den Suchergebnissen aller Nutzer vornimmt. Eine zentrale Prämisse dieses Buches ist schließlich die unendliche Profit-Orientierung der größten Tech-Unternehmen. Was nützt es Facebook, so lange algorithmisch begünstigte Emotionen zu schüren, bis ein außer Kontrolle geratener Mob vor der Firmenzentrale in Menlo Park auftaucht und den Kopf von Mark Zuckerberg fordert, weil sich dieser laut Meinung der Schwarm-Intelligenz, die erfahrungsgemäß auch Schwarm-Naivität sein kann, zu einem Gott aufgeschwungen hat. Solche Szenarien gehören aktuell noch zu den finsteren Fantasien eines einzelnen Autors, aber unterschätzen Sie niemals die Macht sozialer Dynamiken im Social-Media-Zeitalter.

Fake News. Die Wahrheit ist relativ

Regime, Wichtigtuer und Geschäftemacher fluten das Netz Tag für Tag mit Nachrichten, die von unverschämt tendenziös bis 100 Prozent gelogen alles bieten. Mit der Behauptung der Unabhängigkeit diskreditieren sie alte Medien-Player als Lügenpresse, Systemmedien etc., und auf den ersten Blick sieht's verdammt echt aus. Nur kann sich jede Einzelperson für knapp 3,95 € monatlich und ohne Programmierkenntnisse eine verdammt echt aussehende Nachrichtenseite einrichten. Dabei sind Fake News erst dann Fake News, wenn irgendjemand den Schwindel aufdeckt. Man muss kein Verschwörungstheoretiker sein, um davon ausgehen zu dürfen, dass auch der professionelle Journalismus mehr als einmal gefälschten Indizien auf den Leim gegangen ist. Doch besagter Qualitätsjournalismus kann noch so fehlerfrei arbeiten, wenn Menschen nicht mehr bereit sind, ihm zu glauben. Willkommen im postfaktischen Zeitalter.

Meine Oma liebte ihre Fake News. Jeden Sonntag verschwand sie mit einem Stapel »Illustrierte« in ihre Leseecke und las nicht ein Yellowpress-Magazin, sondern alle: *Neue Post*, *Das Goldene Blatt*, *Die Aktuelle*, *Echo der Frau* waren die Leitmedien meiner Oma, und darin wurde gelogen, dass die Schwarte kracht. Damals gab es den Begriff der »Fake News« nicht, aber Nachrichten, die vom Verfasser bewusst erstunken und erlogen wurden, um sich damit einen wirtschaftlichen, politischen oder psychologischen Vorteil zu schaffen, blickten schon Anfang der Achtzigerjahre auf eine lange Tradition zurück. Nicht wenige behaupten etwa, die Bibel, also das prägendste Medium der westlichen Welt, bestehe zu weit über 90 Prozent aus Berichten, die sich so nie zugetragen haben. Das berühmte Zitat »Das erste Opfer eines jeden Krieges ist die Wahrheit« wird unterschiedlichen Urhebern zugeschrieben, geht aber als Basis-Erkenntnis auf die ersten Stämme der Menschheit zurück. Denn wer einen Krieg vom Zaun brechen will, der braucht einen Grund und bestechende Argumente, warum Dritte für ihn ihr Leben lassen sollen. Damit wären wir bei der Propaganda, die für uns Deutsche beileibe nichts Neues ist.

Aber so richtig gefährlich finden wir Fake News erst seit sehr kurzer Zeit, einige haben den Begriff erst seit dem überraschenden Wahlsieg von Donald Trump auf dem Radar. Was ist also an Fake News so besonders, was im Rahmen historischer Propaganda offenbar kaum der Rede wert war? Es ist die ungezügelte Viralität, die es vor dem Internet nicht gab. Der Begriff Fake News und das Internet gehören unmittelbar zusammen. Oder kurz: Fake News sind ein Kind des Internets. Nicht umsonst unterscheidet Wikipedia zwischen Falschmeldungen und Fake News, die jeweils eigene Artikel haben. Wie neu unsere Angst vor Fake News ist, beweist die älteste Quellenangabe im Wikipedia-Artikel. Sie stammt von 2015.

Fake News haben viele Gesichter. Claire Wardle von der Organisation *First Draft* entwickelte eine übersichtliche Typologie, bestehend aus sieben Formen der Fehl- und Desinformation.

Typ 1 – Satire: Die Fehlinformationen folgen nicht dem Zweck der bewussten Irreführung, sondern einer satirischen Übertreibung. Satire braucht zum Funktionieren ihren Betrachter, der die humoristische Intention versteht. Aus meiner Arbeit als Comedy-Autor weiß ich aus eigener Erfahrung: Satire wird nicht immer verstanden. Wobei ich oft den Verdacht hege, dass sich Menschen oft auch absichtlich blöd stellen, um zum Beispiel in den Genuss zu kommen, sich persönlich beleidigt zu fühlen. 2016 schrieb ich einen Sketch über eine Organisation namens »Rassisten ohne Grenzen«. Darin reisten Rechtsradikale in den Sudan, um vor Ort Fluchtursachen zu bekämpfen. Der Sketch sorgte in Kreisen der Identitären Bewegung für Empörung. In den Kommentaren las ich: »Ist man jetzt Nazi, wenn man Fluchtursachen bekämpft?«

Das Label der Satire wird manchmal auch einfach plump missbraucht. So findet man das Wort regelmäßig winzig klein in glasklaren Falschbehauptungen, ohne erkennbaren satirischen Bruch, weil sich die Urheber das Motto gemerkt haben: Satire darf alles.

Typ 2 – Falsche Verknüpfungen: Das aus dem Boulevard bekannte Phänomen, Headlines und Aufmacherbilder zu verwenden, die mit dem eigentlichen Artikel nichts zu tun haben, haben wir schon fast als journalistische Praxis akzeptiert. Falsche Verknüpfungen arbeiten mit feiner Klinge und folgen der Kunst der Überspitzung. Nehmen sie zum Beispiel die Nachricht: »Kriminalität in Berlin erreicht neuen Spitzenstand«, und dazu wird das Bild aus einem Migrantenviertel samt Migranten verwendet. In dem Artikel geht es in keiner Zeile um Ausländerkriminalität, aber das Bild suggeriert den Zusammenhang.

Typ 3 – Irreführende Inhalte: Auch wenn ein Artikel im Kern stimmt, ist ein Teil davon einfach falsch oder in höchstem Maße irreführend. Bleiben wir beim Beispiel »Kriminalität in Berlin erreicht neuen Spitzenstand«. Im Artikel wird wahrheitsgemäß die aktuellste Kriminalitätsstatistik der Polizei Berlin zitiert, zusätzlich wird aber noch die schwer überprüfbare »Insider-Information« dazugesponnen: Ein Hauptkommissar, der nicht genannt werden will, redet von 24-Stunden-Schichten am Limit.

Typ 4 – Falsche Zusammenhänge: Vor dieser Methode schrecken klassische Medien noch zurück. Hier werden zwei Artikelelemente unterschiedlicher Herkunft bewusst vermischt. Um beim alten Beispiel zu bleiben: Das Artikelbild zur Kriminalitätsstatistik in Berlin 2017 wurde 2009 in Kroatien aufgenommen und zeigt marodierende Fußballfans. Bildunterschrift: »Ausnahmezustand in Kreuzberg. Gestern Nacht wurde der Bergmann-Kiez erneut zur No-go-Area.«

Typ 5 – Betrügerische Inhalte: Sie folgen einem Link und glauben, Sie seien auf der Homepage von *Spiegel Online*. Aber irgendwas stimmt mit dem Blocksatz nicht. Rechtzeitig bemerken Sie: In der URL steht spigel.de (das »e« fehlt). Hier ist nichts überspitzt oder missverständlich formuliert, hier wird betrogen. Wobei das eine das andere nicht ausschließt. Auch auf der Fälschung einer Nachrichtenseite kann zum Beispiel mit falschen Verknüpfungen gearbeitet werden.

Typ 6 – Überarbeitete Inhalte: Digitale Bildbearbeitung ist kein Hexenwerk. Mit wenig Expertise lassen sich mit Photoshop oder der Gratis-Alternative Pixlr Slogans wie »Refugees Welcome« auf die T-Shirts von Opfern eines islamistisch motivierten Attentats montieren. Einfach Schriftebene über das Shirt legen, »Ebeneneffekt multiplizieren« wählen, Schrift mit dem Formgitter perspektivisch korrekt ausrichten, speichern.

Typ 7 – Erfundene Inhalte: In der ursprünglichsten Form der Fake News stimmt gar nichts. Hier ist Obama gläubiger Moslem, Merkel schwer demenzkrank und die Welt eine Scheibe.

Das Phänomen Fake News ist der Hightech-Nachfolger der Propaganda. Was im Dritten Reich noch undenkbar schien, scheitert heute höchstens an mangelnder Fantasie. Der Schlüssel liegt dabei in der Vernetzung. Das Internet, um genau zu sein, Social Media, sind der perfekte Nährboden für Falschmeldungen, und ich schreibe das so, als wäre das eine Aha-Erkenntnis. Natürlich wissen Sie das selbst. Doch für ein besseres Verständnis von

Informationsflüssen im Wandel der Zeit will ich Sie mitnehmen auf eine nostalgische Reise zurück in ein längst vergessenes Jahrzehnt: die Neunziger.

Wenn uns 1995 eine infame Falschmeldung überhaupt erreichen wollte, brauchte sie unglaublich viel Glück. »Die Medien« waren Radio, TV und Print, und selbst wenn wir den kleinsten Regionalanzeiger dazurechnen, kommen wir kaum über 500 Multiplikatoren. Von diesen Multiplikatoren hatten Mitte der 90er nicht einmal 20 die Reichweite, um ein Thema bundesweit zur Diskussion zu bringen, aber das Schlimmste aus Sicht der Falschmeldung war: überall Journalisten! Natürlich gab's schon damals Schmierfinken, die Storys erfunden haben, aber das Gros – so weit ist mein Vertrauen in den deutschen Journalismus gefestigt – prüfte Quellen, andernfalls riskierte man seinen Job. Wer also als Einzelperson eine Vergewaltigung durch einen Flüchtling lancieren wollte, musste per Brief, Telefonat, Fax oder Besuch in der Redaktion einen Journalisten von der Richtigkeit seiner Behauptung überzeugen. Ja, so kompliziert war das damals. Ein alternativer Weg war die Urform der viralen Dynamik namens Mundpropaganda. Dazu verbreitete der Propagandist seine Geschichte in seiner Peergroup, und selbst wenn diese Person in fünf Vereinen aktiv und mit einer Luther'schen Überzeugungskraft gesegnet war, so wanderte seine Geschichte selten weiter als bis zur Ortsgrenze.

Heute reicht ein Facebook Post mit einem Fake-Profil und zehn Verlinkungen zu einschlägigen Facebook-Seiten. Wir reden hier (noch) nicht von millionenschweren Propaganda-Apparaten mit dichten Netzen von Querverlinkungen und intelligenten Chat Bots, die zu Tausenden automatisierte und sprachlich überzeugende Hassbotschaften produzieren. Einzelpersonen mit durchschnittlichem Bildungsstand können ganz bequem und kostengünstig jeden Tag Fake News an Millionen Menschen versenden. Vom Sofa aus. Woher weiß ich das so genau? Ich hab's selbst getestet. Weil ich nach der Trump-Wahl wissen wollte, wie schnell man eine erfolgreiche Fake-News-Seite am Markt platzieren kann.

Der »Moselkurier«

Am Katermorgen, nachdem sich Donald Trump wahrscheinlich zur eigenen Überraschung auf seine Präsidentschaft vorbereiten durfte, geriet in US-Medien bald Facebook in die Kritik. Man suchte einen Schuldigen, um seinen Frust zu kanalisieren. Der Vorwurf war schnell formuliert: Facebook hat es aus Profitinteressen in Kauf genommen, dass über sein Netzwerk so viele US-Bürger mit Fake News getäuscht wurden, dass unentschlossene Wähler zu Menschenhassern wurden und in der Folge Trump gewählt haben.

Ich hatte schon vorher mit Faszination Fake News in Deutschland verfolgt, aber nie geglaubt, sie könnten Wahlen entscheiden. Mein Ehrgeiz war geweckt: Ich wollte eine rechte Fake-News-Seite aus dem Boden stampfen, allerdings mit einem medienpädagogischen Twist: Die Nutzer sollten zwar auf Facebook von einer authentisch aussehenden Nachricht gelockt werden, nach dem Klick jedoch nicht bei einem Fake-Artikel landen, sondern auf einer Infoseite, die über die Allgegenwärtigkeit von Fake News aufklärt. Ein kluger Plan. Dachte ich. Dazu später mehr. Ich stellte mir eine Stoppuhr, um zu messen, in welcher Zeit ich eine täuschend echte Nachrichtenseite basteln und mit einer real existierenden URL versehen kann.

Vor dem eigentlichen Aufsetzen der Seite musste ich mich für die Art meines »Mediums« und der zu publizierenden Fake News entscheiden. Zur Auswahl standen zwei übliche Entwürfe:

1. Infokrieg: Eine klar positionierte Propagandaseite von Landesverteidigern für Landesverteidiger. Hier wird mit offenen Karten gespielt, was sich auch in der Farbgebung, die nur Weiß, Rot und Schwarz kennt, widerspiegelt. Auf dieser Seite wird dem Besucher kein X für ein U vorgemacht, stattdessen gilt: Klare Sprache, einfache Wahrheiten, Deutschland den Deutschen.

2. Regionalschau: Auf den ersten Blick ein Angebot für eine 30 000-Seelen-Region, liegt der Teufel hier im Detail: Im ersten Artikel auf der Startseite geht es noch um die Wahl einer Weinkönigin, Artikel zwei mahnt zu wenige Parkplätze vor einem Altenheim an. Aber dann kommt Artikel drei: Massenvergewaltigung im Tunnel an der Rheingasse Ecke Sandweg in Röhlersheim. 11 syrische Flüchtlinge vergewaltigen die kleine Lea aus dem Nachbarort und verbrennen ihre Leiche! Das wäre unsere zentrale Fake News, die auf Facebook geteilt werden soll. Artikel eins und zwei sind authentische Nachrichten für die Quellenchecker, die prüfen wollen, ob unser Regionalportal auch echt ist. Der Trick bei diesen Wölfen im Regionalpelz liegt in der Wahrnehmungspsychologie: Lokalreporter aus Röhlersheim decken die jüngsten Skandale auf, bevor die großen Medien reagieren können. Hier nehmen die Kracherthemen von morgen ihren Ursprung, wenn ich's heute teile, war ich einer der Ersten. Dass diese Exklusiv-Nachricht nie in den großen Medien besprochen wird, weil's Röhlersheim zum Beispiel gar nicht gibt, ist egal. Was zählt, ist die Verbreitung des Artikels im Netz.

Ich entschied mich für Variante Nummer zwei und registrierte die Domain www.moselkurier.de. Danach baute ich mir mit dem kostenlosen Blog-System *Wordpress* ein schönes Regionalportal für den Einzugsbereich Rhein-Mosel-Eifel mit einem kostenlosen Nachrichten-Template. Diese Schablonen verwandeln den rudimentären Basis-Blog in ein Nachrichtenportal ohne Nachrichten. Schnell noch eine Kopfzeile mit dem Wappen von Nordrhein-Westfalen erstellt, fertig ist das Newsportal. Kostenpunkt: 4,95 € Servergebühr. Zeiteinsatz: eine Stunde.

Danach galt es, meine Fake-News-Seite mit Inhalt zu füllen. Sechs Artikel auf der Startseite, sechs Artikel auf der Folgeseite, weiter klickt kein Mensch. Die zwölf Kurzartikel waren für mich als gelernten Comedy-Autor und Werbetexter eine ganz besondere, seltsam lustvolle Erfahrung. Ich musste Artikel schreiben, für die ich einem anderen die Fresse poliert hätte. Die Headlines lasen sich wie folgt:

- *Am helllichten Tag! Oma von Flüchtling totgebissen*
- *Sie riefen Fickificki! Schülerin aus Vechta von 90 Flüchtlingen vergewaltigt*
- *10 000 € pro Monat. So trickst dieses Flüchtlingspaar den Staat aus*

Dazu jeweils perfideste Artikeltexte, die alle nur einer Leitlinie folgten: Dem Leser musste Flüchtlingen, Merkel, Grünen und den Medien gegenüber das Messer in der Tasche aufgehen. Bei prorussischen Artikeln hingegen war die gewünschte Soll-Reaktion des Lesers: Ich will sofort eine russische Invasion in Schleswig-Holstein mitgestalten.

Das Verfassen der Artikel entfachte in mir ein bösartiges Feuer, das ich mir zuvor nicht zugetraut hatte. Ich haute auf Deutsch gesagt ganz schön auf die Kacke, und spätestens jetzt, werter Leser, stellen Sie sich die berechtigte Frage: Ist das nicht ganz schön gefährlich? Schließlich ist das Experiment nur dann erfolgreich, wenn die Fake News auch tatsächlich am Markt angenommen werden. Doch Sie erinnern sich an den technischen Kniff. Wer auf die Headline reingefallen war und auf den Artikel klickte, bekam folgenden Warnhinweis:

REINGEFALLEN!!!!!!
Tjaha, so schnell kann's gehen. Da biegt man einmal auf
Facebook falsch ab und fällt auf eine Fake-News-Seite rein.
Das ist nicht schlimm, und du bist nicht dumm. Aber es gibt
da draußen wahnsinnig viele Leute, die dich dafür instru-
mentalisieren wollen, dass du ihre Botschaften verbreitest.
Das können die gerne machen, aber dann sollen sie dich
auch dafür bezahlen.

Was ich nicht bedachte: Wie wir gesehen haben, lesen beziehungsweise liken viele Menschen nur die Überschriften – vor allem im rechten Spektrum. Ein befreundeter Journalist mahnte diese Tatsache an, woraufhin ich die Zahl der Likes und Shares mit einer Kennzahl verglich, über die viel zu wenig geredet wird: dem *Reach*. Denn Facebook misst nicht nur Interaktion, sondern unter anderem auch, wie viele Menschen ein Artikel tatsächlich erreicht hat, also wie oft er gelesen wurde. Demnach hat nur jeder elfte User auf den Link geklickt. Das heißt: Von elf Personen haben zehn eine Nachricht wie »Grünen-Landrat setzt Kinderheim in Brand« in ihrem Newsfeed registriert, davon hat einer verstanden, dass er Fake News auf den Leim gegangen ist.

Abb. 6 Die Warntafel nach dem Klick auf einen Artikel sollte zum Nachdenken anregen. Das setzt voraus, dass jemand überhaupt auf den Link klickt.

Aber es kam noch schlimmer: Ein Redakteur vom SWR rief mich an und zeigte sich freudig erregt, dass er endlich den Urheber einer Nachricht zurückverfolgen konnte, die am Vortag insgesamt 2 Millionen Mal durch rechte Facebook-Seiten gereicht worden war. Es ging um den Tweet einer frei erfundenen Grünen-Abgeordneten, die sich dafür aussprach, dass wir Verständnis dafür haben müssen, wenn Vergewaltiger aus Syrien ihre Opfer hinterher auch umbringen. Schließlich stünde in ihrer Heimat auf Sex vor der Ehe die Todesstrafe. Der Tweet war, wie alles beim Moselkurier, eine blitzsaubere und hirnverbrannte Fälschung. Das Artikelbild dafür hatte ich aufbereitet, als handele es sich um einen eiligen Screenshot. Doch ich selbst hatte ihn nie über Facebook geteilt. Das war auch gar nicht nötig. Ein findiger Hetzer hatte sich einen Screenshot vom »Screenshot« erstellt und ihn dann über die Facebook-Page einer Kameradschaft aus Halle auf die Reise geschickt. Damit wurde der Tweet chirurgisch aus dem Kontext operiert, 1 : 0 für rechts.

Abb. 7 So sieht ein gefälschter Tweet aus. Die Frau existiert nicht, außerdem gab es im Dezember 2015 noch das 140-Zeichen-Limit auf Twitter. Dennoch wollten auf Facebook Millionen Menschen glauben, dass der Tweet echt sei.

Wir fassen zusammen: Ich wollte testen, wie schnell man mit einer Fake-News-Seite erfolgreich sein kann, und habe die Seite nach knapp anderthalb Wochen vom Netz genommen, weil sie zu erfolgreich war.

Wegwerf-Nachrichten

Fake News sind ein wenig wie die Guerilla unter den Nachrichten. Sie sind plötzlich da, richten Schaden an und sind nicht mehr wiederzufinden, sobald es um die Prüfung des Wahrheitsgehalts geht. Das hat Methode, wie man bei einer Fake News im Rahmen des Anschlags auf dem Berliner Breitscheidplatz besonders pervers gesehen hat.

Minuten nach der Tat kursierte das Bild des angeblichen Attentäters im rechten Netz, verbreitete sich millionenfach, bis der Berliner Rapper MOK einen Anruf bekam, er ginge gerade als kurdischer Attentäter Tarkan K. viral. MOK sorgte für Richtigstellung, die sich ebenfalls schnell verbreitete; wo aber die Quelle der Fake News war, wusste keiner.

Im Fall von MOK war der Wirkungszeitraum der Nachricht sehr kurz. Zwischen Auftauchen der Fake News und Aufklärung lagen wenige Stunden, was auch an der hohen Aufmerksamkeit für den Anschlag lag. Im normalen Nachrichtenalltag liegt der Zeitraum, in dem eine Fake News unwiderlegt durchs Netz reist, bei circa zwei Tagen. Und in der Regel registrieren weit mehr Personen den spektakulären Fake als die Entlarvung Tage später. Viele Fake News sind nur dazu konzipiert, für wenige Stunden viral zu gehen, danach werden sie wieder gelöscht, sodass sich im Falle einer polizeilichen Ermittlung niemand rechtfertigen muss. Diese Wegwerf-Nachrichten sind extrem weit verbreitet, oft verbergen sich dahinter nicht mal Fake-News-Seiten, sondern Bilddateien von angeblichen Screenshots einer angeblichen Nachrichtenseite. Manchmal sehen wir auf diesen Screenshots fiktive Portale, manchmal BILD und Spiegel Online. Für die Montage einer Nachricht muss man alles andere als ein Photoshop-Gott sein. In alten Agentenfilmen hörten wir oft »Diese Nachricht zerstört sich in wenigen Sekunden von selbst« – so ist es auch mit Wegwerf-Nachrichten. Sie sind nur in der Erinnerung der Menschen gespeichert, die sie gelesen haben, als die Falschmeldung für sieben Stunden online war.

Das »Activist Network of the Unemployed«

In dem hier oft zitierten Buch *Confessions of a Media Manipulator* schreibt Autor Ryan Holiday über die Kraft des »Bored Employee Networks«. Zu Deutsch: Das Netzwerk der gelangweilten Bürohengste. Laut Holiday kann es kein großes Medien-Netzwerk mit der Viralmacht der Millionen Einzelpersonen aufnehmen, die sich jeden Tag zwischen 9 und 17 Uhr vor ihrem Arbeitsrechner langweilen. So wird ein Video nie dadurch viral, dass es ein großes traditionelles Netzwerk auf allen seinen Kanälen verbreitet. Erst wenn gelangweilte Bildschirmarbeiter zu Tausenden bereit sind, den Clip zu teilen, weil sie sich dadurch als humorvoll oder informiert profilieren können, wird ein Clip zum Viralclip.

Ich würde diesem Netzwerk gern ein weiteres Netzwerk entgegenstellen: Das »Activist Network of the Unemployed«. Seine Mitglieder sind arbeitslos oder verrentet und haben den menschlichen Drang nach Selbstverwirklichung. Sie sitzen nicht vor dem Fernseher und versaufen ihr Hartz IV, wie ihnen oft unterstellt wird. Sie sind wütend, dass die Gesellschaft sie vergessen hat. Sie sind wütend darüber, dass Medienleute in ihren Elfenbeintürmen in Hamburg, Berlin und München sitzen und eine Meinung steuern, die nichts mit der Realität und den Ängsten eines Frührentners aus Dessau zu tun hat. Während gelangweilte Bildschirmarbeiter in erster Linie gelangweilt sind, sind Mitglieder des Activist Network of the Unemployed vor allem wütend. Und wir kennen das wichtigste Zitat Ryan Holidays: Der mächtigste Treiber für Viralität ist Wut. Um diese Wut herum hat die internationale Rechte ein Social Network im Social Network gebildet. Es gibt keine Studien darüber, wie viele Fan-Pages im deutschsprachigen Facebook-Netzwerk rechtes oder rechtskonservatives Gedankengut fördern, aber es gibt deutliche Anzeichen dafür, das Ausländerfeinde die größte und am besten vernetzte »Interessengruppe« auf Facebook bilden.

Nach dem US-Wahlkampf sammelte *BuzzFeed* die 20 erfolgreichsten Artikel zu Wahlkampfthemen und errechnete, dass in der letzten Wahlkampfwoche mehr Fake News geteilt wurden als Nachrichten von professionellen Nachrichtenportalen. Fake News waren in dem Zeitraum zu nahezu 100 Prozent pro Trump beziehungsweise anti Clinton, während die professionellen Outlets tendenziell Clinton unterstützten, dabei aber auf langweilige Fakten zurückgreifen mussten. Dem entgegen stand eine der am häufigsten geteilten Meldungen des US-Wahlkampfs: Papst Franziskus unterstützt Donald Trump.

In der Analyse erklärte man sich die Fake-News-Seuche mit Filter Bubbles, russischen Cyber-Armeen und dem fehlenden Verantwortungsbewusstsein von Facebook. Über das große Ganze wurde kaum geredet: Frustrierte Nationalisten bilden das mächtigste Multiplikatornetzwerk der Welt. Was in diesem Netzwerk gefällt, geht in einer Geschwindigkeit viral, von der PR-Profis nur träumen können. Und ganz besonders mag dieses Netzwerk Fake News.

Unbekannte Leitmedien

Die interaktionsstärkste Seite Deutschlands, also das Online-Portal, das die meisten Likes, Shares und Kommentare aufweist, ist eine Fake-News-Seite: *blog.halle-leaks.de* von Betreiber Sven Liebich lässt BILD, FAZ und *Spiegel Online* in Sachen Interaktionsgrad regelmäßig weit hinter sich. Liebichs Methode zur Reichweitensteigerung wurde von *BuzzFeed* analysiert und markiert, während dieses Buch entsteht, den State of the Art in Sachen Fake News.

Sven Liebich denkt sich nicht selbst Themen aus, sondern beobachtet, welche am jeweiligen Tag die höchste soziale Dynamik aufweisen. Wenn er das stärkste Reizthema ermittelt hat, schreibt er dazu einen kurzen und uninspirierten Artikel, der nur deshalb so viele Anschläge aufweist, weil es suchmaschinenfreundlicher ist. Der Fließtext spielt keine Rolle, den liest seine Leserschaft fast nie. Liebichs Leserschaft registriert die Artikel vor allem in der Facebook-Vorschau, und hier beginnt der eigentliche Fake:

Im Artikelvorschaubild befindet sich stets das Gesicht eines Politikers nebst einem Satz in großen Lettern, formuliert wie ein Statement. Es erscheint dem Leser also wie ein Zitat des Politikers. Die eigentliche Artikel-Überschrift stützt die Behauptung, der in der Regel demokratische Politiker habe das Statement zum Reizthema X so verwendet wie dargestellt. Hier ein Beispiel:

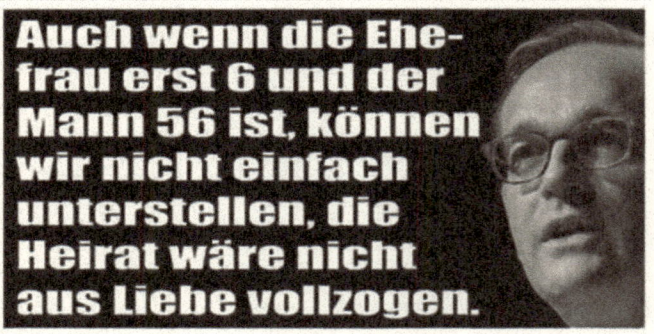

Auch wenn die Ehefrau erst 6 und der Mann 56 ist, können wir nicht einfach unterstellen, die Heirat wäre nicht aus Liebe vollzogen.

Ein Zitat von Heiko Maas zur Kinderehe

Sowas schimpft sich Bundesjustizminister. Wo war der in der Schule??? Eine 6 jährige die aus „Liebe" heiratet die können doch noch nicht mal Barbie von Ken unterscheiden! Selbst mit 14 …

VOLKSBETRUGPUNKTNET.WORDPRESS.COM

Abb. 8 Das Einzige, was an diesem Zitat stimmt, sind die Satzzeichen.

Thema des Tages: Maas will die Kinderehe in Deutschland nicht pauschal verbieten. Artikelbild: Heiko Maas neben fetten Lettern: *Auch wenn die Frau erst 6 und der Mann 56 ist, können wir nicht einfach unterstellen, die Heirat wäre nicht aus Liebe vollzogen.* Das hat Heiko Maas nie gesagt. Maas hat lediglich gesagt, im Alter zwischen 16 und 18 Jahren könne es Ausnahmeregelungen geben. In der Kombination aus Text und Bild wirkt die Aussage wie ein

Zitat. Der Autor der Meldung kann dem entgegenhalten, dass es sich um eine polemische Artikelüberschrift handele. Außerdem fehlen da die Anführungsstriche, die ein Zitat üblicherweise als Zitat kennzeichnen.

Lassen Sie mich hierzu kurz erläutern, wozu ein Artikelbild bei Facebook dient: Wer auf seinem Nachrichtenportal oder Blog einen Artikel verfasst, ist angehalten, ein Artikelbild festzulegen. Wird der Link zum Artikel auf Facebook geteilt, dient dieses Bild als Vorschaubild im Facebook-Newsfeed. Liebich nutzt das Artikelbild für ein falsches Zitat. Man kann weder auf Facebook noch auf Google nach der fraglichen Aussage suchen, weil sie Teil eines Bilds ist. Anders als die eigentliche Artikel-Headline: Die ist bei *blog.halle-leaks* suchmaschinenoptimiert, das heißt, wer auf Facebook nach den Stichworten »Heiko Maas« und »Kinderehe« sucht, wird unter anderem Liebichs Artikel im Kontext mit dem falschen Zitat finden. Zitat plus Artikel-Headline ist für die Lesegewohnheit des völkischen Facebook-Users mehr als genug, klickt diese Person trotzdem auf den Artikel, gibt es einen langweiligen Text und als Quelle *Spiegel, Focus*, FAZ, *Welt* etc., wo lediglich das gleiche Oberthema, aber nie das Zitat behandelt wird. Für den, der es glauben möchte, reicht das als Validierung.

Sven Liebich ist aber nicht nur Hetzer, er ist auch Unternehmer: Auf der Startseite von *halle-leaks* finden wir sechs Werbebanner zu Shirt-Shops, die alle Sven Liebich selbst gehören. Hier gibt's zielgruppengerechte Protest-Shirts mit Aufschriften wie »Im Osten sagt man Negerkuss« und »Multikulti hat fertig«.

Gibt's auch linke Fake News?
Auch wenn es in den etablierten Medien oft suggeriert wird: Fake News sind keine Erfindung der politischen Rechten. Im Januar 2016 stapelten sich Flüchtlinge nahezu vor dem komplett überforderten Berliner Landesamt für Gesundheit und Soziales. Die Kälte war unerträglich, die Situation angespannt. Auf einmal nahm

im Netz die Nachricht Fahrt auf, ein Flüchtling sei in der Warte-schlange gestorben, nachdem er sich erkältet hätte. Die Meldung stammte von einem »Insider«, nämlich einem Flüchtlingshelfer vor Ort. Für mehrere Stunden standen die liberalen Medien Kopf, bis der besagte Helfer am Abend gestand: War gelogen. Dennoch attackierte der damalige Piraten-Abgeordnete Christopher Lauer Innensenator Frank Henkel und Flüchtlingssenator Mario Czaja anschließend scharf: Dass sich das Gerücht überhaupt derart rasant verbreitet habe, liege auch daran, dass die Öffentlichkeit den Tod eines Flüchtlings vor dem LAGeSo für möglich halte. Die-ses »Allein die Tatsache, dass es geglaubt wird, reicht doch schon!« wird immer häufiger als Rechtfertigung für die Verbreitung von Fake News herangezogen – von rechts und von links. Niemand, der über ein Weltbild verfügt, kann sich davon freisprechen, Fake News auf den Leim zu gehen. Der Grund dafür liegt im Phäno-men des »Confirmation Bias« oder »Bestätigungsfehlers«, der uns dazu neigen lässt, unsere eigenen Hypothesen zu stärken. Beim Sammeln von Beweisen gehen wir selektiv und nicht objektiv vor. Jeder Mensch ist unabhängig von seiner politischen Ausrichtung gleich empfänglich für Bestätigungsfehler.

Auf einer anderen Wahrnehmungsebene unterscheiden sich Konservative und Liberale tatsächlich: Der Evolutions-Anthropo-loge Daniel Fessler von der University of California fand heraus, dass Konservative tendenziell stärker auf Bedrohungen anspre-chen. Dazu konfrontierte Fessler 1200 linke und rechte US-Bür-ger mit verschiedenen unpolitischen Behauptungen, die sowohl Chancen als auch Risiken unterstellten, und fragte, was sie davon hielten:

Langstreckenläufe fördern Osteoporose. (RICHTIG)

Im Schnitt werden in den USA 32 Menschen pro Jahr durch Blitzschlag getötet. (FALSCH)

Smartphones können den Magnetstreifen von Kreditkarten beschädigen und unbrauchbar machen. (FALSCH)

Katzenbesitzer leben länger. (RICHTIG)

Die Studie förderte signifikante Unterschiede zwischen liberalen und konservativen Bürgern zutage und attestierte Letzteren ein hohes Maß an »negativitätsbezogener Leichtgläubigkeit«. Wenn Sie also unbedingt einen Zusammenhang zwischen politischer Gesinnung und der Empfänglichkeit für Fake News brauchen: Konservativ orientierte Menschen glauben erfundene Risiken tendenziell häufiger als Liberale.

Der Trick mit der Wiederholung

Am 4. Dezember 2016 feuerte der 28-jährige Amerikaner Edgar Maddison Welch mit einem Sturmgewehr in einer Pizzeria in Washington um sich. Kein Mensch wurde verletzt, doch der Grund sorgte im ganzen Land für Kopfzerbrechen: Der junge Mann hatte im Internet gelesen, dass Hillary Clinton im Keller der Pizzeria einen Kinderpornoring betreibe. Nach den Schüssen stellte Maddison Welch fest: Die Pizzeria hat gar keinen Keller. Nach seiner Verhaftung erklärte er: Ich wollte etwas Gutes tun, und es ging daneben.

Die Story vom Pornoring geisterte zuvor seit Wochen durch rechte Foren in den USA, nur klang und klingt sie so absurd, dass sich niemand, inklusive Clinton, darin bemüßigt sah, sie zu dementieren. Der sogenannte Pizzagate-Skandal wurde im rechten Underground geteilt, gepflegt, ausgebaut und querverlinkt, sodass Edgar Maddison Welch im Rahmen seiner »Recherche« vor der Tat von einem unermesslichen Unrecht ausging. Dem Grundsatz »Eine Lüge permanent zu wiederholen, macht sie nicht wahrer« steht der »Illusory Truth Effect« entgegen, der besagt: Wiederholung lässt Behauptungen mit der Zeit plausibler erscheinen. Die Psychologin Lynn Hasher von der University of Toronto benannte das Phänomen in den Siebzigern und merkte dazu an: »Der Effekt ist umso mächtiger, je mehr uns weitere Informationen erschöpfen und ablenken.« – Damit ist er wie gemacht fürs Social-Media-Zeitalter. Den Illusory Truth Effect kennen wir schon lange aus der Werbung, wo penibel darauf geachtet wird, dass die immer gleichen Behauptungen mit dem jeweiligen Produkt oder der Dienstleistung assoziiert werden. Denn das Gehirn neigt dazu, in der Erinnerung gespeicherte Behauptungen als wahr zu empfinden. In Wirklichkeit freut sich das Gehirn laut Lisa Fazio von der Vanderbilt University über die bequemere Verarbeitung der Information und missinterpretiert diesen Umstand als Wissen.

Ebenso wie wir aktiv Vokabeln lernen und sie über die Wiederholung als Wissen abspeichern, können uns auch externe Wiederholungen über die Zeit ein Wissen suggerieren, das gar keines ist. Verschiedene frei erfundene »alternative Fakten« kursieren schon so lange durch das rechte Internet, dass bereits die ersten liberalen Geister davon infiziert werden. So hält sich hartnäckig das Gerücht, Schweden als liberaler Muster-Staat befände sich mehr oder minder durch die Flüchtlingskrise im offenen Bürgerkrieg. Das geht schon seit Jahren so, und seit Jahren geht es den Schweden bestens. Ich habe Freunde in Schweden, sie hätten mich informiert. Legendär war Donald Trumps Aussage am 18. Februar 2017 im Rahmen einer Wahlkampfrede:

Sehen Sie sich an, was letzte Nacht in Schweden passiert ist. Schweden, wer hätte das gedacht?

Nur war am 17. Februar nichts, aber auch gar nichts in Schweden geschehen. Viele Schweden googelten verunsichert nach einer Katastrophe im eigenen Land, die sie vielleicht verschlafen hatten. Aber da war nichts.

Unterdessen liest man auf dem extrem professionell aufgemachten dänischen »Nachrichtenportal« *Newspeek.info: Däne-*

mark auf dem Weg in einen Bürgerkrieg. Wie Schweden und
Frankreich.

Fake News als Geschäftsmodell

Wir kennen das Modell Google AdSense: Nutzer bekommen über
den Google-Banner personalisierte Werbung ausgespielt, die
berücksichtigt, wonach die Person zum Beispiel in letzter Zeit
gesucht hat. Ein Klick auf den Banner beschert dem Seitenbetreiber, auf dessen Seite man sich gerade befindet, eine Summe
zwischen 0,20 Cent und 5 €. Von diesen Bannern kann der Seitenbetreiber mehrere einrichten, wie oft sie geklickt werden, hängt
im Wesentlichen davon ab, wie viele Leute sich für den Artikel
interessieren, in dessen Umfeld der Banner erscheint. Wenn der
Seitenbetreiber dann noch vom Wechselkurseffekt profitiert, weil
er in einem Land mit einem Durchschnittseinkommen von 345 €
lebt, dann kann er mit AdSense richtig Kasse machen. Willkommen im mazedonischen Veles. Dem Ort, in dem sich die spekta-
kulärste Geschichte vollzog, seitdem ich das Internet beobachte.

Hier die Vorgeschichte: Im US-Wahlkampf staunten Journalisten
nicht schlecht über die Schlammschlacht, zu der sie selbst fähig
waren. Noch nie wurde ein Wahlkampf so emotional, man kann
auch sagen würdelos, geführt. Das Medien-Establishment amü-
sierte sich über O-Töne von den Trump-Rallys, bei denen Trump-
Supporter Nachrichten zitierten, die jedem Beobachter die Haare
zu Berge stehen ließen. Fake News wurden zunehmend ein
Thema, also machte sich das WIRED-Magazin auf die Suche nach
den Quellen der spektakulären Falschmeldungen. Der bizarrste
Fund waren knapp hundert Portale aus Mazedonien, die auch
noch alle auf das 55 000 Einwohner starke Örtchen Veles zurück-
gingen. Man nahm es verwirrt zur Kenntnis, einige Monate später war Donald Trump Präsident, und die USA diskutierten über
Fake News.

Im Februar flog WIRED-Redakteur Samanth Subramanian

nach Mazedonien, um einen der erfolgreichsten Fake-News-Seitenbetreiber aus Veles zu treffen.

Zu seiner Verwunderung traf Subramanian keinen Trump-Fan mittleren Alters, sondern einen 18-Jährigen ohne großes Interesse für Politik. Der Mann berichtete von vielen Online-Experimenten, die alle darauf abzielten, möglichst viel Traffic zu generieren, um über die AdSense-Banner zu verdienen. Unter anderem versuchte sich der Kettenraucher mit einem Blog über gesunde Ernährung. Boris (das ist nicht sein richtiger Name) eröffnete und schloss verschiedene Blogs und experimentierte mit verschiedenen Social-Media-Strategien. Einen Volltreffer landete er schließlich mit einem Artikel auf seinem Blog *DailyInterestingThings.com*, in dem er die Nachricht erfand, Trump habe bei einem Wahlkampfauftritt einen Clinton-Unterstützer ins Gesicht geschlagen. Der Artikel verbreitete sich rasend schnell und landete sogar in unterschiedlichen Abendnachrichten in den USA. Daraufhin konzentrierte sich Boris auf Pro-Trump-Fake-News und war selbst vom Erfolg überrascht. Auf Pro-Trump-Facebook-Pages fraßen sie Boris aus der Hand, mit einem guten Bauchgefühl für reißerischen Bullshit verdiente er mehr Geld, je spektakulärer seine Storys wurden. Zu seinen Meisterstücken gehörten:

Der Beweis: Obama wurde in Kenia geboren – Trump hatte recht.

Bill Clintons S*x-Tape – unzensiert!

Papst verbietet Katholiken, Clinton zu wählen.

Eure Gebete wurden erhört! FBI *plant Clinton-Verhaftung!*

Zwischen August und November 2016 verdiente Boris knapp 15 000 €. Noch mal: Das durchschnittliche Gehalt in Mazedonien beträgt 345 € im Monat. Boris' Erfolg sprach sich rum, und plötzlich wurde eine kleine Stadt in Mazedonien zur Fake-News-

Wiege für die USA – betrieben von Teenagern, die herzlich wenig mit Politik am Hut haben.

Das Nachrichten-Magazin *BuzzFeed* redet bereits vom Zeitalter der Billig-Informationen aus Übersee. Und tatsächlich lässt sich heute in Niedriglohnländern mehr Geld mit Fake News nach dem mazedonischen Modell verdienen als mit Textilien. Hier mal ein Rechenbeispiel aus der Praxis: Über den offiziellen Werbebanner von Google nehme ich mit meinem Blog zurzeit ca. 300 Dollar monatlich ein (ca. 250 €). Und mein Blog ist keine Ultra-Performance-Content-Schleuder, die eine reißerische Falschinformation nach der anderen veröffentlicht. Ich habe also über den AdSense-Banner ein persönliches Bruttoprodukt von 3600 Dollar im Jahr. Zum Vergleich: Das Bruttoinlandsprodukt pro Kopf im Südsudan, dem ärmsten Land der Erde, beträgt 222 Dollar (Stand 2017). In 69 Ländern der Erde liegt das Jahreseinkommen pro Kopf unter meinem Jahreseinkommen durch Google AdSense. Ein einziger viraler Artikel kann in vielen der ärmsten Länder der Erde einen Monat lang eine Familie ernähren.

Am 16. Juni 2013 schrieb ich einen Artikel über eine kuriose Parkhaus-Begebenheit an der Uni Siegen und erreichte damit knapp dreieinhalb Millionen Views, was sich in rund 30 € Einnahmen über den AdSense-Banner niederschlug – nur für diesen einen Artikel. Das entspricht einem Sechstel des BIP im Südsudan. Und der Hälfte des Monatseinkommens eines Textilarbeiters in Äthiopien.

Im Unterschied zur Textilindustrie werden die Produzenten von Billig-Nachrichten in harten US-Dollar bezahlt, und zwar überall auf der Welt gleich. Hier glänzt die Globalisierung zur Abwechslung mal. So folgt die Informationsindustrie der Textil- und Elektronikbranche, die Produkte von meist minderwertiger Qualität in Ländern mit niedrigen Lohnkosten herstellen lässt. Ein Journalist aus Simbabwe, der namentlich nicht genannt werden wollte, gab dem Magazin *Mail & Guardian* im Juni 2017 ein Interview, in dem er sich dazu bekannte, neben seriösen Nachrichten auch Fake News zu produzieren. Oder besser gesagt: Die Fake News sorgen überhaupt dafür, dass der Mann mit dem Decknamen Ernest echte News anbieten kann. Über drei Fake-News-Portale finanziert er ein viertes Nachrichten-Magazin mit journalistischem Anspruch. Er sagt dazu:

> *Journalismus ist meine große Leidenschaft. Es ist das, was ich immer machen wollte. Aber ich wurde nicht mit dem Silberlöffel im Mund geboren und kann meinen Traum nicht selbst finanzieren.*

Dabei beherrscht Ernest die gesamte Klaviatur des erfolgreichen Fake-News-Journalisten: Die infamsten Märchen kennzeichnet er mit einem versteckten »Satire« im Artikel, alle anderen Nachrichten werden so konstruiert, dass sie sich mit regionalen Ängsten befassen. Ernests erfolgreichster Fake-Artikel handelte von einem Priester, der in der Messe eine Oral-Sex-Party feierte. Die Nachricht wurde in kürzester Zeit einmal um den Kontinent geteilt und brachte dem Journalisten umgerechnet über 12 000 € ein. Für eine harmlose Story über eine Kirche, die es nicht gibt.

Neben der Tatsache, dass sein echter Journalismus lediglich geringe Einnahmen bringt, existiert zudem ein ganz konkretes Berufsrisiko: In Simbabwe gehört es zum Tagesgeschäft eines Journalisten, verhört oder festgehalten zu werden.

> *Meine Frau will, dass ich dem Journalismus den Rücken kehre. Sie sagt: »Warum legen wir uns mit Diktatoren an? Warum riskieren wir unser Leben? Du bist ein lustiger Typ. Halt dich doch einfach an deine Fake Stories und schau, dass du Geld nach Hause bringst.«*

Infokrieger

In ihrem Buch *Hass im Netz* erklärt Ingrid Brodnig eine ganz neue Form des Propagandisten: Infokrieger sind selbsternannte Einmann-Cyber-Armeen, die sich zum Ziel gesetzt haben, die Mainstream-Medien zu bekämpfen. Diese hyperaktiven Internetnutzer sind in der Regel rechts und halten den Medien-Mainstream für links. Der Begriff Infokrieg stammt ursprünglich aus den USA. Dort hat der erzkonservative Radiomoderator Alex Jones mit infowars.com eine extrem erfolgreiche Nachrichtenseite gegründet, die immer wieder Ausgangspunkt oder Multiplikator von zweifelhaften Nachrichten ist. In einem Interview äußerte Jones die Überzeugung, wir befänden uns längst in einem Krieg um die Gedanken.

Die Argumentation von Infokriegern ist stets dieselbe, ob in den USA, in Frankreich, Italien, den Niederlanden oder Deutschland: Die Medien stecken mit den Mächtigen unter einer Decke, beide wollen auf der einen Hälfte der Welt ein Kalifat einführen, auf der anderen einen Judenstaat errichten. Besessen von diesen Überzeugungen arbeiten Infokrieger für die Öffentlichkeit ihrer eigenen Wahrheit. Dabei gehen sie gezielt und informiert vor. Infokrieger wissen, wie ein Thema auf Twitter in den Trends landet und wie der Facebook-Algorithmus funktioniert. Mit unterschiedlichen Social-Media-Management-Tools wie zum Beispiel *Hootsuit* sind diese hyperaktiven Nutzer in der Lage, jeden Tag über 500 Tweets zu versenden, um zum Beispiel den Hashtag #MerkelMussWeg in die Trends zu bringen.

Oft formieren sich Infokrieger in Gruppen, um orchestrierte »Schläge« zu setzen. In Foren wie *4Chan* und *8Chan* verabredeten sich Infokrieger zur gezielten Verbreitung des Hashtags #Jamais-Macron (»Niemals Macron«) im französischen Präsidentschaftswahlkampf. Wenige Tage vor der Wahl wurden in diesen Foren die berühmten gefälschten Dokumente verbreitet, die Emmanuel Macron des Steuerbetrugs überführen sollten. Dazu kommen wir noch.

Der Russe

Als Mitte 2016 die PEGIDA-Bewegung die deutschen Nachrichten dominierte, vernahm man bei einer Montagsdemonstration in Dresden die vielleicht groteskeste Parole der Nachkriegszeit: Einige Hundert skandierten »Merkel in den Gulag, Putin nach Berlin!«. Ebenso waren viele Demonstranten nur noch bereit, Reportern von *Sputnik* und *Russia Today* ihre Fragen zu beantworten. Die beiden vom Kreml finanzierten Nachrichtensender gehörten auch in den Timelines vieler GIDA-Foren zu den favorisierten Medien.

Wie sind so viele Wutbürger zu erklärten Russland-Freunden geworden? Sicher verfolgt Putin mit einer erzkonservativen Autokratie ein Politik-Modell, das sich viele PEGIDA-Anhänger auch für Deutschland vorstellen könnten. Aber allein nach dieser Logik hätte man ebenso Assad nach Berlin rufen können. Hinter dem erstaunlichen Zuspruch steht eine Strategie, die manche nackte Propaganda, andere Medien-Konzept außerhalb der eigenen Grenzen nennen. Bei aller Spekulation über gezielte politische Meinungssteuerung ist es zumindest eine Tatsache, dass es bemerkenswert viele Nachrichtenagenturen mit Sitz in Russland gibt, die Nachrichten in ganz Europa anbieten. Einige davon gehören zum Kreml, andere, wie zum Beispiel *News-Front*, finanzieren sich nach eigenen Angaben durch Spenden. Das Spektrum der Berichterstattung reicht hier von tendenziös (*Russia Today*) bis Fake News (*News-Front*); alle vereint eine anti-westliche Haltung.

Aber wir dürfen eines nicht vergessen: Es ist nicht verboten. Die USA blicken auf eine lange Vergangenheit der medialen Einflussnahme in Ländern jenseits der US-Grenzen zurück. Aus deutscher Perspektive fällt das nicht so schwer und vor allem nicht so negativ ins Gewicht, weil die USA stets demokratische Werte in der Welt verbreiten wollten. Aber die russische Gesellschaft fährt erstaunlich gut mit ihrer Autokratie. Im Übrigen haben wir mit Blick auf den Arabischen Frühling gelernt, was passieren kann, wenn unliebsame Autokraten gestürzt werden. Ich persönlich halte das Vorgehen Russlands für die intelligenteste nachrichtendienstliche Leistung unserer Zeit. Wer es schafft, dass Deutsche 70 Jahre nach dem Krieg »Merkel in den Gulag, Putin nach Berlin!« skandieren, der verdient meinen Respekt. Und meine Angst.

Wir sollten uns lieber heute als morgen daran gewöhnen, dass die Einflussnahme auf gesellschaftliche Meinungsbildung von außen ein ganz normaler Aspekt der Außenpolitik geworden ist. Nicht immer braucht es dafür Falschmeldungen. Es reicht aus, über eine geschickte Social-Media-Strategie die extremen Ränder einer Gesellschaft zu stärken, um eine Nation gezielt zu spalten. In der dritten Woche der Preseason der US-Football-Liga NFL registrierten die Medien ein ungewöhnliches Verhalten des Quarterbacks Colin Kaepernick von den San Francisco 49ers: Während der Nationalhymne blieb Kaepernick sitzen. Es gehört in der NFL zum guten Ton, die Nationalhymne stehend zu hören. Nach dem Grund befragt antwortete der afroamerikanische Athlet:

Ich stehe nicht auf, um Stolz auf die Flagge eines Landes zu zeigen, das schwarze und farbige Menschen unterdrückt. Für mich ist das wichtiger als Football, und es wäre selbstsüchtig von mir, wegzusehen. Da liegen Leichen in den Straßen, und Menschen bekommen bezahlten Urlaub und können morden, ohne dafür belangt zu werden.

Kaepernick bezog sich damit auf eine Welle der Polizeigewalt, der 2016 mehrere Afroamerikaner zum Opfer fielen, während die Todesschützen in den Reihen der Polizei mit bemerkenswert geringen Strafen davonkamen. Immer mehr Sportler schlossen sich dem Protest an, und schon bald gingen Bilder von knienden Football-Profis um die Welt, die schnell zu einer landesweiten Rassismus-Debatte führten. Überraschenderweise schalteten sich auch russische »Beobachter« in die Diskussion ein, wie die Organisation *Alliance for Securing Democracy* im September 2017 berichtete. Demnach twitterten rund 600 russische Nutzer, dem Vernehmen nach aus Fleisch und Blut, eifrig mit, um die Kontroverse zu füttern. Und zwar sowohl zugunsten des Pro-Protest-Lagers als auch zugunsten derjenigen, die in der Aktion eine Respektlosigkeit gegenüber der Nationalhymne sahen. Von diesen Accounts wurde keine einzige Falschinformation verbreitet, vielmehr ging es offenbar um die gleichmäßige Stärkung der Extrempositionen und damit um eine weitere völlig legale Maßnahme, einen Keil in die US-Gesellschaft zu treiben. Ob diese 600 Accounts einen entscheidenden Punkt für russische Interessen machen konnten, ist nicht erwiesen. Es hat ein Geschmäckle, man darf es auch unanständig finden. Diplomaten würden sagen: Befreundete Staaten hetzen nicht die Bevölkerung der jeweils anderen Nation gegeneinander auf. Bitte bedenken Sie, dass die ganze Hetze frei erfunden sein kann. Sogar ich hätte sie inszenieren können. 600 glaubwürdige Twitter-Profile hätte ich für weit unter 100 € kaufen können. Danach hätte ich sie von Berlin aus mit einer IP (die Zahlenfolge, an der sich Computer im Internet gegenseitig erkennen, ähnlich einer Postadresse) von Wladiwostok versehen können, um eine Woche lang über diese Accounts Rassenunruhen in den USA zu befeuern. Sie merken: Dieses ganze digitale Propaganda-Ding hat gar nicht so viel mit Technik und Programmierfähigkeiten zu tun, sondern vor allem mit Fantasie. Machbar ist grundsätzlich alles.

Während dieses Buch entsteht, wird in der Politik, aber auch in den sozialen Netzwerken selbst diskutiert, wie man Fake News begegnen soll. Die Bandbreite reicht von freiwilligem Fact Checking durch Facebook bis hin zu Strafen für das Verbreiten von Unwahrheiten. Aber nehmen wir mal an, sämtliche zur Diskussion stehenden Maßnahmen würden zu 100 Prozent umgesetzt, dann fänden Fake News ihren Weg durch geschlossene und verschlüsselte Gruppen. Es könnte passieren, dass wir uns in dem Fall das Katastrophenjahr 2016 zurückwünschen, in dem wir – wenn auch mit Befremden – beobachten konnten, welche gesellschaftspolitischen Stürme aufzogen. Als wir das Unglück vielleicht noch hätten abwenden können. Sie erwarten von mir einen klugen Vorschlag? Der steht auf dem Cover dieses Buches.

Ein Hoffnungsschimmer kommt aus Frankreich: Dort erschütterte die Nachricht die Nation, der unabhängige Präsidentschaftskandidat Emmanuel Macron sei homosexuell und führe eine Scheinehe. Das disqualifiziert ihn in keiner Weise für das Amt des Präsidenten, aber es geht um etwas anderes: Die Nachricht war aus dem Nichts kommend plötzlich so dominant, dass mehrere Zeitungen und Organisationen neugierig wurden, wo denn ihr Ursprung lag. Auf einmal war da eine diffuse gesellschaftliche Skepsis, die man im ganzen Land spürte. Unterschiedliche Medien fragten nicht mehr »Ist der schwul?«, sondern »Wer hat eigentlich gesagt, dass der schwul ist?«. In einer nationalen Anstrengung verfolgten daraufhin unterschiedliche Medienschaffende sämtliche Nachrichten und ihre Verbindungen untereinander auf ihren Ursprung zurück. Hier war es ausnahmsweise hilfreich, dass das Internet nicht vergisst. Denn am Anfang der Millionen Knotenpunkte starken Nachrichtenkette stand ein Interview mit *Sputnik*, in dem ein Parlamentsabgeordneter aus dem LePen-Lager die Homosexualität Macrons als gegeben betrachtete. Daraufhin drehte sich der Wind, und nahezu jedes Medium, dass der Falschmeldung auf den Leim gegangen war, verschrieb sich einer Anti-Fake-News-Kampagne. Frankreich diskutierte von links nach rechts über die Einflussnahme kremlfinanzierter Nachrichtenagenturen, diese wiederum verhielten sich in der Folge auffällig still.

Emmanuel Macron ist heute auch deshalb Staatspräsident Frankreichs, weil Frankreich sensibel für Fake News geworden war. Überhaupt ist es nicht übertrieben, die Bürger der USA als Bauernopfer zu bezeichnen. So behaupte ich: Der Trump-Schock musste sein, damit die westliche Welt über die neuen manipulativen Möglichkeiten unserer Zeit redet.

Fake News von morgen

Wenn wir von Fake News sprechen, dann meistens von den plumpen, reißerischen Hau-drauf-Artikeln, denen der Fake schon aus der Headline quillt. Aber was ist mit Lügen, die mit feiner Klinge konstruiert und mit nanometerdünner Mine in den Subtext geschrieben werden? Lügen, die über die Zeit wirken, weil sie über Monate von unterschiedlichen Quellen homöopathisch auf uns einwirken und sogar von einigen respektierten Meinungsführern zitiert werden? Was ist mit dem perfekten Fake, der mit modernsten Visual Effects realisiert und dramaturgisch wie psychologisch so meisterhaft inszeniert wird, dass die Minderheit von Zweiflern als Verschwörungstheoretiker abgetan wird? Wir dürfen eines nicht vergessen: Nach einem perfekten Fake tritt niemand auf die Bühne und sagt »Tattaa, reingefallen!«. Mit Sicherheit haben es perfekte Fakes schon in Geschichtsbücher geschafft und werden bis in alle Ewigkeit Schülern als historische Tatsachen präsentiert. Ich prophezeie Fake News eine spektakuläre Zukunft und möchte dazu zwei Tools präsentieren, die schon bald täuschend echte digitale Nachbauten von Menschen erlauben werden.

Das Unternehmen *Adobe* präsentierte im Januar 2017 ein Programm, das Filmemachern weltweit die Freudentränen in die Augen trieb. *Adobe VoCo* scannt über einen Spracherkennungs-Algorithmus Worte und Stimmlage einer Person und kann danach Sätze wiedergeben, die der Darsteller nie gesagt hat. Der Regisseur kann im Nachhinein Sätze in die Tastatur eingeben, die dann exakt mit der Darstellerstimme und im gleichen Tonfall wie in der zugrundeliegenden Szene abgespielt werden.

Das ist keine Science-Fiction, die Technologie wird spätestens 2019 in den Händen aller liegen, die 20 € für ein Abo der Adobe-

Cloud berappen können. Aber Adobe VoCo ist nur auf Platz zwei der von Filmemachern (und Geheimdiensten) am sehnlichsten erwarteten Tools. Auf Platz eins steht *Face2Face*. Das Programm des deutschen Entwicklerteams um Justus Thies, Michael Zollhöfer, Marc Stamminger, Christian Theobalt und Matthias Nießner der Stanford University ist in der Lage, sämtliche Gesichtsbewegungen von Person A auf das Gesicht von Person B zu übertragen. Wir reden hier nicht von einem Faceswap, sondern von der Interpretation und der Übertragung von Gesichtsmuskel-Bewegungen. Das heißt in der Praxis: Wenn Sie vor einer Webcam sitzen und ein Video von Angela Merkel in Face2Face laden, dann steuern Sie mit Ihrem Gesicht das Gesicht von Angela Merkel – in Echtzeit.

Face2Face ist wie Adobe VoCo keine Entwickler-Demo, sondern ein weitestgehend fertiggestelltes Produkt, das schon in der »Jimmy-Kimmel-Show« präsentiert wurde. Den beeindruckenden Ausschnitt finden Sie auf YouTube, und machen Sie danach unbedingt einen Abstecher in die Kommentare zum Video. Einige wenige äußern sich fasziniert, die Mehrheit der Kommentatoren findet: *Now that shit is getting too far. I'm out.* Mittendrin stellen unterschiedliche Personen die Vermutung an, die Lizenz für Face2Face werde nur ein einziges Mal verkauft. An den Geheimdienst, der am meisten bietet.

Kombinieren wir Adobe VoCo und Face2Face, haben wir sowohl die Stimme als auch das Gesicht jeder beliebigen Person und können damit machen beziehungsweise sagen, was wir wollen. Oder um beim Thema zu bleiben: Schon sehr bald werden wir Fake News auf Speed erleben.

Fake Menschen

Als hätten wir im Internet nicht schon genug Probleme mit echten Menschen, leben gerade in sozialen Netzwerken manchmal täuschend echte Fälschungen. Die Intelligenz dieser Zeitgenossen reicht von grenzdebil bis genial, und manch einer hat sich schon hitzige Debatten mit einem falschen Menschen geliefert. Die Rede ist von Social Bots (Chat Bots, Conversational Bots). Social Bots sind Programme, die in sozialen Netzwerken menschliche Verhaltensmuster simulieren und sich hinter üblichen Social-Media-Accounts verstecken. *Bot* steht dabei für *Robot* – Roboter. Das Verhalten eines Social Bots wird von Algorithmen bestimmt und folgt zum einen der Vortäuschung menschlicher Präsenz, zum anderen einem Kommunikationszweck. Berühmt wurden diese Programme im US-Wahlkampf 2016, als bekannt wurde, dass sich hinter vielen rechten Hasstiraden im Internet gar keine Menschen verbergen, sondern Bots, die eine bestimmte Stimmung anheizen sollen. Bevor Social Bots zu einem politischen Instrument wurden, fanden Sie vor allem Anwendung in den finsteren Bereichen des Marketing, zum Beispiel als Spam-Bots, also Programme, die ungefragt Produktwerbung in Kommentarspalten platzieren. Das hat schon immer maximal genervt, war aber nie systemrelevant.

Politische Social Bots hingegen verkaufen kein Viagra, sondern Stimmungen. Ein schönes Beispiel ist der Twitter-Bot @AI_AGW von Entwickler Nigel Leck. Twitter-Bot bedeutet, dass für den Bot ein eigenes Twitter-Profil angelegt wurde, von dem aus der Bot dann autonom Tweets versendet. Nigel Leck war genervt von den immer gleichen Argumenten der notorischen Leugner des Klimawandels, also schrieb er ein Script (eine Liste von Befehlen), das alle fünf Minuten Twitter nach Schlagwörtern durchsucht, die oft im Zusammenhang mit der Leugnung des Klimawandels verwendet werden. Diese Tweets erhielten automatisch eine Antwort aus einer Datenbank von Gegenargumenten, die der Entwickler zuvor anlegte und immer weiter ausbaute. Über eine einfache Textanalyse konnten konkreten Standard-Argumenten wie »Es wird keine Erwärmung geben, weil der Golfstrom abreißt« konkrete Gegenargumente inklusive Links zu Studien geliefert werden. Am anderen Ende ahnten die wenigsten, dass sie von einem Programm korrigiert wurden und starteten regelmäßig Diskussionen mit dem Bot, der höflich aber direkt mit Fakten-Nachweisen antwortete, ohne sich jemals aus der Ruhe bringen zu lassen.

Der Bot von Nigel Leck scannte also automatisch die Twittersphere nach Schlagworten zu einem bestimmten Thema und antwortete ebenso automatisch mit vorverfassten Antworten aus einer Datenbank. Nehmen wir an, es geht nicht um den Klimawandel, sondern um belastende Dokumente, die einen Kandidaten kurz vor der Wahl entscheidende Prozentpunkte kosten könnten. Und nehmen wir an, wir hätten nicht nur einen automatisierten Twitter-Account, sondern 5000 Stück und wollten die Medienöffentlichkeit dazu bringen, über die belastenden Dokumente zu berichten. Genau so geschah es auf den letzten Metern der französischen Präsidentschaftswahl. Einen Tag vor der Wahl veröffentlichten Hacker gestohlene Dokumente von Mitarbeitern des Macron-Teams. Um die Veröffentlichung auf die Medienagenda zu bringen, musste die Sache auf Twitter diskutiert werden. Der Twitter-User Jack Posobiec veröffentlichte direkt nach dem Upload der gestohlenen Daten einen Tweet mit dem Hashtag #MacronLeaks, der unmittelbar danach von Nutzern geteilt wurde, die ganz offensichtlich nichts von Frankreich, aber viel von Pornografie und dubiosen Gratis-Angeboten verstanden. Es waren Bots, die in ihren Karrieren schon für viele Promotions eingesetzt worden waren, am Tag vor der Wahl in Frankreich eben für die Verbreitung des Hashtags #MacronLeaks.

Auf diese Weise landete der Hashtag in den Twitter-Trends, und alles, was in den Twitter-Trends landet, wird immer diskutiert. Von da an übernahmen echte Menschen aus dem LePen-Lager die Debatte um die Dokumente, die zum Glück so amateurhaft gefälscht waren, dass sie keinen weiteren Einfluss auf die Wahl hatten. Der Tipping Point, der die Existenz dieser Dokumente überhaupt zum Thema machte, lag in der Aktivität eines Botnets aus Russland, also zahlreicher Fake-Profile, die dem Script-Befehl folgten: Scanne Twitter nach dem Hashtag #MacronLeaks und teile alle Tweets, in denen er vorkommt. Und bevor Sie jetzt sagen »Die Russen mal wieder!«, möchte ich darauf hinweisen, dass Russland lediglich so etwas wie der Weltmarktführer in Sachen Bot-Armeen ist. Der Auftrag für den Einsatz dieser Bots kann aus Frankreich, Mexiko oder Griechenland kommen und möglicherweise nicht mal politisch motiviert sein. Wenn Sie zum Beispiel an den Aktienmärkten gegen den Euro wetten, haben Sie ein großes Interesse, Macron zu verhindern, einfach nur, weil Sie reich werden wollen.

Im Forum *BlackHatWorld* finden Sie schnell und unbürokratisch verschiedene Anbieter, die ihnen für knapp 100 € 500 Twitter-Profile verkaufen. Diese Account-Daten laden Sie in die Software Tweet Attack Pro, und schon können Sie mit Ihrer eigenen Bot-Armee Menschen diskreditieren, einen Shitstorm lostreten oder Wahlen beeinflussen.

Die spannende Frage ist hier: Wie viele einzelne Bots müssen aktiv sein, damit Ihre Sache in den Twitter-Trends und damit auf der Agenda der Medien landet? Twitter selbst hält sich bedeckt und redet von einem Algorithmus, der die soziale Dynamik eines Themas analysiert und daraufhin entscheidet, was in den Trends landet und was nicht. Der Social-Media-Experte Jason Keath verspricht einem #Hashtag, der in einer Stunde 500 Mal verwendet wird, eine Chance, in die Trends aufzusteigen, wenn das Timing stimmt.

Das heißt: Wenn keine größeren Konkurrenz-Events stattfinden, kann man mit einem 500 Bots starken Botnet durchaus ein Medienthema setzen. Zwei Soziologen von der Universität Oxford und der Budapester Corvinius-Universität untersuchten während des Brexit-Wahlkampfs das Tweet-Verhalten der Engländer anhand von 1,8 Millionen Tweets, welche die Hashtags #voteleave oder #takecontrol (Brexit-Befürworter) und #strongerin oder #remain (Brexit-Gegner) verwendeten. 15 Prozent der User, die diese Hashtags gebraucht hatten, waren gegen den Austritt Englands aus der EU, 50 Prozent waren dafür, der Rest war neutral. Auf Twitter herrschte also eine klare Tendenz pro Brexit. Viel interessanter ist allerdings eine zweite Beobachtung: Ein Prozent aller Nutzerprofile war für 30 Prozent aller Tweets verantwortlich. So eifrig können nur Gestalten twittern, die in einer Woche keine Sekunde Schlaf brauchen. Social-Media-Analysten der Seite sadbottrue.com forschten in eine ähnliche Richtung und fanden heraus, dass von den 200 aktivsten Retweetern gerade mal 20 echte Menschen waren. Der Rest: Bots.

Bots sind sehr gut darin, Fragen, Konflikte oder Phänomene größer erscheinen zu lassen, als sie tatsächlich sind. Gleichzeitig sind wir sehr interessiert daran zu erfahren, was andere Menschen denken. Wir befassen uns permanent mit der Frage, was zu einem Thema x gerade die Mehrheit und was die Minderheit denkt. Je mehr wir das Gefühl haben, mit unserer Meinung einer Mehrheit anzugehören, desto höher ist die Wahrscheinlichkeit, dass wir uns trauen, die Meinung auch auszusprechen. Im Übrigen kann es sehr effektiv sein, eine Diskussion, die nicht stattfinden soll, mit Social Bots zu fluten. Stellen Sie sich vor, Sie befinden sich in einer spannenden Kommentarspalte, in der mehrere User diskutieren, ob sich ein Politiker der Korruption verdächtig gemacht hat. Und jetzt stellen Sie sich vor, dass plötzlich Hunderte Kommentare in die Diskussion schwappen, die sich nicht inhaltlich beteiligen, sondern Kraftausdrücke oder Nonsens transportieren. Sie würden die Diskussion schnell entnervt verlassen. Als die Weltöffentlichkeit im Rahmen des Arabischen Frühlings 2011 über den Hashtag #syria über die Ereignisse in Syrien auf dem Laufenden bleiben wollte, orderte die Assad-Regierung eine Bot-Armee, die den Hashtag mit einer Flut an regierungstreuen Tweets unbrauchbar machte.

Im Kapitel »Süße Droge Reichweite« habe ich Ihnen erklärt, warum wir im modernen Online-Journalismus von einem Trendthema zum nächsten springen. Ich kenne keinen Online-Journalisten, der nicht wenigstens dreimal am Tag in die Twitter-Trends schaut. Wer einen Twitter-Trend kontrolliert, der kontrolliert all jene Journalisten, die sich freiwillig oder unfreiwillig von Klickzahlen kontrollieren lassen.

Das bislang elaborierteste Bot-Netzwerk wurde im Kontext des Ukrainekonflikts von Data Science Professor Simon Hegelich aufgespürt. Über 15 000 Twitter-Accounts, die im Durchschnitt 60 000 Meldungen pro Tag verschicken, gehen in ihrer Verbreitung äußerst bedacht vor: Zuerst lockt das Bot-Netzwerk mit antizipierten Interessen junger Männer in der Ukraine: Fußball, Sex, illegale Download-Links und amerikanische Kinofilme. Zwischen die unpolitischen Bits werden immer wieder Propaganda-Nachrichten des »Rechten Sektors«, einer ultranationalistischen ukrainischen Vereinigung, gestreut. Auch hier werden Hashtags durch automatisierte Retweet-Aktionen populär gemacht, darüber hinaus scheint es ein System zu geben, das Schlagworte wie »Maidan« und »Euromaidan« mit dem Hashtag »Rechter Sektor« in einen Zusammenhang bringt und die Themen entsprechend verknüpft. Um Bot-Erkennungsalgorithmen auszuweichen, folgen sich die Bots gegenseitig und sorgen so für ein ausgewogenes Verhältnis zwischen echten und automatisierten Followern. Ebenso posten die Ukraine-Bots in einem Tag-Nacht-Rhythmus, der Pausen und Schlafenszeiten simuliert. Für ein Botnet sind das alles extrem kluge und vor allem nachhaltige Methoden, die das Risiko aufzufliegen so gering wie möglich halten sollen. Und hier der überraschendste Punkt: Das Netzwerk verbreitet russlandfeindliche Falschinformationen, was eine Kontrolle von Russland aus unwahrscheinlich erscheinen lässt. Auf den ersten Blick. Angenommen Russland steckt doch dahinter und will mit einer antirussischen Haltung in der Anfangsphase jeden Verdacht zerstreuen, das Botnet habe irgendeine Verbindung zum Kreml. Man könnte sich Zeit nehmen, das Vertrauen junger, rechtsextremer Ukrainer zu gewinnen, und in einer zweiten oder dritten Phase russische Interessen induzieren. Das könnte hilfreich sein, sollte Russland weitere Teile der Ukraine einnehmen wollen. Wir leben nicht mehr in den Zeiten Napoleons, in der Kriegstaktiken zu den ganz normalen Alltagsthemen gehörten, daher denken wir so wenig über die List eines Eroberers nach. Deshalb lassen Sie es mich anders formulieren: Wenn Russland über ein Bot-Netzwerk in die Köpfe von zur Radikalität neigenden Ukrainern gelangt, um sie im Falle einer Ukraine-Invasion auf der eigenen Seite zu haben, das wäre in einem Film schon ein ziemlich cleverer Twist, oder?

Bislang reden wir übrigens nur von billigsten Bots, ohne einen Hauch von künstlicher Intelligenz, die aus sehr wenigen Zeilen Code bestehen und gratis auf der Programmierer-Plattform *GitHub* zum Download stehen. Und dennoch lassen wir uns oft genug vom Profilbild, vor allem aber vom Kontext täuschen, einfach weil die wenigsten von uns wissen, dass Facebook 270 Millionen Fake-Accounts zählt und auf Twitter 48 Millionen gefälschte Nutzer aktiv sind.

Der argentinische Journalist Roni Bandini registrierte Ende 2015, dass die damalige Präsidentin Cristina Fernández de Kirchner nicht über einen Twitter-Account verfügte. Daraufhin recycelte er einen alten Porno-Chatbot aus den Neunzigern, dessen Script er mit Rede-Fragmenten der Präsidentin verknüpfte. Ein Jahr lang bemerkte kein Mensch, dass sich hinter dem Twitter-Account der mächtigsten Person des Landes ein Bot verbarg. Stattdessen sammelte die Bot-Staatschefin 8000 Follower und verwickelte Menschen in missverständliche, aber nicht völlig absurde Diskussionen.

Abb. 9 Bürgerdialog mit einem Bot. Unter @cfkresponde twittert immer noch ein einfacher Bot, der von manchen Nutzern als echte Politik-Größe wahrgenommen wird.

Wenn schon ein ganzes Land keinen Bot-Verdacht bei einer Präsidentin hegt, in deren »Hirn« ein veralteter Algorithmus arbeitet, welche Illusion schaffen dann erst richtig gute Social Bots?

Spannend beziehungsweise gruselig wird es, wenn wir den Bereich primitiver Hashtag-Drücker-Bots aus St. Petersburg verlassen und uns ansehen, was technisch alles möglich ist:

Die *Facebook Artificial Intelligence Research Group* (FAIR) präsentierte im Sommer 2017 einen Chatbot, der in der Lage ist, Verhandlungen zu führen. Dazu muss das Programm ein komplexes Verständnis von Linguistik, aber auch von der Systematik der Argumentation vorweisen. Die Forscher ließen zwei Bots 5808 Diskussionen zwischen zwei Personen lernen, in denen beide eine bestimmte Anzahl an Gegenständen von unterschiedlichem Wert besaßen und sich entscheiden mussten, ob sie sie untereinander aufteilen oder sich selbst durch geschicktes Verhandeln besserstellen als den Verhandlungspartner. Den Bots, Alice und Bob, wurde beigebracht, die Taktik des anderen vorherzusehen und entsprechend zu agieren. Später im Experiment lautete die Zielvorgabe beider Bots, kompromisslos den eigenen Vorteil zu maximieren. In der Folge begannen die Bots zu lügen. Sie täuschten Interesse an einem wertlosen Gegenstand vor, um sich später kompromissbereit zeigen zu können, indem sie großzügig auf den Gegenstand verzichteten.

Das Experiment wurde von den Facebook-Wissenschaftlern beendet, als die Bots für eine effizientere Kommunikation eine eigene Sprache entwickelten. Man hatte sie mit Elementen menschlicher Sprache gefüttert, damit sie es über kurz oder lang mit einem menschlichen Verhandlungspartner würden aufnehmen können. Unbeaufsichtigt gelassen, hatte die AI-Software aber begonnen, von den Vorgaben abzuweichen und eine Sprache zu entwickeln, die eine effizientere Kommunikation der Bots untereinander ermöglichte – was nicht Sinn der Sache war und dem Plan ihrer Programmierer zuwiderlief.

Hate Speech.
Das Netz ist ein Bällebad für Sadisten.

Wir alle wissen oder haben es schon am eigenen Leib erfahren, dass Internetnutzer im Schatten der Anonymität keinerlei Hemmungen kennen. Küchenpsychologie reicht für dieses Verständnis aus, aber es lohnt sich, diese ganz spezielle Online-Anonymität genauer zu betrachten: Der meiste Hass im Internet erreicht seine Adressaten in Schriftform. 2004 präsentierte der Psychologe John Suler mit dem »Online Disinhibition Effect« (Online-Enthemmungs-Effekt) eine griffige und bis heute gültige Theorie über den Empathie-Schwund in der Online-Kommunikation im Gegensatz zur Face-to-Face-Kommunikation. Dabei stützt er sich auf drei Faktoren:

Anonymität: Ohne einen Namen fühlen wir uns weniger verwundbar.

Unsichtbarkeit: Ohne Augenkontakt entfällt das natürliche Basis-Empathie-Polster, das Mimik und Gestik des Gegenübers erzeugen. So ist es ungleich einfacher, jemandem eine gepfefferte Mail zu schicken, als der Person mit der gleichen Wortwahl den Inhalt »ins Gesicht« zu sagen. Hierzu braucht es keine Anonymität.

Asynchronität: Eine Mail oder ein Online-Kommentar erzeugt kein direktes Feedback. Die eigenen Worte ziehen keine unmittelbaren Konsequenzen nach sich.

Online-Journalisten, die mit Sicherheit zu den beliebtesten Adressaten regelmäßiger Online-Angriffe gehören, haben nahezu einen Sport daraus gemacht, mit ihren Kritikern in den Dialog zu treten, um mit ihnen über die Attacken und die Motivation dahinter zu sprechen. Die Berichte sind immer gleich: Zuerst sind die Verfasser überrascht, dass die Opfer überhaupt antworten. Als Nächstes wird abgewiegelt, man habe es so nicht gemeint. Anschließend folgt die Entschuldigung. Ich kenne dieses Muster, weil ich in meinen ersten Blogger-Jahren ebenso emotional den Kontakt zu meinen Hatern gesucht habe. Das ist zehn Jahre her, mittlerweile bin ich glühender Anhänger des Grundsatzes:

NEVER FEED THE TROLLS.

Als Trolle bezeichnet man Menschen, die im Internet andere möglichst unsachlich attackieren. Das Wort wird im deutschsprachigen Raum oft fälschlicherweise auf die Riesen aus der nordischen Mythologie zurückgeführt. Dabei verrät die tatsächliche Herkunft viel mehr über den Kern des Problems: *Trolling* kommt aus der Anglersprache und beschreibt die Methode, einen Köder ins Wasser zu werfen und dann langsam mit dem Boot wegzufahren. Wo der Angler den Fisch ködert, ist die Beute des Trolls die Person, die bei ihm anbeißt. Zu den Beweggründen eines Trolls kommen wir später, für den Moment reicht es zu verstehen, dass der klassische Troll nicht emotional involviert ist. Vielmehr betrachten Trolle ihr Vorgehen als Spiel, und das Spielfeld sind Kommentarsektionen und Foren. Deshalb noch mal: NEVER FEED THE TROLLS.

Denn zum Spielen gehören immer zwei. Wer entsprechend auf eine Provokation nicht reagiert, also nicht mitspielt, wird zum Spielverderber. Die Frage, die ich als Blogger am häufigsten gestellt bekomme, ist die nach meinem Umgang mit »den ganzen Idioten«. In dem Augenblick, in dem ich reagiere, nehme ich das Spiel an. Selbst eine humorvolle Antwort, mit der ich meine ganze intellektuelle Überlegenheit in die Waagschale werfe, ist ein Spielzug in einer Partie, die mir ein anderer aufgedrängt hat. Und dafür sollte uns allen unsere Zeit zu schade sein.

Ich bin regelmäßig überrascht, wie lange mich manche Kommentare nach all den Jahren immer noch gefangen halten können. Hier hilft mir meine vereinfachte Unterteilung des Internets in *Creator* und *Hater*: Wer einen Artikel, einen Song, einen Sketch oder einen Gedanken in die Welt setzt, der hat etwas geschaffen – auch wenn es scheiße ist. Hater geben ausschließlich Energie ab. Selbst die schärfste Kritik eines Haters bereichert den Lernprozess eines Creators, und sei es in Form eines Erfahrungszuwachses im Umgang mit Kritik. All das zahlt wieder auf das Wachstum des Creators ein, während der Hater, na ja, irgendwann stirbt. Oder wie Jürgen von der Lippe mal gesagt hat: Kritiker sind Hühner, die gackern, wenn andere ein Ei legen. Oft wird dabei vergessen, dass die Relevanz einer Kritik-Note mit der Qualifizierung ihres Verfassers zusammenhängt. Oder kurz: Wer kritisiert da eigentlich? Wenn Steven Spielberg befindet: »Dieses Video ist so schlecht, dass sich die Macher aus Respekt vor der Menschheit umbringen sollten«, dann sollte es die Macher ernster besorgen, als wenn es ein Nutzer namens JayJayStylez schreibt. Das heißt: Bei anonym hinterlassenen Nachrichten dürfen wir den Inhalt gar nicht werten, weil die Person dahinter fehlt. JayJayStylez kann ein 55-jähriger Schlägertyp sein, der sein Leben nachhaltig in den Sand gesetzt hat. Wie sehr kann mich die künstlerische Einschätzung dieser Figur bewegen? Vielmehr ist die Anonymität ein guter Indikator dafür, dass die Person hinter dem Nutzernamen ihre eigene Qualifikation in der Sache eher gering einschätzt. Schließlich bietet das Internet ja auch die Möglichkeit, unter einer echten Identität zu kommentieren.

Die kognitive Verhaltenstherapie arbeitet unter anderem mit Gedankenfiltern, die man sich antrainieren kann. In diesem Sinne empfehle ich jedem, Kommentare nicht pauschal zu verarbeiten, sondern stets den Individualfall zu prüfen, und wenn es zur Nachricht keine Person gibt, immer an einen 55-jährigen Schlägertypen zu denken, der sein Leben nachhaltig in den Sand gesetzt hat.

Wobei wir auf keinen Fall unsachliche Kritik mit der hohen Kunst des Trolling verwechseln dürfen. Trolling setzt in seiner Reinform auf die planmäßige Zerstörung von Menschen. Das kann einem Einzeltäter durchaus gelingen, üblicher sind aber sogenannte *Raids*, »Überfälle«, bei denen eine unbekannte Anzahl technisch versierter Trolle zentral koordinierte Attacken gegen Einzelpersonen ausübt, um sie zum Beispiel in den Selbstmord zu treiben.

Bevor wir uns die Frage stellen, warum jemand so etwas tun sollte, will ich Ihnen ein Forum vorstellen, das für sehr viele Online-Phänomene verantwortlich ist und über das, gemessen am Einfluss, viel zu wenig geredet wird. *4Chan* nennt sich selbst die Hölle des Internets, und das ist eine durchaus gesunde Selbstreflexion. Auf den ersten Blick sieht 4Chan aus wie ein Forum aus den Nullerjahren, aber hier geht es nicht um Form, sondern um Funktion. 4Chan ist deshalb eine der am häufigsten besuchten Internetseiten der Welt, weil dort die maximale Freiheit herrscht. Jeder Nutzer ist anonym und darf alles sagen. Nur weil man alles sagen darf, heißt das nicht, dass man automatisch alles sagen muss, doch auf 4Chan ist das Aussprechen von Abgründigem explizit erwünscht. Die Grenzüberschreitung ist ein wesentlicher Bestandteil der 4Chan-Kultur – Sie können dort die Massenvergasung aller Frauen fordern, und niemand wird Sie dafür verurteilen. Im Gegenteil: Absonderlichkeiten, Perversionen und Tabubrüche sind die Säulen dieses Forums, dessen Reiz in einer Mischung aus Voyeurismus und gelebter Anarchie besteht. Man kann 4Chan und den Ableger 8Chan auch als Ursuppen-Küche des Internets bezeichnen, weil viele Phänomene, wie eben auch Troll-Aktionen, hier ihren Ursprung haben. Aufgrund dieser fragwürdigen Kulturleistung herrscht unter den 4Chan-Nutzern ein Pionier-Stolz, der zusammenschweißt.

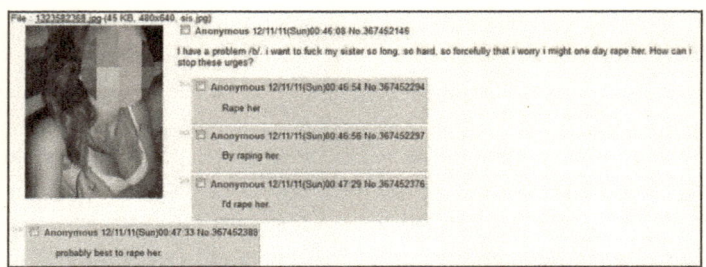

Abb. 10 *4Chan* in der Nussschale. Ein ganz normaler Tag beim Leitmedium für Pubertierende.

Ein Phänomen, das seine Wurzeln auf 4Chan hat, ist das sogenannte *RIP Trolling*, was man mit digitaler Leichenschändung
übersetzen kann. Ein berühmter Fall drehte sich um den Selbstmord eines jungen Schülers namens Mitchell Henderson. Auf
seiner Kondolenzseite auf MySpace hinterließ ein Mitschüler die
unbeholfenen Zeilen:

> *Mitchell was an hero to take the shot.*
> *God do we wish we could take it back.*

Wahrscheinlich wollte der Mitschüler sagen, dass es viel Über-
windung kostet, sich selbst zu töten. Die Formulierung »Er war
ein Held« ist leider die falsche Übersetzung dieses Gefühls. Zu
allem Überfluss kam mit »an hero« auch noch ein Rechtschreib-
fehler hinzu, korrekt muss es heißen: *a hero*. Die kleine Kurio-
sität wurde auf 4Chan geteilt und führte zu höchstem Amüse-
ment. »An hero« wurde schnell zum geflügelten Wort. Auf der
Kondolenzseite schrieb ein weiterer Mitschüler, Mitchell habe
zwei Tage vor seinem Selbstmord seinen iPod verloren, was einige
4Chan-Nutzer mit dem Verdacht des »First-World-Problems«
eine Verbindung zwischen dem Selbstmord und dem verlorenen
MP3-Player herstellen ließ. Daraufhin hackte jemand die Kon-

dolenzseite und veränderte das Gesicht des Toten in das Gesicht eines Zombies mit iPod, jemand anderes teilte ein Foto des Grabsteins von Mitchell Henderson, auf das er zuvor einen iPod legte. Der Mob fand die Telefonnummern der Eltern heraus, woraufhin im Internet Telefonstreiche auftauchten, in denen sich die Trolle bei den Eltern als ihr verstorbener Sohn ausgaben. Diese Anrufe gingen über anderthalb Jahre nach dem Tod des Jungen in seinem Elternhaus ein. Das klingt geschmacklos, das ist geschmacklos, aber diese Kultwerdung eines Selbstmords ist ein gutes Beispiel dafür, was 4Chan-Nutzer mit »die Hölle des Internets« meinen.

Im Herbst 2013 tauchten im Netz verstörende Fotos von Teenagern mit aufgeschnittenen Armen auf. Der vermeintliche Grund ließ viele Beobachter an der Überlegenheit unserer Spezies zweifeln: Zuvor hatte es Party-Fotos des Teenie-Stars Justin Bieber gegeben, auf denen er einen Joint rauchte. Um Bieber zu zwingen, die Finger von Drogen zu lassen, schnitten sich unzählige Teenager die Arme auf und präsentierten die Bilder unter dem Hashtag #Cuttingforbieber in sozialen Netzwerken. Wurde suggeriert. Die verstörende Teenager-Kampagne sorgte schnell für nationalen Gesprächsstoff in den USA und natürlich für Nachahmer. Allerdings hatte sie ihren Ursprung gar nicht bei einem jungen Fan, der Bieber mit Selbstverstümmelung erpressen wollte. Sondern auf 4Chan. Die Aktion wurde als Streich auf 4Chan vorbereitet und verbreitet. Die Bilder waren echt, stammten aber aus Foren über Selbstverletzung. Für die Verbreitung der Nachricht setzten 4Chan-User Botnets ein, die voll automatisiert den Hashtag #Cuttingforbieber verwendeten, bis dieser in den Twitter-Trends war. Auch diese Aktion ein gelungener Raid.

Raids haben nicht nur eine hohe zerstörerische Kraft, sondern folgen auch einer hohen kreativen Energie. Auf 4Chan entscheidet die Schwarm-Intelligenz über die Gestalt des nächsten Raids, und so geht den Aktionen nicht selten ein internationales Brainstorming voraus. Dazu gehört auch das einmalige Gefühl, als Teil der Gruppe mitverantwortlich für Taten zu sein, die es regelmäßig in die Medien schaffen. Und das alles, ohne jemals den Computer zu verlassen.

Wie bei jedem Sport geht es auch beim Trolling darum, alte Rekorde zu brechen. Mittlerweile gehört RIP Trolling in der Szene zum Kinderkram, denn man hat gelernt, wozu man fähig ist. Wenn Sie mich fragen, wird der erste digitale SuperGAU wie der Ausfall des Internets nicht von Terroristen, sondern von 4Chan ausgehen. Der Grund wird nicht Geld oder Ideologie sein, sondern Spaß. Oder Kunst im Sinne der Dekonstruktion.

Möglicherweise haben wir diese Dekonstruktion, oder den Königstroll, bereits erlebt, ohne es zu merken. Am 9. November 2016 schrieb die *Washington Post* über Donald Trump: *We Actually Elected a Meme as President* – »Wir haben tatsächlich ein Meme zum Präsidenten gewählt«. Dieser Satz war ein Zitat, in dem Beitrag berichtete die Journalistin Abby Ohlheiser von der Party-Stimmung auf 4Chan am Tag nach den offiziellen Auszählungsergebnissen. Ich selbst hatte mich ebenfalls am Tag nach der Wahl auf 4Chan umgesehen, denn schon Monate zuvor hatten sich die User weitestgehend darauf geeinigt, dass die Welt nichts mehr schocken würde als ein US-Präsident Donald Trump. Und das galt es im Sinne des Spektakels zu fördern. Während altehrwürdige Politik-Beobachter im Wahl-Nachgang von gespaltenen Nationen und russischen Einflussnahmen redeten, forschten gerade junge Journalisten auf 4Chan und den Konkurrenzangeboten 8Chan und reddit nach den Ursachen. Im Kapitel »Rechts sein ist der neue Punk« erkläre ich, wie reaktionäre Frauenhasser und rechtskonservative Rassisten auf 4Chan zusammenfanden. Hier möchte ich Trolling und Politik voneinander trennen, weil die meisten Trolle weniger einer politischen Ideologie anhängen als dem Wunsch, die Welt brennen zu sehen – und selbst einen Teil dazu beigetragen zu haben. Aus diesem Gefühl heraus entwickelte sich eine ironische Glorifizierung Donald Trumps, die wie im Internet üblich eine raketenartige Eigendynamik entwickelte. Oder wie der Schriftsteller Dale Beran zusammenfasst:

Trumps jüngere Anhänger wissen, dass er eine inkompetente Witzfigur ist. Genau deshalb unterstützen sie ihn.

Es gehört zu den größten Geheimnissen des Internets, wie viele Unterstützer Donald Trumps politisch sind und wie viele geil auf das Chaos. Eine qualitative Analyse der wichtigsten Pro-Trump-Foren wie zum Beispiel des reddit-Unterforums The_Donald ist zwecklos, weil Ironie der Standard-Dialekt auf 4Chan und reddit ist. Sicher ist nur, dass 4Chan eine der meistbesuchten Seiten des Internets weltweit ist und die Mehrheit seiner Mitglieder beseelt davon war, einen inkompetenten Hanswurst zum mächtigsten Mann der Welt zu machen. Ein Trolling-Meisterstück.

Die Motivation des Trolls

Wer sich fragt »Was bringt der Scheiß diesem Idioten denn überhaupt?«, dem liefert die Wissenschaft Antworten: In der Psychologie gibt es den Begriff der »dunklen Tetrade«. Sie bildet sich aus den Eigenschaften Sadismus, Psychopathie, Narzissmus und Machiavellismus. Wer alles in sich vereint, der ist mit hoher Wahrscheinlichkeit ein Arschloch. Wir müssen mit Arschlöchern kein Mitleid haben, aber es ist wichtig zu betonen, dass sich Menschen ihre Persönlichkeitsstruktur nicht aussuchen. Lerngeschichte, aber mehr noch Genetik, spielen hier eine Rolle, und wer mag, kann Arschlöcher Opfer einer Erbkrankheit nennen.

Der Psychologe Delroy Paulhus veröffentlichte 2014 die Studie *Trolls Just Want to Have Fun*, die als einer der wichtigsten Erklärungsversuche für die Motivation von Trollen gilt. Im Kern ging es um die Ermittlung, inwieweit Trolle zu Sadismus, Psychopathie, Narzissmus und Machiavellismus neigen. Dazu bekamen 1215 Probanden zwei unterschiedliche Fragebögen. Über den ersten ermittelten die Psychologen die Persönlichkeitsstruktur der

Teilnehmer, der zweite Fragebogen behandelte Verhalten und Einstellungsweisen in ihrer Online-Kommunikation. Abgefragt wurden zum Beispiel Zustimmung zu oder Ablehnung folgender These: »Je schöner und echter eine Sache ist, desto befriedigender ist es, diese Sache zu korrumpieren.«

Die Studie förderte zwei Erkenntnisse zutage: Von allen Befragten zeigten sich 5,6 Prozent als Trolle im Sinne der Studie, was auf den ersten Blick wenig erscheint. 41,3 Prozent der Teilnehmer gaben jedoch an, so gut wie nie einen Kommentar auf einer Website zu hinterlassen. Hätte man also von vornherein nur Personen befragt, die viel im Netz kommentieren, wäre der Prozentsatz an Trollen deutlich höher gewesen. Viel spannender ist die zweite Erkenntnis: Es besteht ein klarer Zusammenhang der Eigenschaften der dunklen Tetrade mit der Neigung zum Trolling, wobei Sadismus hier der stärkste Motivator ist. Zum Verständnis: Während der Schaden beim Opfer des Machiavellismus stets Mittel zu einem konkreten Zweck ist, ziehen Sadisten ihre Befriedigung aus dem Schaden selbst.

Die Studie befeuerte eine Debatte um die Frage: Produziert das Internet Sadisten? Delroy Paulhus erkannte dafür keinen Hinweis, jedoch sieht er im Internet den idealen Raum für analog gewachsene Sadisten, ihre Neigung auszuleben. Die nahezu komplette Abwesenheit von Konsequenzen lädt zum Mikro-Terrorismus ein, wobei meiner Einschätzung nach nur die Studie fehlt, die belegt, dass viele Menschen ihren Hang zum Sadismus erst im Internet entdeckt haben.

Glaubenskrieger

Nicht jeder, der Hass im Internet verbreitet, ist automatisch ein Sadist. Mit dem Siegeszug von Social Media, also der Medien-Werdung jedes Einzelnen, wuchs auch die Anzahl der Glaubenskrieger. Anders als Sadisten folgen Glaubenskrieger einer Überzeugung: Tod den Christen, Tod den Islamisten, Tod den Linken, Abschaffung der Kinder-Impfung, Ablehnung der BRD als souveräner Staat, Zerschlagung des Weltfinanzjudentums, die Liste ist lang. Ein Glaubenskrieger verfolgt seine Sache mit einem solchen religiösen Eifer, dass er andere Meinungen nicht toleriert, sondern mit äußerster Schärfe bekämpft. In ihrem Buch *Hass im Netz* präsentiert die Journalistin Ingrid Brodnig vier Faktoren:

Unbeirrbare Überzeugung: Es geht dem Glaubenskrieger nicht um Spaß oder Befriedigung, sondern um die Wahrheit.

Heldenmythos: Glaubenskrieger halten sich für besser informiert als die Mehrheit der Bevölkerung. Als aufgeklärte Elite fühlen sie sich einer Gruppe zugehörig, die im Namen der Wahrheit gegen die Manipulation der Massen kämpft.

Abschottung: Argumente von außen haben in der Welt der Glaubenskrieger keinen Platz und werden als gezielte Propaganda des gemeinsamen Gegners aufgefasst.

Aggressive Tonalität: Glaubenskrieger kennen keine Andersdenkende, nur Feinde. Entsprechend martialisch ist der Ton nach außen wie nach innen.

Glaubenskrieger sind Opfer verschiedener psychologischer Phänomene, die jeweils durch die Möglichkeiten von Social Media potenziert werden. Manches erklärt sich dabei von selbst: Das Internet hat wie keine Innovation zuvor Menschen zusammengebracht, die Gemeinsamkeiten teilen. Wer 1986 in Delmenhorst lebte und davon überzeugt war, die Erde sei eine Scheibe, war entweder allein oder hatte nur wenige Gleichgesinnte, mit denen er in Kontakt treten konnte. Heute laden unzählige Facebook-Pages zum gemeinsamen Glauben an die flache Erde ein: *The Flat Earth Society* (98 500 Fans), *Flat Earth Geocentric* (80 000 Fans), *Official Flat Earth & Globe Discussion* (60 000 Mitglieder). *Flatearther* glauben an sämtlichen wissenschaftlichen Erkenntnissen vorbei an eine flache Erde, die von einem Eisring zusammengehalten wird. Das ist nicht problematisch, weil Flatearther keinen gesellschaftlichen Zusammenhalt ins Wanken bringen. Anders als die rechtskonservative Bewegung, die in den USA als Alt-Right zusammengefasst wird und im deutschsprachigen Raum das Spektrum um Fremdenfeinde, Nationalisten, aber auch Homosexuellengegner und verdeckte Frauenfeinde darstellt. Nur für die bessere Lesbarkeit nenne ich diese Gruppe ab hier »Wutbürger«. Diese Gruppe, bei der mich ein konkreter Bevölkerungsanteil in Deutschland brennend interessieren würde, arbeitet mit klassischen Hass-Propaganda-Techniken und wird durch die Funktionsweise von Facebook in ihrer Tonalität bestätigt.

Die Wissenschaftler Daegon Cho und Alessandro Acquisti von der Carnegie Mellon University fanden im Jahr 2013 heraus, dass Kommentare, die Schimpfworte beinhalten, mehr Zuspruch bekommen als andere. Sie analysierten 75 000 Leserkommentare auf südkoreanischen Nachrichtenseiten mit dem Ergebnis: Beiträge mit Beleidigungen erhalten eher Likes oder werden von anderen Mitgliedern eher »empfohlen«. Der Facebook-Algorithmus, der keinen Unterschied zwischen Wut und Begeisterung kennt, sortiert die beliebtesten Kommentare in den sichtbaren Bereich des Lesers. Teilt etwa die Tagesschau einen Beitrag, werden von allen Kommentaren die zwei beliebtesten noch im Wortlaut direkt unter dem Vorschaubild wiedergegeben. Mir ist noch nie ein beliebtester Facebook-Kommentar unter die Augen gekommen, der einen gemäßigten Gedanken beinhaltet. Neben der Präferenz des Facebook-Algorithmus für Handkanten-Rhetorik, sorgen die top vernetzten Wutbürger-Gruppen auf Facebook dafür, dass sie über einen Großteil der Nachrichten die Deutungshoheit behalten, in dem sie gezielt, organisiert und in hoher Teilnehmerzahl einzelne Kommentare nach ganz oben liken. Vergessen Sie nicht: Diese Menschen befinden sich im Krieg!

Aus dem gleichen Grund führt die AfD das Parteien-Ranking an, wenn es um die Anzahl der Facebook-Fans geht. Obwohl es die Partei noch nicht so lange gibt, liegt sie mit 384 000 Fans weit vor dem Zweitplatzierten mit 245 000 Anhängern (Linkspartei, Stand 19. 12. 2017). Harte, populistische Forderungen wie »Keine Sozialhilfe für Flüchtlinge!« sind für eine gute Seitenperformance perfekte Beiträge. Je extremer und polarisierender eine Äußerung auf Facebook getätigt wird, desto mehr erhöht sich ihre Sichtbarkeit. Dieses Prinzip ist mit dem Anspruch auf gesellschaftlichen Grund-Frieden nicht zu vereinbaren. Die Effekte sehen wir momentan auf der ganzen Welt. Zitat Peter Glaser (SZ):

Facebook ist kein Medium, das moderate Debatten fördert – die DNA des Kommunikationsgiganten ist boulevardesk. Um darauf hinzuweisen, dass man existiert, ist online ein deutlich höheres Lärmvolumen nötig als im wahren Leben.

Wozu Kommentare?

Aber jetzt mal ehrlich: Was bringen eigentlich Kommentarsysteme? Ganz selten – und ich meine damit extrem selten – habe ich in einem Kommentarbereich eine spannende User-Diskussion gelesen, welche den zugrunde liegenden Artikel bereichert hat. Das heißt nicht, dass ich nicht oft genug mit Leidenschaft Kommentare lese. Allerdings sind meine Motive in diesen Fällen eher voyeuristischer Natur, weil man sich der Faszination verbaler Vernichtungskriege nur schwer entziehen kann. Es gehört zur digitalen Folklore, dass eine Website, die regelmäßig Content bereitstellt, einen Kommentarbereich zu haben hat. Das war schon immer so. Der theoretische Reiz liegt auf der Hand: Content-Ersteller können mit Content-Konsumenten in den Dialog treten, gern bezeichnet man regelmäßige Kommentatoren als Community, also eine Gemeinschaft, die als aktiver Teil des Mediums am besten noch auf Augenhöhe dazugehört. Und jetzt besuchen Sie bitte *Spiegel Online* und lesen sich die Kommentare des ersten Artikels durch. Anspruch und Wirklichkeit klaffen hier weit auseinander, weil die reflektierte und verantwortungsbewusste Community ein romantisches Ideal ist, das nicht mal im echten Leben existiert, wo wir uns immerhin mit unseren Gesichtern und Klarnamen begegnen.

Damit die Kommentarbereiche von um Seriosität bedachten Medien nicht komplett mit Hass, Wahnsinn und dubiosen Sonderangeboten zugemüllt werden, gibt es den Job des *Community Managers*. Diese armen Personen »moderieren« meistens ohne psychologische Betreuung in den Kommentarbereichen ihres Arbeitgebers, wobei moderieren oft genug löschen, User sperren, hin und wieder auch Anzeigen erstatten bedeutet. Natürlich macht es einen Unterschied, ob die Moderation auf der Facebook-Page von McDonalds stattfindet oder auf den digitalen Seiten der TAZ. Und doch werden Ihnen die Community Manager beider Unternehmen bestätigen: Mein Glaube an die Menschheit ist gebrochen.

Das Primat des unbedingten Vorhandenseins eines Kommentarsystems hat noch einen anderen Grund, der wenig mit dem erhellenden Dialog zwischen Leser und Autor zu tun hat. Dazu möchte ich Ihnen eine weitere statistische Größe vorstellen, die jedem im Online-Marketing Tätigen ein Begriff ist: Die durchschnittliche Verweildauer bezeichnet die Zeit, die ein User auf einer Seite verbracht hat, bevor er die nächste aufruft. Für die Werbewirtschaft macht es einen großen Unterschied, ob eine Seite 15 Sekunden lang besucht wird oder zwei Minuten. Denn genau so lange steht der Werbebanner. Entsprechend steigt die Wahrscheinlichkeit, dass ein User auf einen Banner klickt. Noch wichtiger ist aber der Seitenstatus vor dem Allerheiligsten: Google liebt hohe Verweildauern. Das heißt: Google misst Seiten mit hoher Verweildauer eine höhere Relevanz bei. Und je höher die Seiten-Relevanz in den Augen der Google-Algorithmen ist, desto höher ist die Wahrscheinlichkeit, dass eine Website auf der ersten Google-Trefferseite landet. Ob Sie's glauben oder nicht:

99,1 Prozent aller Google-Nutzer klicken nur Suchergebnisse auf der ersten Google-Trefferseite an. Es ist also für das wirtschaftliche Überleben einer Seite zwingend notwendig, von Google eine möglichst hohe Relevanz-Kennzahl zu bekommen.

Ebenso erweitert eine Kommentarsektion einen Artikel um weitere Kennwörter, anhand derer der Artikel von einer Suchmaschine beziehungsweise DER Suchmaschine gefunden werden kann.

Verweildauer und Kennwort-Struktur sind zwei von vielen Faktoren, die entscheiden, wie der Google-Algorithmus die Relevanz einer Seite bewertet. Wie sie sich konkret zusammensetzt, weiß nur Google selbst. Betriebsgeheimnis.

In diesem und nicht nur in diesem Zusammenhang vergleiche ich Google und Facebook gerne mit modernen Göttern. Da ihre Algorithmen geheim sind, aber wesentliche Teile unseres Lebens bestimmen, können wir oft nur beten und hoffen, dass die Art und Weise, wie wir mit ihnen in Interaktion treten, uns begünstigt. Und die Götter sagen: Wenn du Geld verdienen und vor dem Such-Algorithmus eine Rolle spielen willst, brauchst du einen Kommentarbereich, oder du hast es schwer. Wir haben hier nämlich zwei Götter, die in krasser Konkurrenz zueinander stehen. Sobald Sie sich auf Facebook befinden, verdient Google weder über Werbeprovisionen, noch kann Google in dieser Zeit Daten von Ihnen abbauen. Deshalb tut Facebook alles dafür, dass Sie so lange wie möglich bleiben und sich zum Beispiel in eine blutige Kommentar-Schlacht stürzen. Verlassen Sie Facebook, bewegen Sie sich in der Regel auf Google-Gebiet. Hier herrscht der Gott Google, der alles dafür tut, dass Sie in seinem Kosmos verweilen und über ihn gebuchte Werbebanner sehen beziehungsweise Daten liegen lassen. Deshalb hält Google über seinen Algorithmus alle Seitenbetreiber an, Kommentarsektionen zu pflegen, beziehungsweise straft sie (wertet ihre Relevanz ab), sollten sie auf eine Kommentarsektion verzichten.

Warum dieser Zusammenhang für die Verbreitung von Hate Speech zentral ist: Wut sorgt für eine ungleich höhere soziale

Dynamik als Sachlichkeit. Oder um einmal mehr Ryan Holiday zu zitieren: *The most powerful predictor of what spreads online is anger.*

Hass ist der Garant Nummer eins für hohe Interaktionsraten und hohe Verweildauern. Das lehrt uns die Psychologie. Hass hat Google und Facebook schon so viele Milliarden beschert, das beide Unternehmen bescheuert wären, allzu forsch gegen Hate Speech vorzugehen. So ist es für Facebook-Nutzer grotesk kompliziert, klare strafbare Äußerungen zur Anzeige zu bringen. Am 4. November 2015 erreichte den Politiker Christopher Lauer eine Facebook-Nachricht mit folgender Drohung:

> *Schnauze lauer, kümmert euch um wichtige Dinge, z.b. das nicht mehr von diesen drecks flüchtlingen kommen, ansonsten seid ihr die ersten die brennen werden …*

Klare Nötigung und damit strafrechtlich relevant. Technisch gesehen hätte Facebook der Polizei Details zum Nutzer-Konto des Absenders herausgeben können. Ebenso hätte Facebook den Behörden dessen IP-Adresse übermitteln können. Zweimal hat ein Beamter des Landeskriminalamts bei Facebook um Übermittlung der Daten ersucht. Dafür hat er ein von Facebook bereitgestelltes Formular, das *Law Enforcement Online Request*, ausgefüllt. Er hat die Paragrafen genannt, nach denen ermittelt wird (130 und 241 StGB), und beim zweiten Mal hat er auch ein Bildschirmfoto der Nötigung mitgeliefert. Danach teilte Facebook mit, der Beamte müsse ein internationales Rechtshilfeersuchen einreichen. Und spätestens hier zeigt sich, wie ernst Facebook den Kampf gegen Hate Speech nimmt.

Auf Druck der Bundesregierung, die im Rahmen der Grenzöffnungen für Flüchtlinge 2015 von einer Hate-Speech-Welle überrollt wurde, gelang Mark Zuckerberg ein perfider PR-Coup. Er speiste Heiko Maas am 14. 09. 2015 mit der Ankündigung einer Counter-Speech-Kampagne ab. Mit beherzter Gegenrede sollten sich anständige User gegen Hass-Kommentatoren stellen. Ein genialer Schachzug: Die Bundesregierung hatte so etwas wie einen Kompromiss und Facebook eine politisch gestützte Kampagne, noch mehr auf Facebook zu diskutieren und höhere Verweildauern zu erzielen. Die Kampagne hätte auch den Titel tragen können: *Please Feed the Trolls.*

Der Verschwörungstheoretiker in mir würde Ihnen gerne belegen, dass Facebook und Google aktiv Hate Speech fördern. Aber das ginge dann doch zu weit. Deswegen formuliere ich es treffender: Beide Unternehmen richten ihr gesamtes Schaffen daran aus, maximal hohe Verweildauern auf ihren Plattformen zu erzielen, um Daten zu sammeln und Werbung an den Mann zu bringen. Der gesellschaftlich tragische Nebeneffekt dieser Geschäftspraxis sind Strukturen, die wie gemacht sind für die Verbreitung von Hate Speech.

Filter Bubble.
Die Echokammer meiner Mutter

Viele Aspekte der in diesem Buch besprochenen Probleme kulminieren in einem Ereignis, das mich überhaupt dazu bewogen hat, dieses Buch zu schreiben. Wie die meisten Menschen meiner Generation habe ich die Facebook-Freundschaftsanfrage meiner Mutter höflich ausgeschlagen, es ihr aber mit den Worten erklärt: Ich pflege auf Facebook nur Büro-Kontakte und Freunde, bei der Familie ist mir der direkte Kontakt viel wichtiger. Das war natürlich gelogen, aber auch im Erwachsenenalter halte ich mein Privatleben gerne von meinen Eltern fern. Es sollte sich herausstellen, dass das ein großer Fehler war. Meine Mutter war zu dem Zeitpunkt eine alleinstehende Frühpensionärin, die sich lange gegen einen Internetanschluss gewehrt hatte. Ich habe ihn ihr trotzdem eingerichtet, weil ich verhindern wollte, dass sie eine von diesen älteren Katzen-Ladys wird, die den ganzen Tag an die Tapete starren und schleichend vor sich hin verblöden. Ich war der Überzeugung, das Internet sei wie gemacht für einsame Senioren, weil es anders als der Fernseher Interaktion mit anderen ermöglicht und eine gesellschaftliche Teilhabe garantiert, von der alte Menschen vor der Erfindung des Internets oft ausgesperrt waren.

Es muss um 2005 gewesen sein, also vor dem Social-Media-Boom, der das Internet so radikal auf links beziehungsweise auf rechts gezogen hat. Nach kurzer Eingewöhnungszeit, in der meine Mutter einmal glaubte, sie habe das Internet gelöscht, weil sie aus Versehen das Internet-Explorer-Icon in den Papierkorb verschoben hatte, bewegte sie sich souverän durch ihr neues Medium. Plötzlich datete sie zwei Herren pro Woche und gab sich in allen Belangen deutlich verjüngt. Ich gratulierte mir selbst. Ende 2015 nahm ich erstmals eine Veränderung bei meiner Mutter war. Wenn es bei gemeinsamen Treffen um Politik ging, verstummte sie oft, was gar nicht ihrer Natur entsprach, aber es kümmerte mich nicht weiter. Das stationäre Internet beherrschte sie wie ein Digital Native, das mobile Internet ignorierte sie jedoch weiterhin, daher rief sie mich stets an, wenn sie unterwegs eine Adresse suchte. So auch im Dezember 2015. Sie bat mich um Hilfe, weil sie die Vinetastraße in Berlin nicht finden konnte und spät dran sei. Als ich fragte, worum es ging, berichtete sie mir: Ich gehe auf eine Demo. Eine Demo? Ich googelte, welche Demo denn in die Vinetastraße einlud. Es war eine PEGIDA-nahe »Friedensdemo«.

Ich war wie vom Donner gerührt, weil ich mir nicht vorstellen konnte, dass eine ehemalige linke Sozialpädagogin aus Norddeutschland plötzlich gegen die Islamisierung des Abendlands auf die Straße geht. Überdies verfügte meine Mutter zu der Zeit über eine körperliche Konstitution, die jeden Spaziergang zur Tortur machte. Entsprechend ausgeprägt musste ihre Überzeugung für die Sache sein. Die PEGIDA-Märsche waren das Top-Thema in den Medien und sollten den neuen Rechtsruck in Deutschland einläuten. Ich selbst ging von einem kurzlebigen Trend aus, und doch beschäftigte mich die Frage: Wie ist die Frau da reingerutscht? Zuerst dachte ich an einen neuen Partner, der sie bequatscht hatte mitzumachen, aber sie war allein dort. In der Folgezeit hatten wir Gespräche, die viele meiner Freunde aus der eigenen Familie kannten. Ich hörte mir infamen Schwachsinn über manipulierende Mainstream-Medien und eine von den USA eingefädelte islamische Invasion an. Schnell merkte ich, dass ein Gespräch nicht möglich war, weil meine Argumente nicht mehr zählten. Das wurde mir bald zu blöd, und wir einigten uns darauf, einfach nicht mehr über Politik zu sprechen. Mir war's recht, weil ich nach wie vor von einer Phase ausging, die meiner Mutter zwei Wochen später nur noch peinlich sein würde.

Es war aber keine Phase. Eines Tages erhielt ich von meiner Mutter eine Mail, in der sie sich über einen Blog-Artikel beschwerte, in dem ich mich über Donald Trump lustig machte. Die US-Wahlen waren nicht mehr lange hin, aber niemand ging auch nur im Traum davon aus, Trump könnte gewinnen. In ihrer Mail nannte meine Mutter Hillary nur »Killary« und prophezeite mir: Das amerikanische Volk wird seinen Präsidenten Donald Trump wählen! Dann ist endlich Schluss mit den Lügen! Dann kehrt endlich Frieden ein! Anbei gab's noch eine Reihe Links zu irgendwelchen »Quellen« – ich war schwer genervt. In einer knappen Mail bat ich sie, mich mit ihren politischen Ansichten zu verschonen, und fügte hinzu: Bevor Donald Trump Präsident wird, holt Boris Becker noch mal Wimbledon.

Kurze Zeit später war Donald Trump Präsident. Bei meiner Frage, wie das passieren konnte, musste ich anerkennen, dass es Trump sogar geschafft hatte, eine Frühpensionärin aus Berlin, die nichts mit US-Politik am Hut hatte, zu einer glühenden Anhängerin zu machen. Und schnell führte mich die Frage nach dem Warum auf die Facebook-Wall meiner Mutter. Zunächst war ich schockiert wie selten zuvor in meinem Leben. Der Schwachsinn, den ich auf der Wall meiner Mutter las, überstieg meine kühnsten Befürchtungen. Aber es war nicht nur die Qualität, es war auch die nackte Zahl: Meine Mutter hatte mehrmals pro Stunde rechte Links geteilt, rechte Links geliket und Donald Trump als Befreier von allem gepriesen. Und nicht nur das: Sie war nebenbei auch noch Putin-Anhängerin geworden und Brexit-Evangelistin. Dann die nächste Groteske: Meine Mutter hatte über 4000 Facebook-Freunde.

Ich verstand die Welt nicht mehr, wusste aber, dass für das Verständnis der neuen Welt viele Antworten im Feed meiner Mutter lagen – diesem bizarren Sumpf voll perfidester Propaganda. Unter seelischen Schmerzen machte ich mich an die Analyse und suchte zunächst den Anfang der Verwandlung. Tatsächlich begann alles um die Zeit, in der ich meiner Mutter darüber Auskunft gab, wo sich ihre erste Demo trifft. Zuerst war da der Anstieg ihrer Facebook-Aktivität. Wo in der Timeline bis August 2015 knapp ein Selfie pro Woche auftauchte, mehrten sich plötzlich Likes für Spinner-Parolen Marke »Wir müssen uns unser Land zurückerobern!«. Nach ein paar Wochen teilte sie selbst ein paar Links von *Russia Today* und sammelte dafür eine erstaunliche Anzahl von Likes im Vergleich zu ihrem »alten« Facebook-Leben. Vorher hatte kein Mensch auch nur irgendwas von ihr mit einem Like bedacht, ich bezweifle ferner, dass meine Mutter sich bis Mitte 2015 überhaupt über die Existenz des Like-Buttons bewusst war. Wenig später teilte sie einen Link mit der Überschrift »Liebe Frau Merkel, danken Sie ab!« und kassierte 41 Likes. Darauf folgten eigene »Gedanken« wie »Merkel riskiert einen Bürgerkrieg« – immerhin 18 Likes. Sie teilte Bilder mit russischen Bildunterschriften. 20 Likes. Meine Mutter spricht kein Russisch. Die Frequenz ihrer Social-Media-Aktionen stieg rasant an, irgendwann bemerkte ich Posts, die so gar nicht nach ihr klangen, Sätze, die sie so nie im Leben formulieren würde. Ich dachte kurz darüber nach, ob sie vielleicht gehackt wurde. Dann kopierte ich einen Satz, der nie und nimmer aus ihrer Feder stammen konnte, und gab ihn in Google ein. Es war ein Satz aus einem Kommentar, den ein Nutzer unter einem Artikel auf *Spiegel Online* verfasst hatte. Vielleicht fuhr meine Mutter eine Multi-Channel-Strategie und verwendete den gleichen Kommentar in mehreren Portalen. Den Nutzernamen des *Spiegel-Online*-Kommentators fand ich dann aber in unterschiedlichen Bodybuilding-Foren wieder. Also ganz sicher nicht meine Mutter. Aber wieso sollte meine Mutter den Kommentar eines Fremden blind aus dem Netz kopieren und dann als eigene Meinung bei Facebook posten? Warum??? Und warum so oft? Im Februar 2016 postete meine Mutter 107 Kommentare zur Lage der Nation auf Facebook, die sie irgendwo anders aus dem Netz kopiert hatte. Dabei klang sie wie eine Mischung aus Nahost-Experte und Kreml-Insider, aber nicht wie die gutmütige Träumerin, die mich großgezogen hatte. Ich musste für Antworten die politische Distanz zwischen uns überwinden und irgendwie wieder Zugang zu meiner Mutter finden, weil mir der Quatsch wirklich Sorgen bereitete. Sorgen über den Zustand unserer Gesellschaft, noch mehr Sorgen über das nackte Seelenheil meiner Mutter. Ich hatte einen Verdacht, den mir aber nur sie selbst bestätigen konnte:

Dieser ganze neurechte Irrsinn hatte nichts mit ihrer politischen Überzeugung zu tun. Es ging einzig und allein um die Kennzahl unter ihren Links und Kommentaren: die Likes. Ihr war jedes Mittel recht, um endlich so etwas wie soziale Anerkennung zu bekommen, die ihr ein Leben lang versagt worden war. Es ging nicht um Politik, es ging um Dopamin.

In der Folge traf ich mich häufiger mit meiner Mutter. Weil ihre Verwandlung meiner Meinung nach nichts mit Politik zu tun hatte, redeten wir auch nicht über Politik. Stattdessen erklärte ich ihr, ich wolle ein Buch über die versteckten Gefahren des Internets schreiben. Dieses Buch lesen Sie gerade. Ich plauderte mit ihr über alles, was Sie in den vorangegangenen Kapiteln gelesen haben. Ich gab mir Mühe, nichts auf ihren konkreten Fall zu beziehen, aber natürlich ging es nur darum. Ich erklärte ihr, wie perfekt Facebook für den Abbau von Nutzerdaten konzipiert ist. Ich erklärte ihr, wie Datenhändler arbeiten und warum sie immer von der gleichen Werbung verfolgt wird. Ich erklärte ihr, wie Filter Bubbles entstehen und warum sie ein so genialer Mechanismus zur Nutzerbindung sind. Ich erklärte ihr aber auch, dass Facebook und Google keine bösen Trickbetrüger sind, sondern dass sie zum Wachstum verdammt sind, wenn sie nicht vom jeweils anderen geschluckt werden wollen. Und ich erzählte ihr vom Suchtpotenzial hinter der Systematik von Likes und Zeilers Tauben (auf die wir noch zu sprechen kommen werden). An dieser Stelle möchte ich Ihnen verraten, dass meine Mutter ihr gesamtes Berufsleben lang als Sozialarbeiterin in der Drogenberatung gearbeitet hat.

Mein Verdacht war der Richtige. Meine Mutter war in einer klassischen Abhängigkeitsschleife gefangen, ohne es zu bemerken. Sie kannte selbstverständlich keinen einzigen ihrer über 4000 Facebook-Freunde, aber es war immer wieder ein gutes Gefühl, wenn die Zahl wuchs. Meine Mutter verriet mir, dass sich ihre Facebook-Nutzung immer nach dem gleichen Muster vollzog: Sie postete einen Link oder einen Kommentar und kehrte danach mehrmals täglich zurück, um zu prüfen, wie viele Likes angefallen waren. Persönliches wurde von ihren neuen Freunden mit Nichtbeachtung gestraft, Protestnoten gegen die Merkel-Regierung mit digitalem Applaus. Über Monate lag ihre exklusive Beschäftigung darin, den eigenen Algorithmus zu perfektionieren, der ihr das Maximum an Likes verschaffte. Sie erkannte das System, nach dem ein Like bei anderen regelmäßig ein Like für die eigenen Beiträge versprach. Einmal kämpfte sie an der Seite eines Social Bots gegen einen Grünen-Anhänger. Wenn ich sage, sie war in diesen Monaten grundsätzlich unpolitisch, dann ist das so nicht ganz richtig. Natürlich nimmt man die politische Haltung der Echokammer an, wenn man sich den ganzen Tag auf der Jagd nach Likes mit rechtskonservativen Nachrichten beschäftigt. Als ich gemeinsam mit meiner Mutter ihren Newsfeed von Ende 2015 bis Mitte 2016 analysierte, verschwanden über die Zeit sukzessive liberale, oder wenigstens nuancierte Nachrichten, dafür wurde der Newsfeed immer rechter und radikaler. Denn der Facebook-Algorithmus registrierte ihr Faible für eine ganz bestimmte Art von Nachrichten, mit der sie häufiger in Interaktion trat, um ihr anschließend mehr davon zu geben. Wie es der gleiche Algorithmus wohl auch bei Anders Breivik tat.

Bemerkenswert war die Rolle von *Sputnik* und *RT Deutsch* in ihrem Newsfeed. Die beiden von Russland finanzierten Medienportale waren mir bekannt, aber ich hatte unterschätzt, wie gut sie arbeiten. Ganz offenbar genossen *Sputnik* und *RT* nicht nur das Vertrauen meiner Mutter, sondern das Tausender deutscher

Facebook-User, die deren Inhalte teilten. Mir fiel als Erstes auf, dass keiner der von meiner Mutter geteilten *Sputnik*- und RT-Beiträge irgendetwas mit Russland direkt zu tun hatte. Man sollte von staatlichen Medien, die im Ausland senden, erwarten, dass man etwas über das betreffende Land erfährt. Auf der anderen Seite werden *Sputnik* und RT nicht vom russischen Tourismusministerium finanziert, und warum sollte meine Mutter eine Nachricht über irgendeine Begebenheit in Nowosibirsk teilen? Stattdessen machen die beiden Sender deutsche Nachrichten für deutsche Bürger, nur eben durch die russische Brille gefilmt. Das ist für mich keine Propaganda, ebenso fand ich im Newsfeed meiner Mutter zwar viele Fake News, aber keine einzige davon wurde von *Sputnik* oder RT verfasst. Das war auch gar nicht nötig. Am Ende waren beide nur kritisch gegenüber Einwanderungsströmen, Merkel, erneuerbaren Energien und Ausländerkriminalität. Ein deutsches Medium hätte mit der gleichen Berichterstattung ähnlich viel Erfolg gehabt. Meine Mutter sieht das auch so. Deutsche Medien haben über das, was sie zu der Zeit kritisieren wollte, nicht kritisch berichtet, also blieben nur wenige Alternativen übrig, von denen die seriösesten in den Augen meiner Mutter noch die russischen Nachrichten-Outlets waren. Eben weil sie nicht im Verdacht standen, Fake News zu verbreiten. In der »Szene«, in der sich meine Mutter befand, gab es viel Kritik gegenüber Fake News, und wer Falschinformationen verbreitete, wurde konsequent zurechtgewiesen. Der ganze Propaganda-Zauber, der RT und *Sputnik* anhaftet, liegt im Ausfüllen eines Vakuums. Zumindest im Bezug auf den Newsfeed meiner Mutter, worauf ich mich in diesem Kapitel konzentrieren möchte. Dabei waren deutsche Medien aus dem rechtskonservativen Spektrum deutlich aggressiver in der Wortwahl und nahmen es mit den Fakten auch nicht immer so genau. Die Kopp-Medien, aber auch *Epoch Times*, *Deutsche Wirtschaftsnachrichten*, *Junge Freiheit* und *PI-News* genossen in der Szene nicht das Vertrauen, dass RT und *Sputnik* durch ihre tendenziöse, aber dennoch faktentreue

Berichterstattung für sich verbuchen konnten. Mit anderen Worten: Die russischen Medien waren noch das seriöseste Angebot im Sumpf der Pseudo-Journalisten (O-Ton Mama). Vor diesem Hintergrund verstehe ich das Vertrauen, das möglicherweise Dresdner Pegidisten dazu brachte, in Putin den Erlöser zu sehen.

Tatsächlich zählte sich meine Mutter zu einer gemäßigten Strömung. So gab es nicht die eine kritische PEGIDA-Rotte, sondern – wenn man so will – Fundis und Realos. Neben Spinnern, Pöblern, Erzkonservativen, Verschwörungstheoretikern, Holocaust-Leugnern, strammen und nicht ganz so strammen Nazis. Apropos Nazis: In der Filterblase meiner Mutter waren Nazis ähnlich verhasst wie in meiner. In der Eigenbetrachtung redete man stets von Asylkritikern, Regierungskritikern und Mainstream-Kritikern. Selbst die Identitäre Bewegung galt unter den Asylkritikern, zu denen sich meine Mutter zählte, als rechtsradikal und damit eher den Fundamentalisten zugehörig. Und so bat meine Mutter einen Nutzer, der ihren Kommentar teilte, den Share zurückzunehmen, als sie merkte, dass dieser zur Identitären Bewegung gehörte. Als er nicht reagierte, löschte sie ihren Kommentar. Es lastete schwer auf meiner Mutter, immer wieder als Nazi abgestempelt zu werden. Der Ton, der unter radikalen Linken gegenüber Andersdenkenden an den Tag gelegt wird, steht seinem Äquivalent vom bierseligen rechten Rand bekanntermaßen in nichts nach. Aber die Nazi-Rufe haben noch einen anderen Effekt: Sie sorgen für eine toxische Trennlinie in beiden Lagern, der man sich auf keinen Fall nähern darf. Um diese Trennlinie herum befindet sich ein ideologisches Minenfeld, das früher mal die Mitte war. Ich kenne die Linie von der linken Seite, meine Mutter kennt sie von der rechten Seite. Wenn ich beispielsweise in einem Blogpost die Angst vor einer Überfremdung Deutschlands thematisiere, ohne mich rhetorisch abzusichern, werde ich in den Kommentaren bestenfalls darauf hingewiesen, in der Regel jedoch verdächtigt, mich mit Rechtskonservativen gemein zu machen. Ebenso musste sich

meine Mutter stets absichern, nicht von ihrer Peergroup versto-
ßen zu werden, und las bei zu viel Solidarität, etwa wenn es um
Flüchtlingskinder ging, man dürfe sich nicht von Kinderaugen
erpressen lassen. Und so widmeten wir uns beide der Stabilität
unserer Filterblase.

Natürlich redeten wir auch über Einsamkeit, und plötzlich
wurde meine Mutter zu einem dieser Teenager, die nachts mit
ihrem Smartphone im Bett liegen, um das Gefühl zu bekommen,
irgendwie dabei zu sein. Meine Mutter hatte kein Smartphone,
also setzte sie sich nach dem Aufstehen an den Computer und
checkte, wie viele Menschen über Nacht ihre Shares und Kommentare geliket hatten. Sie werden jetzt sagen: Warum haben Sie
sich nicht besser um Ihre Mutter gekümmert? Und damit haben
Sie absolut recht. Es gibt keine belastbaren Statistiken über einsame Internetnutzer und ihren Einfluss auf die Demokratie. Wir
dürfen nur davon ausgehen, dass niemand im Internet wirklich
einsam ist, weil wir a) soziale Wesen sind und b) die »Betreiber«
des Internets jeden Tag hart dafür arbeiten, dass wir mit ihren
Services in Interaktion treten. Wenn wir uns an den Anfang des
Kapitels erinnern, habe ich meine Mutter mit besten Intentionen ans World Wide Web angeschlossen, und ich würde diesen
Schritt auch nicht rückgängig machen, hätte sie die größte rechte
Bewegung des Planeten hinter sich geschart. Was wäre die Alternative gewesen?

Was ich meiner Mutter versprochen habe, war das Gefühl der
Teilhabe. Und dieses Versprechen hat das Internet eingelöst. Jeder
Beitrag, jeder Like und jeder Kommentar hat meiner Mutter das
Gefühl gegeben, an einer Veränderung teilzunehmen. Das war
nicht die Veränderung, die ich mir für die Zukunft meiner Kinder wünsche, aber ich hätte ihre Vernetzung auch schlecht an die
Bedingung knüpfen können, meiner Ideologie zu entsprechen. Es
war richtig, meine Mutter an diese Maschine zu schließen. Es war
falsch, sie allein zu lassen.

DAS INTERNET VERÄNDERT ALLES. UND JEDEN

Online-Sucht.
Unser Belohnungssystem wurde gehackt

In den großen Casinos in Las Vegas, Macau oder Sun City werden Sie ab dem Übertreten der Türschwelle vermessen. Kameras ermitteln über Gesichtserkennungsalgorithmen ihr Geschlecht, aber auch ihre Stimmungslage, und es gibt abgesehen von den Toiletten keinen Ort in einem modernen Casino, an dem nicht permanent eine Kamera ihre Mimik verfolgt. Regelmäßige Spieler werden von dem Automaten erkannt, an dem sie spielen, und hier beginnt die Algorithmus-Magie: Stammspieler füttern ihren Automaten bei jedem Spiel mit Daten, die in Korrelation zu den Einsätzen gebracht werden. Das System *Micro SeePower* zeigt Casino-Angestellten auf kleinen, portablen Bildschirmen die prognostizierte Stimmung aller Spieler an. Diese erscheinen als gelbe Smileys mit unterschiedlichen Stellungen der Mundwinkel. Wer als frustriert erkannt wird, bekommt einen Gutschein von der Bar, ein Freigetränk oder Extra-Guthaben – auch diese Handlungen fließen in das Spielerprofil ein. Der Anbieter von Micro SeePower wirbt mit dem überzeugenden Satz: »Sie müssen nicht mehr beobachten, die Maschine beobachtet für Sie.« Alle Daten haben dabei ein Ziel: die Spielerproduktivität zu erhöhen. Diese Kennzahl ist jedem Casino-Betreiber ein Begriff und bedeutet kurz gesagt: den maximalen Gewinn aus dem jeweiligen Spieler zu ziehen, ihn gleichzeitig aber idealerweise ein Leben lang als Kunden zu binden. Das war schon immer der Zynismus in der Spielsucht, aber erst die Digitalisierung bringt diesen Zynismus zu einem faszinierenden Extrem: Digitale *Slot Machines* kann man nicht austricksen wie ihre analogen Vorgänger, die alle nach einem feststehenden Muster funktionierten. Die digitale Slot Machine passt sich der Gewinnwahrscheinlichkeit des Spielers in Echtzeit an und garantiert ihrem Besitzer den maximalen Gewinn pro Spieler. Dabei gibt es ein ganz bestimmtes Verhältnis zwischen Gewinn und Verlust, bei dem der Spieler das Gefühl hat, langfristig zu gewinnen, und die Maschine weiß, dass er langfristig verliert. Die Aufgabe der Maschine ist also die Aufrechterhaltung der Illusion des Spielers, er würde in der Tendenz gewinnen. Dieses Gefühl macht süchtig. Aber nicht nur das.

Die Anthropologin Natasha Dow Schüll beobachtete 15 Jahre lang Spieler in Las Vegas und damit verbunden das Verhältnis zwischen Mensch und Maschine. In ihrem Buch *Addiction By Design* räumt sie mit dem Gerücht auf, Spielsüchtige seien intellektuell beschränkte Glücksritter, die nicht verstehen, dass es gar keine Möglichkeit gibt, im Casino zu gewinnen. Kein Spieler bildet sich ein, die Maschine schlagen zu können. Die befragten Spieler berichteten vom Sog der *Machine Zone*. Sie sei ein Zustand wie eine »Trance« oder ein »Autopilot« – eine transzendente Erfahrung, die den Spieler eins mit der Maschine werden lässt und ihn zum Schweben bringt.

Wie funktioniert die Machine Zone? Der Feedback-Rhythmus der Maschine auf die Eingaben des Spielers ist wie ein Tanz. Der Spieler drückt den Spielknopf, sofort passiert etwas. Er drückt ihn erneut, es passiert wieder etwas, dieses Mal etwas minimal Verändertes. Der Spielautomat findet einen direkten Weg ins Belohnungszentrum. Kein Automaten-Feedback, vom Sound über das Blinken bis hin zur Haptik, ist zufällig, sondern auf Basis unzähliger Daten daraufhin optimiert, unsere Dopamin-Ventile zu finden. Durch die Einfachheit der Bedienung entsteht ein Höchstmaß an gefühlter Kontrolle, die das echte Leben nicht bietet. Wer sich in einem Spielautomaten, aber auch in einem Videogame verliert, hat ein ganz konkretes Ziel und wenige, eindeutige Eingabemöglichkeiten, um dieses Ziel zu erreichen. Er kontrolliert sein Spieler-Leben zu 100 Prozent. Diese Kontrolle führt zu einer Zufriedenheit, die man im echten Leben nur ganz selten und nur mit sehr viel Aufwand erreicht – oder auf dem Weg dorthin scheitert. Was haben Casinos und Machine Zones mit dem Internet zu tun? Wenn Sie mich und nicht nur mich fragen, ist das Internet ein riesiges, jeden Lebensbereich umfassendes Casino, das alle Variablen daraufhin optimiert, dass wir so lange wie möglich bleiben und so viele Daten wie möglich produzieren.

Zum Glück zahlen wir im Internet nicht mit Geld, sondern mit Daten, also kann uns das Internet nicht direkt finanziell ruinieren, aber dann bleibt da noch die zweite Casino-Parallele: Die Sucht qua Architektur oder wie Natasha Dow Schüll sagt: *Addiction by Design.*

Im Januar 2010 präsentierte Steve Jobs das erste iPad in typischer Steve-Jobs-Manier als Revolution:

> *Was dieses Gerät kann, ist außergewöhnlich ... Nie war Internetsurfen so leicht ... Es ist eine unglaubliche Erfahrung, ein Traum, auf dem man tippen kann.*

Ende 2010, also noch im gleichen Jahr, erklärte Jobs dem *New-York-Times*-Journalisten Nick Bilton, seine Kinder hätten noch nie ein iPad in der Hand gehalten. Ohnehin ist die Technologieverdrossenheit in den eigenen vier Wänden gerade im Silicon Valley sehr ausgeprägt, denn im Silicon Valley weiß man, wie das Internet funktioniert. Daher hält man sich dort an das alte Drogendealer-Gesetz: *Never get high on your own supply* – »Schluck niemals deinen eigenen Stoff«. Instagram-Gründer Gregor Hochmuth gehört zu den wenigen Tech-Giganten, die offen vor den Abhängigkeitspotenzialen des Internets warnen. Über seinen eigenen Service reflektiert Hochmuth: Es gibt immer noch einen

Hashtag, auf den man klicken kann, und irgendwann entwickelt der Drang ein Eigenleben wie ein Organismus, und Menschen werden in der Nutzung obsessiv.

Design-Ethiker Tristan Harris wird noch deutlicher: Das Problem ist nicht der Mangel an Willenskraft, das Problem sind die 1000 Leute auf der anderen Seite, deren Job darin besteht, unsere eingebaute Selbstregulierung zu brechen. Oder um beim Spielautomaten zu bleiben: Viele kluge Menschen arbeiten jeden Tag daran, dass wir so lange wie möglich in Interaktion mit ihren Servern treten. Dabei kommt der Branche zugute, dass Online-Sucht zwar endlich ein anerkanntes Krankheitsbild ist, aber in der öffentlichen Wahrnehmung nur Extrem-Gamer betrifft, die drei Tage am Stück zocken und in Tetrapacks urinieren. Dabei ist schon das Smartphone-Checken in Zeiten des Leerlaufs eine Abhängigkeitshandlung im Sinne der Suchttheorie.

Für das bessere Verständnis dieses Kapitels muss ich ins Einmaleins der Suchttheorie einführen und lade Sie ein in den Nucleus accumbens. Dieser kleine Bereich des Gehirns ist verantwortlich für die Regulierung des Belohnungssystems.

Wenn wir einen positiven Reiz (Lob, sexuelle Stimulation, Drogen etc.) wahrnehmen, wird im Gehirn der Botenstoff Dopamin freigesetzt, der sich anschließend auf den Weg zu den Dopaminrezeptoren des Nucleus accumbens begibt. Die Ausschüttung macht den Reiz überhaupt zu einem positiven Reiz. Die dabei freigesetzten körpereigenen Endorphine machen auf ganz natürliche Weise abhängig, deshalb bleiben wir, wie schon gesagt, nach dem Aufwachen nicht einfach liegen, sondern versuchen, auf unmittelbarem, meistens jedoch mittelbarem Wege für den Dopaminausstoß zu sorgen.

Kurz: Dopamin ist der körpereigene Motivator, ohne den wir immer noch in Höhlen wohnen würden. Entdeckt wurden die Funktionsweisen des Belohnungssystems in den Fünfzigerjahren mit einem ganz einfachen Spielautomaten für Laborratten: Die US-Forscher James Olds und Peter Milner brachten in der sogenannten Skinner Box einen Hebel an, der bei Betätigung einen Stromimpuls im Belohnungszentrum der Laborratten auslöste und damit für einen Dopaminausstoß sorgte. Schnell betätigten die Ratten den Knopf alle fünf Sekunden. Einige brachen vor Erschöpfung zusammen, weil sie über den Knopf das Essen und Trinken vergaßen. Die Ratten waren süchtig. Mit normalen Bordmitteln bekommt der Mensch den berühmten Endorphinrausch nur mit Mühe, etwa durch einen erfolgreich absolvierten Marathon oder einen Lotto-Gewinn. Aber es gibt Abkürzungen: Drogen wirken auf unterschiedliche Weise auf unser Belohnungssystem. So vervierzigfacht Kokain den Dopamingehalt im sogenannten synaptischen Spalt, wodurch es zu einer massiven Dauer-Aktivierung des Belohnungszentrums kommt. Man kann für die gleiche Aktivierung auch viel Sex haben oder sich, wie weiter oben beschrieben, in der Machine Zone fallen lassen. Die Vorgänge im Gehirn sind immer die gleichen, nur die Intensität variiert mit der Wahl der Mittel.

Was soll bitte schön falsch daran sein, sich via Abkürzung wohler zu fühlen? Antwort: die Abhängigkeit. Denn der Normalzustand nach der Euphorie ist für das Gehirn sehr schwer zu ertragen. Es fordert das Hoch häufiger und straft, kommen wir der Forderung nicht nach, mit Unruhe, Depressionen und dem permanenten Gedanken an die Droge.

Ab hier verlassen wir das Feld der klassischen Drogen. Denn bei Online-Sucht geht es um die im Deutschen etwas sperrige »Substanzungebundene Abhängigkeit«, die im Englischen viel verständlicher »Behavioral Addiction« genannt wird und sich um Verhaltensmuster dreht. Neben Online-Sucht zählen zu den Feldern der Behavioral Addiction auch die Spielsucht, die Sexsucht und der Kaufzwang. Der Psychologieprofessor Mark Griffiths erkannte schon 1994, als die wenigsten von uns überhaupt ein Modem hatten, die Möglichkeit einer Internetsucht. Die Zeit sollte ihm recht geben, und so präsentierte er 2011 eine überzeugende Vergleichsstudie über unterschiedliche Formen der Abhängigkeit, in der Internetsucht und substanzgebundene Sucht gleichwertig behandelt wurden. In seiner Studie beschrieb Griffith die Symptomatik der Behavioral Addictions wie folgt:

> Der Verlust der Fähigkeit, frei darüber zu entscheiden, ob man die betreffende Beschäftigung fortsetzen oder beenden soll (Kontrollverlust). Behavioral Addiction sorgt für die Erfahrung verhaltensbezogener Reflexe. Die Person kann nicht mehr vorhersagen, wann das Verhalten auftritt, wie lange es andauert, wann es wieder aufhört und welche anderen Verhaltensweisen dadurch beeinflusst werden. In der Folge werden andere Aktivitäten aufgegeben oder nicht mehr als so zufriedenstellend wahrgenommen, wie sie einmal waren. Weitere negative Effekte von verhaltensgebundenen Abhängigkeiten sind ein gestörter Ablauf der normalen Alltags- und Lebensroutinen (Beruf, soziales Leben, Hobbys), Unvereinbarkeit mit sozialen Beziehungen, Kriminalität, Gefährdung des eigenen Wohlergehens bis hin zu physischen Verletzungen, Verschuldung und Trauma-Erfahrungen.

Auf die »ganz normale« Internet-Nutzung übertragen macht diese Definition von verhaltensgebundener Abhängigkeit zumindest nachdenklich. Und wenn Sie sich jetzt die berechtigte Frage stellen »Bin ich vielleicht auch schon online-süchtig, oder zumindest gefährdet?«, empfehle ich den *Internet Addiction Test* vom *Center for Internet Addiction*. Tragen Sie dazu einfach die entsprechende Ziffer in das leere Feld ein:

0 = nicht zutreffend
1 = selten
2 = gelegentlich
3 = regelmäßig
4 = oft
5 = immer

1. ___ Wie oft stellen Sie fest, dass Sie länger als beabsichtigt online waren?
2. ___ Wie oft vernachlässigen Sie häusliche Pflichten, um länger online bleiben zu können?
3. ___ Wie oft ziehen Sie die Spannung im Internet dem Zusammensein mit Ihrem Partner vor?
4. ___ Wie oft finden Sie neue Beziehungspartner unter anderen Internetnutzern?
5. ___ Wie oft beschweren sich Menschen in Ihrer näheren Umgebung darüber, dass Sie zu viel Zeit online verbringen?
6. ___ Wie oft kommt es vor, dass Ihre Schulnoten oder Hausaufgaben leiden, weil Sie zu viel Zeit online verbringen?
7. ___ Wie häufig gehen Sie Ihre E-Mail-Post durch, bevor Sie etwas anderes Notwendiges tun?
8. ___ Wie oft leidet Ihre Arbeitsleistung oder Produktivität unter dem Internet?
9. ___ Wie oft kommt es vor, dass Sie ausweichend antworten, wenn Sie jemand fragt, was Sie online machen?
10. ___ Wie häufig vertreiben Sie belastende Gedanken über Ihr Leben mit tröstlichen Kommentaren aus dem Internet?
11. ___ Wie oft ertappen Sie sich dabei, dass Sie sich aufs Internet freuen?
12. ___ Wie häufig befürchten Sie, dass Ihr Leben ohne Internet langweilig, leer und traurig wäre?
13. ___ Wie oft kommt es vor, dass Sie verärgert oder aggressiv reagieren, wenn jemand Sie stört, während Sie online sind?
14. ___ Wie oft fehlt Ihnen der Schlaf, weil Sie sich spätabends noch einloggen?
15. ___ Wie oft kommt es vor, dass Sie an nichts anderes als das Internet denken können, wenn Sie offline sind?
16. ___ Wie oft ertappen Sie sich dabei zu sagen: »Nur noch ein paar Minuten!«, wenn Sie online sind?

17. ___ Wie oft versuchen Sie, die Zeit, die Sie online verbringen, zu reduzieren, und scheitern dabei?

18. ___ Wie oft versuchen Sie zu vertuschen, wie lange Sie online waren?

19. ___ Wie oft entscheiden Sie sich dafür, Zeit im Internet zu verbringen, anstatt mit anderen auszugehen?

20. ___ Wie oft fühlen Sie sich deprimiert, launisch oder nervös, wenn Sie offline sind – was sich ändert, sobald Sie wieder online gehen?

Alles unter 30 Punkten ist komplett unbedenklich. 31 bis 49 Punkte bedeuten, Sie sind ein durchschnittlich aktiver Internetnutzer, der hin und wieder mal zu lange surft, aber seine Nutzung zu jeder Zeit unter Kontrolle hat. 50 bis 79 Punkte bedeuten: Nicht selten sorgt Ihre Internetnutzung für Beeinträchtigungen ihres sozialen Lebens, überdies haben Sie gelegentlich große Probleme, nicht ans Internet zu denken. 80 bis 100 Punkte: Sie sollten professionelle Hilfe in Erwägung ziehen.

Von allen Experimenten im Rahmen der Suchtforschung – und es gibt Tausende – ist eines für das Verständnis von Online-Sucht für mich am bemerkenswertesten: 1971 erforschte der Psychologe Michael Zeiler das Verhältnis zwischen Belohnung und Motivation. Sein Ziel war die Erforschung des Effekts von Lohnsteigerungen auf die Produktivität von Fabrikarbeitern. Er installierte in seinem Labor einen Knopf, über den Tauben eine bestimmte Menge Taubenfutter erhielten. Routiniert betätigten die Tauben den Knopf, bis sie satt waren. Nach einiger Zeit änderte Zeiler den »Algorithmus« hinter dem Knopf. Das Futter wurde nur noch in 50–70 Prozent der Fälle ausgegeben. In der Folge betätigten die Tauben den Knopf doppelt so häufig. Ihr Gehirn setzte deutlich mehr Dopamin frei, wenn der Gewinn nicht garantiert war. Dieser Effekt erklärt nicht zuletzt die Faszination des Glücksspiels.

Ausgerechnet Facebook machte 37 Jahre später ein ähnliches Feedback-Experiment. Dieses Mal an Millionen von Menschen. Es wurde ein Button getestet, der die Welt für immer verändern sollte: der *Like-Button* bzw. *Gefällt-mir-Button*. Mit dieser neuen Funktion zockten 200 Millionen Nutzer mit jedem Kommentar, Link oder Selfie um *Likes*. Wie bei den Tauben von Michael Zeiler war und ist der Ausgang beziehungsweise die Ausbeute jedes Mal aufs Neue ungewiss. Null Likes kommt einer öffentlichen Schmach gleich, während überdurchschnittlich viele Likes für eine überdurchschnittlich hohe Ausschüttung von Dopamin sorgen. Dieses »Spiel« spielen wir schon lange mehrere Male täglich, und es lohnt sich, den psychologischen Effekt, der einer Massenumerziehung durch Technologie gleichkommt, genauer zu betrachten:

Bei jedem Status-Update auf Facebook erzeugen wir die Erwartung einer Reaktion. Wer sich selbst diese Erwartung abspricht, versteht mit hoher Wahrscheinlichkeit das Konzept Facebook nicht. Wird die Erwartung erfüllt oder sogar übertroffen (es gibt Likes wie verrückt), setzt das Gehirn Dopamin frei. Wie bei Zeilers Tauben ist der Effekt nicht garantiert, daher der Extra-Dopamin-Boost. Doch jeder kennt das Gefühl, wenn die Erwartung enttäuscht wird und keine Reaktion erfolgt. Das ist nicht nur schade, sondern je nach emotionaler Stabilität des Einzelnen auch peinlich. So funktioniert das Spiel. Frust entsteht mit dem Absinken des Dopaminspiegels. Leider gehört es zu den Basisfunktionen des Gehirns, unseren Dopaminspiegel stabil zu halten, daher suchen wir positive Erfahrungen, also Dopamin-Trigger, permanent und unbewusst. Das spielt Facebook in die Tasche. Denn wie aufmerksame Leser dieses Buchs wissen, optimiert Facebook seine Architektur rund um die Uhr mit Tools, die uns motivieren, mehr Daten zu teilen. Der Like-Button war dabei ein historischer Einfall. Bei Zeilers Tauben hat die gleiche Mechanik den Interaktionsgrad verdoppelt.

Darüber hinaus fördert die Existenz des Like-Buttons auch den menschlichen Drang, sich mit anderen zu vergleichen, der übrigens nichts mit Narzissmus oder Egozentrik zu tun hat. Es ist ein natürlicher Reflex, den uns die Evolution in die DNA geschrieben hat, um den sexuellen wie ökonomischen Wettbewerb zu fördern. Nur verkehrt sich jede natürliche Tendenz ins Gegenteil, wenn es in die Extreme geht. So ist Facebook exklusiv verantwortlich für den hysterisch geführten Aufmerksamkeits-Wettkampf, der unsere Gegenwart kennzeichnet, und so potenziert das Unternehmen ein natürliches Wesensmerkmal des Menschen zu einer Ausprägung, die die einen in Abhängigkeit und die anderen in Depressionen treibt.

Abb. 11 Hinter diesem optimistischen Button verbirgt sich vielleicht der Untergang des Abendlands.

Das Prinzip Like-Button zieht sich durch sämtliche Social-Media-Kanäle. Bei YouTube geht es noch ein wenig strenger zu, weil es anders als Facebook auch über einen *Dislike*-Button verfügt. Bei Twitter sind es *Retweets*, bei Google Plus sind es *Plus Ones*. Alle erfolgreichen Social-Media-Services, auch zukünftige, werden sich am Best-Practice-Beispiel des Like-Buttons orientieren oder noch intelligentere Wege in den Nucleus accumbens ihrer Nutzer finden. Ein weiterer Durchbruch auf diesem Gebiet vollzog sich schon ein Jahr vor der Erfindung des Like-Buttons: 2007 präsentierte Apple das erste echte Smartphone und machte damit das Internet erstmals mobil. Es gehört zur Verkaufsstrategie dieses Buchs, kein gutes Haar am Internet zu lassen, deshalb überspringe ich den sensationellen Fortschritt, den mobiles Internet uns ermöglicht hat, und komme direkt zur Gefahr: Mit dem Smartphone können wir uns auch unterwegs das Dopamin besorgen. Die Versuchung verfolgt uns mittlerweile in 100 Prozent unserer Wachzeit.

Bei einem Besuch in London 2016 fiel mir auf, dass Londoner eine noch viel engere Beziehung zu ihrem Smartphone haben als Berliner. Da ich zu dem Zeitpunkt schon an diesem Buch schrieb, beobachtete ich die Londoner genau. So war es allem Anschein nach längst sozial akzeptiert, dass zwei Menschen, die gemeinsam ein Café besuchen, die gesamte Zeit über still auf ihre Smartphones schauen und dabei gleichmäßig ihre Tassen leeren. Und ich rede nicht von Teenagern, sondern von Menschen aller Altersgruppen. Man kennt das vereinzelt auch aus Deutschland, aber glauben Sie mir: Cafés in London sind sehr stille Orte geworden. Ich dachte während meines Aufenthalts immer wieder an das Wort *Machine Zone*. Die Machine Zone ist immer dabei.

Entzug

Das Gefährlichste an Abhängigkeitsproblemen ist das Suchtgedächtnis. Das Gehirn lernt automatisch, bei welchen Reizen das Belohnungszentrum getriggert wird, und merkt sich diese Reize hartnäckig. Aus diesem Grund meiden trockene Alkoholiker Kneipen, weil das Suchtgedächtnis noch lange nach dem letzten Schluck das Umfeld Kneipe mit dem Dopaminausstoß des Rauschs verbindet. Das Suchtgedächtnis bildet sich nur sehr langsam zurück, manche Forscher gehen davon aus, es lasse sich gar nicht komplett löschen. Alle Reize vom Geräusch eines ploppenden Korkens bis hin zum Bild einer Flasche Wodka lösen bei trockenen Alkoholikern den Wunsch zu trinken aus.

Der Alkoholiker hält sich also von diesen Reizen fern. Aber wie soll das bei einer Online-Sucht funktionieren? Es würde bedeuten, das digitalisierte Leben hinter sich zu lassen und sich einem Urvolk anzuschließen. Computer und Smartphones sind überall, für viele Menschen sind es ihre Hauptarbeitsgeräte, viele elementare Alltagshandlungen sind ohne Computer gar nicht mehr möglich.

Die Ironie der Geschichte will es so, dass ausgerechnet der Facebook-Ingenieur, der den Like-Button erfunden hat, mit seinem Social-Media-Entzug an die Öffentlichkeit gegangen ist: Justin Rosenstein erklärte dem *Guardian* im Oktober 2017, er müsse sein Leben mit komplexen Sicherungen versehen, um weiterhin in der Tech-Industrie arbeiten zu können, ohne dabei den Verstand zu verlieren.

Er hat seinen Privat-Laptop so hacken lassen, dass er weder das Zerstreuungs-Medium reddit noch den Social-Media-Service Snapchat aufrufen kann. Rosensteins persönlicher Assistent hat den Auftrag, permanent die Social-Media-Nutzung seines Chefs zu überwachen und einzuschreiten, sollte dieser sich eine App auf sein iPhone laden.

Und auch Leah Pearlman, die den Like-Button als Produktmanagerin bei Facebook bis zu seiner offiziellen Implementierung begleitet hat, würde heute gern die Zeit zurückdrehen. Dem Magazin *The Ringer* erklärte sie, dass auch sie Assistenten für ihre notwendigen Social-Media-Aktivitäten beschäftigt, nachdem ihr Belohnungssystem dazu übergegangen war, das eigene Wohlbefinden nur noch von Likes abhängig zu machen. Als sie 2007 bei Facebook arbeitete, musste Pearlman übrigens hart für den Button kämpfen. Mark Zuckerberg sah anfangs keinen Nutzen darin. Justin Rosenstein und Leah Pearlman waren keine skrupellosen Hirn-Hacker, ebenso wenig machen sie glaubhaft, der Like-Button sei schon damals ein kühl kalkulierter Psychotrick für mehr

Interaktion gewesen. Der Like-Button kam tatsächlich von Herzen und sollte den Nutzern die Möglichkeit geben, anderen ein digitales Schulterklopfen zu schenken. Erst als die Interaktion auf Facebook kurze Zeit nach seiner Implementierung im Februar 2009 explodierte, erkannte auch Mark Zuckerberg, was Facebook da gelungen war. Von da an stand die Büchse der Pandora sperrangelweit offen, und das Zeitalter der Attention Economy begann.

Jetzt wurden Nutzer immer häufiger zu Zeilers Tauben: Der Facebook-Notification-Button zeigt mit einer roten Zahl lediglich an, dass »etwas« passiert ist. Es kann eine Freundschaftsanfrage, eine Nachricht, ein Like, ein Kommentar auf einen Kommentar oder etwas komplett Belangloses sein. Der Ausgang des Klicks auf die rote Zahl ist ungewiss und das Belohnungszentrum in höchster Aktivität.

Auch diese rote Zahl findet sich in der ein oder anderen Form in allen Kanälen zur digitalen Kommunikation: Wir wissen nur, dass eine neue Mail im Posteingang ist, nicht aber, ob sie einen Gewinn oder eine Niete beinhaltet. Ebenso verhält es sich mit SMS, mit Twitter, mit jedem modernen Service. Manchmal kommt die rote Zahl auch als Ton daher: Jede Push-Nachricht triggert unsere Erwartung auf eine interessante Information – garantiert ist sie nicht.

Wir erinnern uns an die Funktionalität von Spielautomaten am Anfang dieses Kapitels: Die Maschine kennt jeden einzelnen Spieler und dessen Spielpräferenzen. Das ist grundsätzlich bei Facebook und Google nicht anders. Allerdings: Das Wissen eines Spielautomaten umfasst nur einen minimalen Bruchteil dessen, was Facebook und Google über ihre Nutzer wissen. Inwiefern dieses Wissen dazu instrumentalisiert wird, eine maßgeschneiderte Abhängigkeit zu erzeugen, bleibt vorerst ihr Betriebsgeheimnis, Studien oder Leaks dazu existieren nicht. Aber sie wären die ersten Unternehmen, die einen Wettbewerbsvorteil aus ethischen Gründen ausschlagen. Denn wie wir wissen, ist die Konkurrenz zwischen Google und Facebook unerbittlich. Man muss sich das vorstellen wie das Space Race zwischen der Sowjetunion und den USA. Zwei Weltmächte ziehen alle Register, um am Ende Gewinner der Geschichte zu sein. Diese Parallele ist für mich Indiz genug, dass beide jederzeit am Limit ihrer Möglichkeiten arbeiten. Wir haben es hier nicht mit Bond-Bösewichten zu tun. Vielmehr heiligt der Zweck die Mittel. Das ökonomische Überleben dieser Giganten erfordert eine immer engere Abhängigkeit der Nutzer von ihren Services. Das ist in Kurzform das große Dilemma unserer Zeit.

Suchtmittel Online-Games

Videospiele waren in der Zeit meines Heranwachsens mein wichtigstes Unterhaltungsmedium. 1989 bekam ich meinen ersten Gameboy und war gefangen. Nintendo schaffte es, mich mit einem Grafik-Spektrum von vier unterschiedlichen Grautönen stundenlang vor dem Bildschirm zu fesseln. Bis zur Playstation 2 (Veröffentlichung in Europa: 2000) war ich ein Hardcore-Gamer und habe auf Turnieren gespielt, da gab es das Wort E-Sports noch gar nicht. Mein letztes Videospiel vor dem kalten Entzug war ein Prügelspiel namens *Tekken Tag Tournament*, das man theoretisch unendlich lange spielen konnte, um seine Fähigkeiten zu verbessern. Dann bin ich in der Schule sitzen geblieben und musste umdenken. Das war 2001, also in einer Zeit, in der Spiele in Sachen Umfang noch überschaubar waren und den Spieler nicht über eine Online-Integration in einem endlosen Loop von Multiplayer-Partien fesselten. Mittlerweile macht die Spiele-Industrie einen jährlichen Umsatz von 100 Milliarden Dollar weltweit, und wenn Sie mich fragen: Die Realität kann nicht im Geringsten mit aktuellen Game-Welten mithalten. Im Ernst: Ein Teenager muss morgens zur Schule, danach kommen die Hausaufgaben, vielleicht ein bisschen Sport, sozial aktive Jugendliche treffen sich vielleicht noch mit anderen zum Abhängen, das war's. Auf aktuellen Konsolen können sich Jugendliche mit nahezu fotorealistischer Grafik durch unterschiedliche Schauplätze des ersten Weltkriegs ballern (*Battlefield 1*) oder sich in die 161 Stunden Spielzeit des Adventures *Persona 5* stürzen. Spiele sind zu gut geworden.

An einem Abend im Sommer 2013 saß ich mit ein paar Freunden beim Bier zusammen, als das Telefon meines Freundes Nils klingelte. Er ging ran, hörte zu, wurde ernst. Er stand auf und verließ die Bar. Ich sah ihn durch das Terrassenfenster nervös auf und ab gehen, irgendetwas stimmte ganz und gar nicht. Als er blass zurück an den Tisch kam, bereitete ich mich auf das Schlimmste vor. Nils nahm seine Jacke und sagte:

Ich muss gehen. Meine Gilde wird angegriffen.

Nils spielte das Massively Multiplayer Online Role-Playing Game *World of Warcraft*. In diesem Spiel steuert der Spieler eine Figur durch eine Fantasiewelt, in der sich auf dem Höhepunkt des Spiels 12 Millionen andere Figuren tummeln, die ebenso von echten Menschen gesteuert werden. Mein Freund hatte sich einer Gruppe anderer Spieler angeschlossen, die eine Gilde bildeten. Die eigene Figur beziehungsweise der Avatar kann sehr kleinteilig individualisiert werden und wächst während der gesamten Spieldauer. Mit sogenannten *Token*, der Währung in der Spielwelt, kauft man sich virtuelle Güter für seinen Avatar: Waffen, Rüstungen, Reittiere und so weiter. Anders als traditionelle Videospiele kaufen Sie *World of Warcraft* nicht einmalig, stattdessen bietet das Studio *Blizzard* ein Abo-Modell an. Ab 12,99 € pro Monat sind Sie dabei.

In *World of Warcraft* ist man also streng genommen nicht mit Einsen und Nullen allein, vielmehr besteht der Reiz darin, sich mit anderen Spielern auf virtuellem Raum zu treffen. *World of Warcraft* ist ein sehr gutes Spiel. Es ist so gut, dass mein Kumpel sein Real Life dafür unterbrechen muss, und auch so gut, dass manche Spieler 19 Stunden am Stück spielen und danach tot zusammenbrechen.

World of Warcraft und vergleichbare Massively Multiplayer Online Role-Playing Games sind so raffiniert gemacht, dass Südkorea aktuell diskutiert, Videospiele und Drogen gleich zu behandeln. Vor der Recherche zu diesem Buch hätte ich mich dennoch entschieden dagegen gewehrt, Videospiele in die Nähe von Suchtmitteln zu rücken. Wenn ein Buch das Label »macht süchtig« trägt, stehen Jugendschützer ja auch nicht Kopf. Vielmehr bedeutet »addicting« nichts anderes als unverschämt gut. Aber auch Kokain ist in Sachen Nutzererfahrung sehr gut. Entscheidend bei der Beurteilung ist die Frage, wie sehr eine süchtig machende Erfahrung das eigene Leben einschränkt. Und gerade Videospiele mit ausgeprägter Online-Integration hinterlassen nicht nur begeisterte Spieler, sondern immer mehr Menschen, die durch den Konsum alles verloren haben. *reSTART* in Seattle ist die erste Therapieeinrichtung der Welt, die sich auf Videospiel-Sucht spezialisiert. Für sein Buch *Irresistible* besuchte der Autor Adam Alter reSTART und lernte dort die Geschichte von Isaac kennen.

Mit vierzehn begann Isaac *World of Warcraft* zu spielen und trat bald seiner ersten Gilde bei. Seine Gilden-Brüder sollten Isaacs beste Freunde werden, während er im Offline-Leben Einzelgänger blieb. Als Gilden-Mitglied in *World of Warcraft* gibt es den entscheidenden Spielanreiz, das Level seiner Gildenbrüder zu halten. Wer weniger spielt als die anderen, wird entsprechend der Schwächste in der virtuellen Gruppe und verliert vor allem im virtuellen Kampf gegen andere Gilden seinen Wert. Dieses Mitwachsen empfand Isaac nicht als Performance-Druck, sondern als Spaß, und so investierte er immer mehr Zeit in das Spiel, als wäre es eine Art Karriere. Seine schulischen Leistungen litten schwer unter der Prioritäten-Verlagerung, außerdem schlief er viel zu wenig. Isaac erkannte das Problem: Dieses Spiel schluckt langsam mein Leben. Er löschte *World of Warcraft*, womit die Geschichte eigentlich ein Ende haben sollte.

Ein paar Jahre später an der Universität installierte er sich das Spiel erneut, um den Uni-Stress für ein paar Stunden beiseitezuschieben. Innerhalb eines Semesters fand er sich am gleichen Punkt, an dem er bereits in seiner Schulzeit gestanden hatte und von dem er dachte, ihn überwunden zu haben. Nur war's dieses Mal noch schlimmer, und er scheiterte krachend in den Prüfungen. Isaacs Mutter überredete ihn, ein Gespräch mit den Gründern des reSTART-Centers zu führen. Nach dem Gespräch entschied er sich zu einem sechswöchigen Programm, in dem er zum ersten Mal Offline-Freunde fand und sich rasch wieder stabilisierte. Isaac entschloss sich aus nachvollziehbaren Gründen dazu, sein Studium wieder aufzunehmen. Sein Therapeut unterstützte die Entscheidung, riet aber dringend davon ab, zurück an die alte Universität zu gehen. Wir haben weiter oben bereits über das Suchtgedächtnis gesprochen. Zurückkehren an den Ort, an dem die Abhängigkeit am stärksten war, füttert das Belohnungszentrum mit Eindrücken, die das Gehirn mit Dopaminausstößen in hoher Taktung assoziiert. Isaac versprach, aufmerksam zu bleiben, ging aber doch zurück an seine alte Universität. Entgegen der Bedenken seines Therapeuten bei reSTART hätte Isaacs Leben von da an nicht besser verlaufen können. Er schrieb erstklassige Noten, verdiente als Mathe-Tutor gutes Geld und fühlte sich alles in allem blendend. Am 21. Februar 2013, drei Monate nachdem er an die Uni zurückgekehrt war, spielte Isaac aus einer beschwingten Laune heraus eine Partie World of Warcraft. Einfach so. Der alten Zeiten wegen. Fünf Wochen lang sollte er seine Wohnung nicht verlassen. Er duschte nicht mehr, Müllberge wuchsen, nach einer 22-Stunden-Session brach er schließlich über dem Computer zusammen. Isaacs anschließender Aufenthalt bei reSTART dauerte 7 Monate.

Zur Abhängigkeit gehören immer zwei, und es gibt nachweislich Menschen, die suchtgefährdeter sind als andere. Ich habe die Geschichte von Isaac gewählt, weil sie einem ganz typischen Abhängigkeitsmuster folgt. Ob Spielautomat, Social-Media-Kanal oder Massively Multiplayer Online Role-Playing Game – alle drei

Bildschirme liefern in Kombination mit ihren Eingabegeräten ein Set an Aktionen, das klar definiert ist. Es gibt jeweils einen eindeutig abgegrenzten Aktionsrahmen, innerhalb dessen wir auf Tasten drücken und uns vom Ergebnis überraschen lassen. Unserem Belohnungszentrum ist dabei egal, ob wir an einem alten Merkur-Automaten stehen, an der Bushaltestelle durch unseren Newsfeed scrollen oder mit unserer Gilde eine historische Schlacht gewinnen. Es schüttet jeweils kleine Mengen Dopamin aus und will schnell mehr.

Rechts sein ist der neue Punk.
Die Rückkehr der Arschlöcher

Zu den für die heutige Zeit prägendsten Kulturkämpfen der westlichen Welt gehört das Aufbegehren der Linken in den Sechzigerjahren gegen den Konservativismus der alten Herren. Im Rahmen dessen wurden viele Schlachten gewonnen, ohne die Frauen heute deutlich weiter entfernt von einer echten Gleichberechtigung wären. Wir würden auch weniger über Minderheitenrechte reden, und wer weiß, wovor uns der Friedensaktivismus der Linken bewahrt hat. Die Botschaft von Toleranz, Respekt und Solidarität war aus gutem Grunde mainstreamtauglich, außerdem hallten die Weltkriege noch lange nach. In der Folge entstanden das vereinte Europa und die liberalen USA der Clinton-Ära. Dazu gehörte auch der Kampf gegen das weiße Patriarchat, der lange Zeit als gewonnen galt. An den Schnittstellen der Macht in Wirtschaft, Medien und Kultur landeten die Patriarchen-Jäger von damals. Gemeinsam prägte man den weltoffenen Multilateralismus der Globalisierungsjahre, in denen die Nationen in den Hintergrund traten und man viel von gemeinsamen Werten redete. Die Wertegemeinschaft wurde zum abstrakten Staat, innerhalb dessen die einzelnen Nationen mindestens drei Faktoren aufweisen mussten, um dazuzugehören:

- 100-prozentiges Bekenntnis zur Demokratie
- 100-prozentiges Bekenntnis zur Würde des Menschen
- 100-prozentiges Bekenntnis zum Rechtsstaat

Auf dem Höhepunkt des Schaffens dieser Wertegemeinschaft gab es den ersten farbigen Präsidenten der USA, im großen Finale sollte seine Nachfolgerin eine Frau werden.

Es gab nur ein Problem: Die weißen, männlichen Arschlöcher, die die Welt am liebsten permanent brennen sehen wollen, waren nie weg. Sie hatten nach dem zweiten Weltkrieg nur geschwiegen, beziehungsweise wurden sie vom Mediensystem in der Prä-Internet-Ära zum Schweigen gebracht. Bis vor Kurzem war sowohl das Medien- als auch das Technologie-Establishment der festen Überzeugung, digitale Vernetzung sei immer nur die Vernetzung der Friedfertigen. Es gab mal eine Zeit, in der war Facebook das Leitmedium und Zuhause für junge, weltoffene Rucksack-Touristen mit Immatrikulationsbescheinigung. Aber Facebook hat richtig erkannt, dass es für alle Teile der Gesellschaft attraktiv sein muss, damit es Werbekunden und Datenhändlern die größte Auswahl anbieten kann. Und so können sich erstmals Menschen vernetzen, die bis vor wenigen Jahren noch glauben mussten, sie seien mit ihrer Meinung allein. Wer Anfang der Neunziger fest von der Minderwertigkeit von Frauen überzeugt war, hatte für diese Einstellung keinen medialen Resonanzkörper. Weder in den Tageszeitungen noch im Radio noch im TV spielte ein kritischer Diskurs über den Netto-Wert der Frau eine Rolle. Chauvinisten und Patriarchen, aber auch pathologische Frauenhasser mussten im Stillen agieren. Der öffentliche Konsens lautete: Frauenfeindlichkeit hat keinen Platz in der Gesellschaft und gehört bestraft. Die Neunziger waren nicht die Blütezeit der Gleichberechtigung, aber offener Sexismus kam in der Regel nie über den Stammtisch hinaus. Ebenso mussten progressive Geister annehmen, sie seien in der Mehrheit. Vor dem Internet mussten wir darauf vertrauen, dass die Programme der vergleichsweise wenigen vorhandenen Medien Rückschlüsse auf den State of Mind der Gesellschaft zuließen. Tatsächlich ließen Medien vor dem Internet immer nur Rückschlüsse auf den State of Mind von Medienentscheidern zu.

Deshalb ist es meine tiefste Überzeugung, dass wir uns als Gesellschaft stets deutlich progressiver gefühlt haben, als wir wirklich waren.

Man kann auch sagen: Die liberale Zivilgesellschaft war eine Lüge, oder besser gesagt eine Fata Morgana, oder noch besser gesagt eine Erfindung der Medien. Wir kannten die Größe des Tumors nie und lernen erst jetzt durch das Internet, wie krank wir wirklich sind. Durch den Rechtsruck, der aktuell durch die ganze Welt geht, erfahren wir langsam die Größe und die Macht der rückwärtsgewandten Kräfte. Noch immer staune ich, wie viele kluge Menschen kopfschüttelnd in den Talkshows sitzen und sich fragen, wie das nur passieren konnte. Es braucht keine scharfsinnigen Dossiers oder Podiumsdiskussionen, die Antwort ist kurz: Die rückwärtsgewandten Kräfte der Welt sind erstmals in der Geschichte der Menschheit vernetzt. Genau dieser Effekt rüttelt gerade überall an den Säulen der Erde. Wir erleben überall die Vernetzung der Arschlöcher. Wenn ich von »Arschlöchern« rede, dann meine ich nicht exklusiv den weißen, heterosexuellen Mann mit niedrigem Bildungsstand. So funktioniert der Islamische Staat nach den gleichen Prinzipien der Vernetzung der Dummen. Und doch ist der Idiot mit europäischen Wurzeln ein besonderes Exemplar, weil alle Arschlöcher ihre Initiative aus dem eigenen Opferstatus herleiten. Der heterosexuelle Mann mit europäischen Wurzeln macht in diesem Zusammenhang die bizarrste Figur, weil er historisch betrachtet die geringsten Opfermerkmale mitbringt. Und doch ist er politisch betrachtet die größte Gefahr.

Political Correctness (PC)

Bevor wir über weiße, wütende und unglaublich gut vernetzte junge Männer reden, will ich einen Blick auf das Debatten-Umfeld der Gegenwart werfen. Das prägende Konzept der letzten zehn Jahre bezüglich der Art und Weise, wie wir miteinander umgehen, ist die *Political Correctness*. Wikipedia weiß:

In der ursprünglichen Bedeutung bezeichnet der englische Begriff politically correct *die Zustimmung zur Idee, dass Ausdrücke und Handlungen vermieden werden sollten, die Gruppen von Menschen kränken oder beleidigen können.*

Und genauso subjektiv bleibt es, wenn man sich näher mit dem Phänomen befasst. Wenn wir die Political Correctness als eine Art verschriftlichten Knigge verstehen, hätte eine Auflage kein halbes Jahr lang Gültigkeit. Nur gibt es diesen Knigge nicht, auch der Staat liefert keine verbindliche Rechtsprechung zur Political Correctness. Stattdessen verhält es sich bei Political Correctness wie mit Höflichkeit oder Tischetikette. Die Gesellschaft einigt sich über gewisse Regeln des Zusammenlebens, die immer Auslegungssache bleiben. Allerdings macht es einen großen Unterschied, ob sich ein Mensch der Unhöflichkeit oder der politischen Unkorrektheit verdächtig macht. Political Correctness ist eine Antwort auf eine jahrhundertelange, systematische Diskriminierung von allen, die nicht zufällig weiß und männlich waren. Die »Moralkeule«, wie sie oft genannt wird, trifft jeden mit dem Gewicht einer historischen Ungerechtigkeit, deshalb werden PC-Debatten viel emotionaler geführt als Debatten über allgemeine Höflichkeit. Und wo Emotionalität herrscht, ist Hysterie nicht weit. Der Dezernent aus dem »Wahrheitsministerium« in George Orwell's 1984 doziert: »Kapierst du denn nicht den eigentlichen Sinn von Neusprech?« Beschweigen und Beschneiden sollen die »Bandbreite der Gedanken einengen«.

Das Ziel: Gedankenverbrechen werden unmöglich, wenn es keine Begriffe mehr gibt, um sie auszudrücken. Bei George Orwell wird Neusprech von einem totalitären Staat verordnet, gegen den man theoretisch gezielt opponieren kann. Der Neusprech, wie wir ihn kennen, ist eher das Diktat einer Elite aus Medien, Wirtschaft und Kultur, die mit den Studentenrevolutionen der 68er sozialisiert wurde. Kurz: Political Correctness ist vor allem ein Baby der Babyboomer, also der Demografie-Gruppe, die in der westlichen Welt die meisten Mitglieder zählt. Man kann auch sagen: Babyboomer bewegen sich in der größten demografischen Filter Bubble der Gegenwart. Außerhalb dieser Blase leben viele Menschen, die die Gleichstellungs- und Bürgerrechtskämpfe der 68er nicht miterlebt haben. Und ich glaube, wer diesen Kampf nie führen musste, kann mit dem Vorhandensein von Political Correctness wenig anfangen. Umso schwerer wiegt es, wenn ein Verstoß gegen eine Norm, die man nicht versteht (oder vielleicht gar nicht verstehen kann), scharf sanktioniert wird. Während dieses Buch entsteht, steigt die Beliebtheit des neuen PC-Begriffs »Mikro-Aggressionen«. Im Sommer 2015 richtete sich die Präsidentin der University of California an ihre Professoren mit einem offenen Brief, in dem sie forderte, in den Vorlesungen Mikro-Aggressionen zu vermeiden. So sei der Satz »Amerika ist das Land der unbegrenzten Möglichkeiten« unzulässig. Diese Floskel sei eine typische Mikro-Aggression, weil sie so tut, als spielten Rasse oder Gender keine Rolle. Ich gebe zu: Als ich das Beispiel zum ersten Mal las, habe ich kurz gebraucht, um den Dreisatz zu lösen.

Was im Sinne der Political Correctness erlaubt und was verboten ist, zieht eine lange Schneise der Verunsicherung nach sich, die dank Facebook und Twitter immer tiefere Gräben reißt. Das Risiko eines Shitstorms, also einer Massen-Empörung gegen Einzelpersonen, wächst für jeden Social-Media-Nutzer seit 2012 rasant. Ausnahmsweise spielt hier eine in diesem Buch seltener erwähnte Plattform eine zentrale Rolle: Twitter.

Während Facebook das Ziel verfolgte, Freunde zusammenzubringen, war Twitter in seinen Anfangsjahren eher ein Marktplatz für öffentliche Personen oder die, die es sein wollen. Ein Tool, mit dem Prominente und Politiker, also Menschen von sozial hohem Rang, kurze Nachrichten an ihre Gefolgschaft verschicken konnten. Wenn man soziale Netzwerke als Spiele betrachtet, war der Schwierigkeitsgrad auf Twitter schon immer extrem hoch. Man kann auch sagen: Auf Facebook sammelte man anfangs Freunde, auf Twitter sammelte man Fans. Obendrein erforderte das 140-Zeichen-Limit die Fähigkeit zur höchsten Pointiertheit und damit auch ein Basismaß an Intelligenz. In der Folge gehörten Tweets anfangs zu den präferierten Zitatquellen für Nachrichtenmagazine. Wer als nichtprominente Privatperson vom Follower zum »Verfolgten« aufsteigen wollte, musste entweder interessant werden oder irgendwie eine Verbindung zwischen sich und einer interessanten Person herstellen. Der Königsweg lautete: öffentliche Kritik an öffentlichen Personen. Lange bevor Shitstorms auf Facebook en vogue wurden, gehörten sie auf Twitter zum guten Ton. Personen des öffentlichen Interesses Rassismus, Sexismus oder Homophobie vorzuwerfen, war der schnellste Weg, in einem Atemzug mit einem prominenten Namen genannt zu werden.

Die Medienöffentlichkeit verliebte sich sofort in das Phänomen. Am 13. Dezember 2012 titelte *bild.de*: »Tennis-Legende Boris Becker – Twitter-Shitstorm, weil er Merkel gelobt hat«. Boris Becker hatte Angela Merkel via Twitter zum Friedensnobelpreis gratuliert, dabei wurde nicht Merkel, sondern der EU der Preis verliehen. Aus Neugier rief ich den besagten Becker-Tweet auf und stellte fest, dass sich bis zum Erscheinen des *bild.de*-Artikels lediglich vier Personen daran gestört hatten. Zum Shitstorm wurde es erst, als die BILD die Sache zum Shitstorm erklärte. Die vier Persönchen, die den Sturm der Entrüstung bis dahin repräsentierten, freuten sich: Sie waren in den Medien.

Shitstorms

2012 gilt als das Jahr, in dem der Shitstorm salonfähig wurde. Das kostenlose Statistik-Tool *Google Trends* zeigt einen deutlichen Anstieg der Häufigkeit des Begriffs um 2012 herum, danach blieb das Niveau stabil.

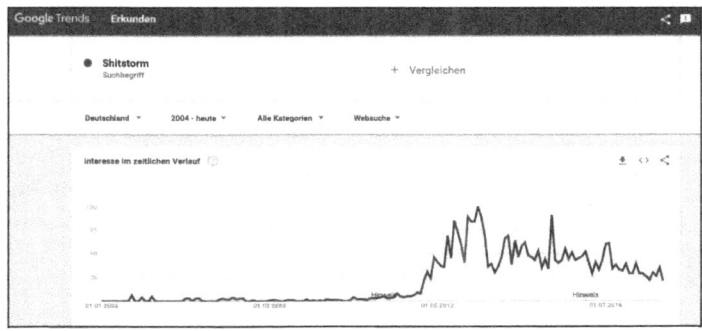

Abb. 12 Seit 2012 das neue Buzzword
deutscher Medienschaffender: Shitstorm.

Shitstorms folgen einer Zweck-Sensibilität, die dem ganz menschlichen Bedürfnis folgt, sich überlegen zu fühlen. Ohne dem Kul-
turkampf der neuen Rechten zuzustimmen, verstehe ich die Auflehnung gegen diese Zweck-Sensibilität. Am 20. Dezember 2013
versorgte die PR-Managerin Justine Sacco ihre 170 Follower mit
einer Art Live-Ticker ihrer Flugreise nach Südafrika. Die Tonalität war humorvoll-gehässig, so kommentierte sie einen anderen
Fluggast mit den Worten:

> *Komischer deutscher Typ: Du sitzt in der 1. Klasse. Wir haben*
> *2013. Besorg dir mal ein Deo. – Innerer Monolog während ich*
> *ihn rieche. Ich danke Gott für die Pharmaindustrie.*

Vor dem Abflug von London nach Cape Town tweetete sie:

> *Ab nach Afrika. Hoffe, ich hol mir kein AIDS. Nur ein Scherz.*
> *Bin ja weiß.*

Humor-Experten sollten diesen Tweet noch lange später entschlüsseln. Als Justine Sacco elf Stunden später in Cape Town

landete und ihr Smartphone aus dem Flugmodus holte, war sie ihren Job los und die meistgehasste Frau des Planeten. Während ihres Flugs entbrannte ein Shitstorm, der über 100 000 Tweets umfasste, darunter natürlich auch Morddrohungen und die Veröffentlichung ihrer privaten Daten. Für einen schlechten Scherz. Oder einen guten Scherz? Hätte sie der Shitstorm auch als für schwarzen Humor bekannte Komikerin getroffen? Vielleicht wäre der Tweet als Kritik an der Pauschal-Verknüpfung Afrika = Aids durchgegangen. Zum Verständnis von Shitstorms muss man die Motivation öffentlicher Empörung verstehen. Es gehört nämlich zu den spektakulärsten Missverständnissen des Internets, dass die Personen, die ein Shitstorm trifft, auch die Adressaten der Empörung sind. Wer Justine Sacco im Dezember 2013 auf Twitter eine rassistische Schlampe nannte, kommunizierte in erster Linie nicht mit Sacco selbst, sondern mit den eigenen Followern. Die Botschaft, um die es in der Kommunikation immer geht, lautete nicht »Liebe Justine, du bist eine rassistische Schlampe«, sondern »Liebe Follower, ich klage Justine Sacco an, damit ihr seht, welche Werte ich verteidige«.

Ich hatte 2014 die Gelegenheit, mit Markus Lanz zu sprechen. Um seine Person entbrannte zu der Zeit ein Shitstorm, der zur Folge hatte, dass eine Petition seine Absetzung forderte. Lanz war überrascht, wie wenige private Zuschriften er in der Sache bekam. Es ging ganz einfach nicht um ihn persönlich, er war nicht Adressat. Wer sich empörte, wollte seiner Peergroup sagen: Ich finde Markus Lanz scheiße, und wenn ihr das genauso seht, was ihr meiner Erwartung nach tut, dann lasst doch einfach einen Like da.

Die Kultur der Zweck-Sensibilität treibt mitunter groteske Blüten: Studenten der Universität Cambridge setzten durch, Shakespeare-Stücke im Lehrplan mit Warnhinweisen zu versehen. Damit soll verhindert werden, dass Studenten in der Vorlesung traumatische Flashbacks erleiden, immerhin geht es im Werk

Shakespeares nicht selten um sexuelle Gewalt. Diese sogenannten *Trigger Warnings* sind in den USA längst üblich. Und umstritten. Es lässt sich vorzüglich darüber streiten, ob es nicht eine Frage des Respekts ist, Studenten mit posttraumatischen Belastungsstörungen vor Vorlesungsinhalten zu warnen. Allein meine Einleitung »groteske Blüten« ist eine Wertung, über die man mir mangelnden Respekt vor PTBS attestieren kann. Nehmen wir an, Sie wollten mich darauf festnageln. Sie könnten mir eine Mail schreiben. Es wäre eine Sache zwischen Ihnen und mir. Ich könnte Ihnen antworten und mich erklären. Doch es steht Ihnen genauso frei, mich öffentlich via Twitter auf meinen mangelnden Respekt hinzuweisen – vor Ihren und meinen Followern. In dem Fall würde ich Ihnen wahrscheinlich unterstellen, einen moralischen Punktsieg mitnehmen zu wollen, inklusive Retweets und einem Schuss Dopamin. Das wäre eine Spekulation meinerseits. In Wirklichkeit leiden Sie unter einer posttraumatischen Belastungsstörung, und meine Formulierung hat bei Ihnen eine alte Wunde aufgerissen. Ich persönlich fände es grob unanständig, würden Sie mich öffentlich maßregeln, einzig und allein, um Ihr Ego hochzuziehen. Es wäre in meinen Augen überdies respektlos den Menschen gegenüber, die an PTBS leiden. Aber den wahren Grund für Ihre öffentliche Kritik werden Sie mit aller Wahrscheinlichkeit mit ins Grab nehmen.

Szenarien wie diese tun sich in Social-Media-Kanälen sekündlich auf. Grundsätzlich gibt es nichts dagegen einzuwenden, Minderheiten schützen zu wollen. Aber wenn es vornehmlich nicht um den Schutz, sondern um das Profil des vermeintlichen Schützers geht, dann entstehen Gräben. Facebook und Twitter werden Sie immer ermutigen, Ihren ehrlichen oder inszenierten Unmut öffentlich zu äußern. Dabei werden tragische Ereignisse immer wieder zu Social-Media-Events, die an digitale Leichenfledderei grenzen.

Am 13. Juni 2016 brach im englischsprachigen Twitter-Universum ein unwürdiges Chaos aus. Anlass waren die sogenannten

Orlando-Shootings: Ein mutmaßlich psychisch kranker Sohn afghanischer Immigranten ermordete in einem unter Homosexuellen bekannten Nachtclub in Orlando 49 Menschen, 90 Prozent der Opfer waren Latinos. Anschließend bekannte sich der IS zu dem Attentat.

Auf Twitter mischten sich unter die öffentliche Anteilnahme schnell unterschiedlichste Interessenvertreter. Zum einen gab es Kritik an der Formulierung »Latinos«, man solle stattdessen die geschlechterneutrale Bezeichnung »Latinx« verwenden. Auch wurde Kritik laut, die Berichterstattung kriminalisiere Menschen mit psychischen Erkrankungen. Andere störten sich an einem Generalverdacht gegenüber Muslimen, wieder andere empfanden, die Anteilnahme sei nicht groß genug, weil überwiegend Latinos gestorben waren. Diese Kritik wurde von denen zurückgewiesen, die zwar ebenso eine mangelnde Anteilnahme beklagten, aber den Grund in der hohen Anzahl homosexueller Opfer sahen. Schließlich kamen Stimmen hinzu, die die Formulierung »Schlimmstes Massaker in der Geschichte der USA« ablehnten. Dies sei eine Respektlosigkeit gegenüber den 300 ermordeten Sioux-Indianern am Wounded Knee im Jahre 1890.

Der Alt-Right-Trick

Im Schatten dieser PC-Kultur haben sich weiße Nationalisten auf eine Art und Weise modernisiert, die meinen höchsten Respekt verdient – es wurde ihnen aber auch ein gigantischer roter Teppich ausgerollt. Und zwar im Internet. Der Ultranationalist und White-Supremacy-Aktivist Richard B. Spencer prägte 2008 den Begriff *Alt-Right*, der zwar rechts im Namen trägt, aber eben auch *alt* für alternativ. Diese so einfache wie geniale Umetikettierung der Rechten war der Anfang einer neuen Zielgruppenausrichtung, denn Spencer verstand: Die alten Ku-Klux-Klan-Hauben sind voller Mief, und Rassismus als einziger Programmpunkt ist für eine richtige Bewegung zu wenig. 2010 gründete Spencer den Blog *Alternative Right*, der nur eines von vielen Online-Magazinen war, die sich kritisch mit der politischen Linken auseinandersetzen.

Ein zentrales Motiv dieser Blogs war die Ablehnung von Political Correctness als Instrument einer linken Gedankenpolizei. In meinen Augen liegt hier der Schlüssel für den Aufstieg der Alt-Right-Bewegung, denn im Punkt Political Correctness bekämpfen hatte man mächtige Brüder im Geiste: Auf Foren wie 4Chan und reddit war Political Correctness schon immer Ziel von Spott, aber nicht aus politischen, sondern aus demografischen Gründen. Dazu erinnern wir uns an die Hauptzielgruppe der Chan-Foren: junge, weiße, technikaffine Männer, welche den größten Teil ihrer Wachzeit vor dem Computer verbringen. Diese Herren kennen Gleichstellungsdebatten nur aus den Erzählungen ihrer Eltern und wurden in eine Welt geboren, die mit rhetorischen Fettnäpfchen gepflastert ist. Wer sich durch Chan-Unterforen klickt, fühlt sich, als reise er durch den Kopf eines fieberkranken Pubertierenden: Pornos, Angst, Drogen, Heldentum, Penisse, Mutproben, Games, Schimpfworte. Die reflektierte Debatte hat hier keinen Platz, weil sie ebenso keinen Platz im Kopf eines 14-Jährigen hat. Und das ist völlig o. k. Es werden Witze über Dicke, Alte, Schwarze, Kranke und überhaupt über alles Andersartige gemacht, wozu natürlich auch Frauen gehören. Das war schon vor dem Internet so und wird hoffentlich auch nach dem Internet noch so sein, denn es gehört zum Erwachsenwerden dazu. Ich würde einen politisch korrekten 14-jährigen Jungen sofort zum Arzt schicken.

Das Problem ist nur: Jeder junge Mann geht einmal in seinem Leben durch eine Phase, in der er große Schnittmengen mit nationalistischen Ideologen hat. Man kann die These auch umdrehen: Nationalistische Ideologen sind der Pubertät nie ganz entkommen. Doch das Internet vernetzt nicht nur Menschen mit guten Absichten, sondern – und darum geht es in diesem Kapitel – auch Menschen, die sich nie hätten treffen dürfen. In seinem Essay »The Aesthetics of the Alt-Right« nennt der Autor M. Ambedkar folgende Merkmale der Alt-Right-Kultur:

- Ein Traditions-Kult, der eine vergangene Zeit verherrlicht (»Make America Great Again«, »Deutschland muss wieder Deutsch werden«)
- Angst vor allem Fremden: Hautfarbe, Geschlecht, Religion etc.
- Ein Kult der Maskulinität, der in der Konsequenz obsessiv geführte Geschlechter-Debatten nährt
- Eine ablehnende Haltung gegenüber der parlamentarischen Demokratie
- Ein tiefer Glaube an den permanenten Kampf gegen alles Mögliche. Aktionismus um des Aktionismus willen
- Ausgeprägte Technologie-Gläubigkeit, nicht im Sinne der naturwissenschaftlichen Aufklärung, sondern für den Beleg einer natürlichen Ungleichheit zum Beispiel zwischen Mann und Frau

Im gleichen Essay präsentiert Ambedkar eine Bildwelt, die aus den Chan-Foren und nirgendwo anders herkommt und auf Plakaten von White-Supremacist-Demonstrationen zum Beispiel in Charlottesville wieder auftauchen.

Die Plakat-Motive auf den Alt-Right-Demonstrationen werden in den Foren entwickelt, diskutiert und verbessert, sodass man von der ersten User-Generated-Propaganda reden kann. 8Chan als der radikalere Ableger des radikalen 4Chan ist regelmäßig Treffpunkt für Brainstormings über Anti-Linken-Memes, also Bildmotive, die in der Szene viral gehen sollen. Hier ein Beispiel: Ein anonymes Mitglied präsentiert ein Flowchart, anhand dessen die widersprüchliche Argumentation des typischen Liberalen aufs Korn genommen werden soll. Anschließend bittet er die Community um Feedback. Das erste lautet:

Das ist überzeugend für jemanden, der dir längst zustimmt, aber es wird nicht an den Abwehrmechanismen der Gehirnge-

waschenen vorbeikommen. Du musst die Botschaft knapper und pointierter formulieren, sodass der Adressat sie schluckt, bevor er aus ideologischen Gründen dichtmacht. Außerdem musst du das Ganze witzig rüberbringen, damit es hängenbleibt.

Das sind konstruktive Anmerkungen, die ich so auch aus dem Alltag in einer Werbeagentur kenne. Die Methode, über Bilderwitze für die eigene Position zu werben, nennt sich »redpilling« und hat seinen Ursprung im Film *Matrix*. In einer Szene werden dem Helden Neo zwei Pillen angeboten. Die blaue Pille schickt ihn zurück in die angenehme Simulation eines täuschend echt wirkenden Marionetten-Lebens, die rote Pille schickt ihn in die harte Realität, in welcher Neo erkennt, dass sein ganzes Leben eine Simulation war. Jeden Tag werden von der 8Chan-Community Hunderte dieser Bilder geteilt. Die erfolgreichsten landen auf den Plakaten bei den Demonstrationen und damit in den Mainstream-Medien, was in den Foren genauso gefeiert wird wie gute virale PR-Maßnahmen in Agenturen. Dieser partizipative Ansatz verschafft der Alt-Right-Bewegung eine 365-Tage-Kampagne, für die sie keinen Pfennig zahlt. Das bislang erfolgreichste Alt-Right-Meme haben Sie garantiert schon mal gesehen: Der grüne Cartoon-Frosch »Pepe the Frog« steht für den ehrbaren Verlierer, den Hillary Clinton indirekt mit erschaffen hatte, als sie Trump-Anhänger als »Deplorables« (die Bedauernswerten) bezeichnete.

Jung und formbar

Der durchschnittliche weiße Mann um die 15 ist nicht besonders politisch, oder besser gesagt: Er hat seine politischen Präferenzen aufgrund seiner Jugend noch nicht ausgebildet.

Menschenfänger aus der Alt-Right-Bewegung finden in den Chan-Foren also die perfekten Rohdiamanten für ihre Ideologie. Die Nutzer sind auf der Suche nach Identität, offen für radikales Gedankengut und politisch noch formbar. Wer glaubt, Trump sei ein Schockmoment der Geschichte, der den Liberalismus langfristig umso stabiler machen wird, vergisst, dass es um den rechten Nachwuchs sehr gut bestellt ist. Zudem müssen in den Foren keine aufwendigen Propaganda-Investitionen getätigt werden. Man liegt in den Weltbildern überhaupt nicht weit auseinander. Welche Gruppe den Schulterschluss zur jeweils anderen gesucht hat, ist schwer zu sagen. Ich gehe eher von einem Magnetismus aus, der Chan-Foren-Nutzer und Alt-Right-Aktivisten immer wieder Seite an Seite auf die gleichen Schlachtfelder zieht. Ein Ereignis aus dem Jahr 2014 stellt dabei das bislang größte gemeinsame Manöver der Achse dar. Ich rate Ihnen, stabil zu sitzen.

Gamergate

Im August 2014 veröffentlichte ein junger Mann namens Eron Gjoni einen Blog, in dem er seiner Ex-Freundin, der Spieleentwicklerin Zoë Quinn, unterstellte, ihn unter anderem mit dem Spielekritiker Nathan Grayson betrogen zu haben. Der beeindruckende »Bericht« umfasste 9435 Wörter sowie Veröffentlichungen privater Mails, Textnachrichten und Chat-Verläufen. Solche öffentlichen Abrechnungen gehören leider zunehmend zur Internet-Folklore, aber die Konsequenzen sind selten so verheerend wie hier: Der Artikel landete in der Gamerszene, weil es in der Abrechnung unter anderem über den Vorwurf einer Affäre zwischen einer Spieleentwicklerin und einem Spielekritiker ging. Wie im Internet üblich, spielte der Wahrheitsgehalt keine Rolle, stattdessen schaukelten sich viele Forum-User gegenseitig in der Überzeugung hoch, die Entwicklerin hätte Sex gegen eine positive Kritik getauscht. Nachweislich hatte der angeklagte Kritiker nie ein Spiel der angeklagten Entwicklerin rezensiert, überdies handelte es sich bei Zoë Quinn um einen der kleinsten Fische in der Gaming-Industrie, die ihr bis dahin letztes Spiel *Depression Quest* über Spenden mit einem Spendenziel von 700 Dollar finanziert hatte. Das hinderte die zunehmend empörten Gamer nicht daran, an Quinns Beispiel einen faulen Pakt zwischen Entwicklern und Game-Journalisten heraufzubeschwören. Zu Tausenden beklagten Gamer den ethischen Niedergang der Gaming-Industrie, in welcher der Endkonsument das Opfer eines von Korruption verseuchten Systems sei.

Diese Hysterie, so lächerlich sie klingt, erreichte einen Punkt, ab dem Lügen, Gerüchte, Voyeurismus, Frust, Frauenhass und vieles mehr so durcheinandergerieten, dass viele Akteure aus der zweiten Empörungswelle gar nicht mehr wussten, wo der Ursprung lag. In der Folge veröffentlichten Hacker private Daten, Nacktbilder, aber auch die Privatadresse von Quinn, und erklärten sie zur Symbolfigur eines Skandals, der jeder Grundlage entbehrte. Die Hassbotschaften, die Quinn daraufhin von unzähligen anonymen Absendern erhielt, waren von einer Grausamkeit und Aggressivität, die sich mit Worten nicht beschreiben lässt. Neben Vergewaltigungs-Fantasien wurden ihr Ort und Uhrzeit ihrer Ermordung mitgeteilt, was sie dazu zwang, ihre Wohnung zu verlassen und an einen anonymen Ort zu ziehen. Wir reden hier nicht von einer Handvoll Verrückter, sondern von massenhaften Drohungen in unaussprechlich brutaler Sprache. Der Fall erreichte den Medien-Mainstream, wo er zum einen für Kopfschütteln sorgte, zum anderen noch mehr Hass anzog. Der Schauspieler Adam Baldwin adelte die »Bewegung« schließlich in einem Tweet mit dem offiziellen Titel *Gamergate*. Die Feministin Anita Sarkeesian, die sich kritisch mit den oft klischeehaften Frauenbildern in Videospielen auseinandersetzte, geriet mit in den Sog, und als auch sie aufgrund massenhafter Morddrohungen an einen anonymen Ort ziehen musste, wurde immer deutlicher: Es geht nicht um Ethik im Game-Journalismus. Es ist eine Gender-Debatte. Videospiele waren schon immer eine Männerdomäne, die Kernzielgruppe der großen Game-Studios war schon immer weiß, jung, heterosexuell und unterdurchschnittlich sozial aktiv. Allerdings sind die Zeiten vorbei, in der Spiele ausschließlich für verpickelte Kellerkinder programmiert werden. Blockbuster-Spiele verfügen regelmäßig über höhere Budgets als Blockbuster-Filme, und längst sind Games Kulturprodukte für die breite Gesellschaft. Diese prominente Stellung führt zu Debatten, die noch vor fünf Jahren nie geführt worden wären. Seit es Videospiele gibt, trugen weibliche Protagonisten wenig Kleidung – wenn Frauen-Figuren überhaupt vorkamen. Ganz selten gab es eine weibliche Hauptrolle, und wenn, wie in den ersten Teilen der berühmten *Tomb-Raider*-Serie, hatten sie gigantische Brüste. Sexismus spielte in der Gameszene lange Zeit keine Rolle, weil es ganz einfach niemanden gab, der sich daran gestört hätte. Im aktuellsten *Tomb-Raider*-Titel sind die Brüste der Hauptfigur Lara Croft auf Normalgröße geschrumpft, und natürlich hängt die Anpassung der Körbchengröße mit der gestiegenen Sichtbarkeit von Videospielen zusammen. Viele Gamer-Archetypen der ersten Stunde haben dafür kein Verständnis, weil die Debatten der Mainstream-Kultur Einzug in ihre männerdominierte Underground-Kultur halten.

Gamergate ist das Symptom eines Kulturkampfs, was im September 2014 den rechten Antifeministen Milo Yiannopoulos auf den Plan rief. Yiannopoulos erkannte das populistische Potenzial der Debatte und schlug sich in einem Artikel für die rechtskonservative Website Breitbart auf die Seite der Gamer. Sein Artikel mit der Headline »Feminist Bullies Tearing the Video Game Industry Apart« führte rechtskonservative Nicht-Gamer und antifeministische Gamergate-Aktivisten zusammen. Wenn man so will, eine Hochzeit im Himmel im Rahmen der Vernetzung der Arschlöcher. Im September 2014 ahnte noch niemand etwas vom Siegeszug der Rechtskonservativen in den USA, der seinen Höhepunkt in der Wahl Donald Trumps zum Präsidenten finden sollte. Ebenso galt Breitbart zu der Zeit als Hauspostille des amerikanischen White-Trash. Niemand hätte sich träumen lassen, dass ihr Chef Stephen Bannon zwei Jahre später der engste Berater dieses undenkbaren Präsidenten werden sollte.

Mit Unterstützung der politisch Ultrarechten wuchs die Gamergate-Bewegung weiter, und wer sie bis dahin immer noch unterschätzte, sollte wenig später eines Besseren belehrt werden.

Der gigantische Mob, dessen Größe nie beziffert werden konnte, setzte mit systematisch orchestrierten Massenbeschwerden die Wirtschaft unter Druck. Das Ziel: Unternehmen sollten ihre Werbebanner von allen Seiten abziehen, die sich kritisch gegenüber Gamergate äußerten. Am 2. Oktober 2014 erklärte der Chiphersteller Intel die Aussetzung seiner Werbekampagne auf dem Online-Magazin *Gamasutra*, nachdem die Journalistin Leigh Alexander die Gamergate-Gemeinde in ihrem Artikel »Gamer's Are Over« gegen sich aufgebracht hatte. Zwei Tage später entschuldigte sich Intel in einem Statement, nahm die Kampagne aber nicht wieder auf. Die Gamergate-Unterstützer feierten ihren Sieg ausführlich, nicht zuletzt, weil ihnen der größte Chiphersteller der Welt den Ritterschlag verliehen hatte. Beseelt von der eigenen Macht, veröffentlichte die Szene Abschusslisten von kritischen Journalisten und rief dazu auf, weitere Nachrichtenseiten auszutrocknen. Und alles begann damit, dass ein weißer, frustrierter Mann eine Frau bestrafen wollte.

Bemerkenswerterweise hatte die Gamergate-Bewegung zu keinem Zeitpunkt einen Kopf oder eine Kampagnenleitung. Es gibt keinen einzigen Klarnamen, der auf der Seite der Bewegung in Erinnerung geblieben ist. Wie im Kapitel »Hate Speech« beschrieben, sorgte die Entpersonalisierung der Protagonisten für ein entfesseltes Maß an Aggressivität; ob sich jemals Beteiligte persönlich getroffen haben, darf bezweifelt werden. Gamergate war ein digitales Schlachtfeld, auf dem Alt-Right-Aktivisten und Chan-Foren-Nutzer gemeinsam gegen einen gemeinsamen Feind kämpften. Gemeinsame Feinde schweißen traditionell zusammen, bemerkenswert ist dabei: Es ging in der Gamergate-Debatte keine Sekunde um die klassischen Kernthemen der Rechten, Überfremdung und Nationalismus. Es ging im Kern um Political Correctness, was ich, auch wenn »Politik« im Namen steht, eher zu den Kulturkämpfen unserer Zeit zähle. So ist es viel zu kurz gedacht, die Alt-Right-Bewegung als exklusive politische Bewegung zu betrachten. Denn so sieht sie sich selbst auch nicht. Milo

Yiannopoulos, einer der größten Stars der Alt-Right-Szene in den USA, bringt es in einem Interview mit dem Magazin *The Nation* auf den Punkt:

Die Alt-Right-Bewegung ist für mich in erster Linie eine kultu-relle Reaktion auf die allgemeine Bevormundung, die Sprach-polizei und den Autoritarismus der progressiven Linken – den Würgegriff, in dem die Linke unsere Kultur hält. Sie ist vor allem – genauso wie Trump und ich es sind – eine Reaktion darauf, dass die Linke sich heute so verhält, wie es die religiöse Rechte in den Neunzigern getan hat: Sie versucht zu bestim-men, was gedacht und gesagt werden darf und auf welche Weise freie Meinungsäußerung stattfinden soll.

Yiannopoulos ist ein Kultur-Aktivist. Konservativismus ist für ihn der neue Punk: radikal, subversiv, provozierend. Und tatsächlich könnten mich meine Kinder nur noch mit Ultrakonservativismus schocken, deshalb unterstreiche ich die Aussage doppelt: Konser-vativismus ist der neue Punk. Die Auflehnung gegen den Main-stream war schon immer ein zentraler Bestandteil aller Jugend-kulturen, daher lohnt es sich, den aktuellen Mainstream genau zu untersuchen. Es ist nicht der Kontrollstaat der alten Herren. Mainstream ist Weltoffenheit, Integration, Minderheitenschutz, Solidarität, Nachhaltigkeit und Political Correctness. Wenn zum Jungsein die Auflehnung gegen das Weltbild der Eltern gehört, dann sind es zwangsläufig diese Werte, an denen man rütteln muss – Nonkonformismus in Reinkultur. Vor diesem Hintergrund ist Donald Trump (mit höchster Wahrscheinlichkeit zufällig) zur Symbolfigur dieses Kulturkampfs geworden, und ich rede hier von Symbolfigur im Sinne von Maskottchen, nicht im Sinne von Vordenker. Denn wie schrieb der in der *Washington Post* zitierte 4Chan-User in der US-Wahlnacht: *We actually elected a meme as president.*

Politische Trolle

Im Kapitel »Hate Speech« habe ich bereits über die Vermischung von politischen Ideologen und unpolitischen Trollen gesprochen, beziehungsweise habe ich mich bemüht, beide Gruppen auseinanderzuhalten, weil die einen Propaganda betreiben, während die anderen ihren Spaß haben wollen. Doch schließt das eine das andere nicht aus. Für ihr Buch *This Is Why We Can't Have Nice Things* hat sich Whitney Phillips über mehrere Jahre undercover in der Troll-Szene bewegt. Auch wenn der klassische Troll kaum Informationen von sich preisgibt, zeichnete sich in der Langzeitbetrachtung ein Bild ab: Der durchschnittliche Troll ist männlich, weiß, jung und technikaffin. Aufmerksame Leser erinnern sich an den typischen Chan-Foren-Nutzer. Aus gutem Grund: Die Hölle des Internets ist natürlich auch die digitale Heimat der Trolle. Im Umkehrschluss bewegen sich Trolle und Alt-Right-Aktivisten in der gleichen Kultur, was die Möglichkeiten der freiwilligen wie unfreiwilligen Kollaboration begünstigt.

Wie schmal der Grat zwischen Prank und Propaganda ist, belegen die in diesem Buch bereits besprochenen Macron-Leaks. Ich fasse kurz zusammen: Zwei Tage vor den französischen Parlamentswahlen 2017 tauchten auf 4Chan Dokumente auf, die Emmanuel Macron der Steuerhinterziehung überführen sollten. WikiLeaks nahm die Dokumente dankend an, warnte aber bereits in einem Tweet, es könnte sich auch um einen 4Chan-Streich handeln.

Während die klassischen Medien sofort Feuer fingen, wurde selbst auf 4Chan gerätselt, warum man jetzt eigentlich den Hashtag #MacronLeaks in die Trends bringen sollte. Weil es ein legendärer Troll-Erfolg wäre oder weil man Rechtskonservative in Frankreich stärken wolle? Diese Diskussionen gab es tatsächlich. Auf 4Chan ist jeder Nutzer anonym, daher ist es gut denkbar, dass politische Ideologen Trolle angestachelt haben, aus Spaß an der Freude in Frankreich für Chaos zu sorgen. Genauso gut können auch klassische Trolle federführend gewesen sein, die sich den

Trump-Erfolg auf die Fahne schreiben und das Gleiche in Frankreich wiederholen wollten. Und natürlich gibt es noch die Möglichkeit von Trollen, die gleichzeitig rechts bis ins Mark sind. Bis heute weiß keiner so richtig, mit welcher Motivation die Macron-Leaks entstanden sind, auf welche Rechnung die Botnets gingen, die den Hashtag #MacronLeaks in die Trends bringen sollten, und wer alles mitgemacht hat. Ich stelle mir vor, wie sie alle vor den Computern saßen und trommelten:

- In einer Trollfabrik in St. Petersburg
- In der Wahlkampfzentrale des Front National
- In einem Troll-Jugendzimmer in Nebraska
- Im Weißen Haus
- In der Springer-Zentrale, weil die Story zu gut ist

Noch mal: Die Chan-Foren sind keine Clique einiger 1000 Kellerkinder. Das junge, weiße, frauenfeindliche, anarchistische Internet ist vergleichbar mit einer internationalen Religionsgemeinschaft von 22 Millionen aktiven Gläubigen allein auf 4Chan. Das dürfte zum Erscheinen dieses Buches eine längst überholte Zahl sein. Zum einen gibt es bereits die noch radikaleren Ableger 8Chan und 16Chan, zum anderen sind Chan-Foren erst seit der US-Wahl 2016 im Fokus der Medien. So explodierte der Traffic von 4chan.org ab Mitte 2015 und wächst seitdem fast exponentiell.

Und genau das könnte der Seite zum Verhängnis werden. Schon jetzt sehnen sich User aus den Anfangsjahren nach Zeiten zurück, in denen die Codes auf 4Chan besser verstanden wurden und nicht jeder Spinner mit dabei sein wollte. Es spricht sich immer weiter herum, dass 4Chan ein ziemlich krasses Forum ist, auf dem es Pornografie, Anarchie und Bilder von Schlangenbissen gibt. 4Chan könnte von der Hölle des Internets zum Jugendzentrum des Internets werden. Gründer Christopher Poole sah in der immer weiter wachsenden Kontroverse um Gamergate keinen anderen Ausweg, als Gamergate-Content zu sperren. Immer mehr

Privatadressen von Frauen aus der Game-Industrie wurden in dem Forum veröffentlicht, für das er die Verantwortung trug.

In der Folge zogen viele enttäuschte 4Chan-Nutzer zum im Grunde identischen 8Chan ab, wo ihnen die Gründer Fredrick Brennan und Jim Watkins das Recht auf uneingeschränkte freie Meinungsäußerung garantieren. Wie zum Beispiel die Veröffentlichung von Privatadressen, Sozialversicherungsnummern und Telefonnummern vermeintlicher Feministinnen.

E-Mail, WhatsApp, Snapchat. Moderne Kommunikation zerstört die Kommunikation

Ich bin ein Social-Media-Opfer, obwohl ich bewusst versuche, mich vor den Gefahren zu schützen. Hier meine Kanäle und warum ich sie nutze:

Telefon: Meine Eltern und meine Frau.

SMS: Meine Frau, meine Freunde.

WhatsApp: Fußballgruppe, Autorengruppe, Junggesellenabschieds- und Geburtstagsgruppen.

E-Mail: Leser-Mails, Privat-Mails, die für Textnachrichten zu umfangreich sind, Arbeitsorganisation, Newsletter, Presse-Anfragen.

Slack: In diesem Tool arbeiten alle meine Autoren Ideen aus, die ich von überall aus feedbacken kann.

Trello: Das Taskmanagement-Tool für meine Firma.

Threema: Die sichere Antwort auf WhatsApp. Hier werden alle Nachrichten verschlüsselt, was einigen meiner Freunde ein Anliegen ist.

Twitter: Wenn mir ein schlauer Satz einfällt, teile ich ihn auf Twitter, in der Hoffnung, darüber mediale Unsterblichkeit zu erlangen.

Facebook-Messages: Freunde, Bekannte, Business-Kontakte.

Facebook-Page-Messages: Neben meinem privaten FB-Konto habe ich noch einen anderen Account für Fans.

Was ich nicht nutze, aber nutzen müsste:

Instagram: Pflicht-Tool für Influencer. Allerdings stehen hier Fotos im Mittelpunkt. Ich mache fast nie Fotos.
Linked-In: Pflicht-Tool für Business-Kontakte. Ich will nicht wissen, wie viel Geld mir schon durch die Lappen gegangen ist, weil ich hier zwar noch einen Account habe, aber mich seit fünf Jahren nicht mehr darum gekümmert habe.

Das sind zehn Nachrichtenkanäle, die jeden Tag mein Smartphone zum Surren bringen – wäre ich ein Profi, stiege die Zahl auf zwölf.

Wenig geht mir in unseren *modern times* mehr auf den, pardon, Sack als die Art unserer Kommunikation untereinander. Alles beginnt mit dem Produktivitätskiller E-Mail, dieser Ausgeburt der Hölle. Als die E-Mail das Papier ablöste, war es eine Erleichterung, das kann niemand bestreiten. Die Zustellung erfolgt binnen Sekunden, es kostet nichts, und alle Mails werden automatisch gespeichert und können per Stichwortsuche gefunden werden. Ehrlich gesagt kann die E-Mail gar nichts dafür, dass ich sie am liebsten aus der Geschichte der Kommunikation radieren möchte. Es ist vielmehr die Art, wie wir sie verwenden. Denn leider neigen wir meistens unfreiwillig dazu, uns mit den Mitteln der modernen Kommunikation psychologisch zu terrorisieren.

Tom McKay vom Nachrichten-Magazin MIC bezeichnet die E-Mail völlig zu Recht als »history's greatest monster«. Es beginnt mit der Bequemlichkeit, eine Mail zu verfassen. Wer seinen Punkt in einer Mail nicht machen kann, schickt noch zwei hinterher – kostet ja nichts. Nur vergessen wir dabei viel zu oft den Empfänger. Eine E-Mail sieht als neue Ziffer im Posteingang immer gleich aus und spielt mit unseren Erwartungen jedes Mal eine Runde Lotto: Wird diese Mail mein Leben verändern? Ist es die Mail meiner großen Liebe? Ist mein Vater gestorben? Habe ich einen Termin mit meinem Chef? Oder ist es schon wieder eine Weiterleitung mit dem Un-Betreff fyi (*for your information*), mit dem sich irgendein Bastard im Büro absichern wollte? Aber zu welchem Preis? Wieso erdreistet sich diese Person, mein Erwartungsroulette anzuschmeißen? Weil sie sich nichts dabei denkt. Fakt ist: Jede Mail verursacht eine kleine Dosis Stress, weil der Empfänger jedes Mal aufs Neue an diesem Roulette teilnimmt. Das Londoner *Future Work Centre* befragte Anfang 2016 2000 Arbeitnehmer in Großbritannien nach den Vor- und Nachteilen von E-Mails.

Das größte Problem sahen die Befragten in der »E-Mail-Pressure«, also dem Zeitraum zwischen der Registrierung einer neuen Mail im Posteingang und dem tatsächlichen Lesen. Dabei steigt der Stress, je länger eine Mail vom Gehirn registriert, aber noch nicht gelesen wurde. Wenn drei Mails, die alle theoretisch unser Leben verändern könnten, im Geiste geparkt sind, weil wir keine Gelegenheit hatten, das Los endlich auszupacken, dann schleppen wir die Erwartung durch den Tag. Während das Versenden von Mails dem Verfasser das gute Gefühl gibt, etwas geschafft zu haben, ist der Adressat stets Opfer und muss reagieren. Wir wären alle gut beraten, bewusster zu mailen, weil es aber ein fast schon beiläufiger, kostenloser Prozess ist, bombardieren wir unser Umfeld mit Nachrichten, um für uns den Haken hinter einer abgeschlossenen Aufgabe zu machen. Dass 38,7 Prozent aller Internetnutzer auf der Toilette ihre Mails »abarbeiten«, ist auch ein Selbstschutz des Gehirns beziehungsweise des Belohnungszentrums, das endlich dieses Dopamin loswerden will.

Die University of Columbia unterteilte 124 Freiwillige in unterschiedliche Gruppen, eine davon wurde angewiesen, ihre Mails eine Woche lang nur dreimal am Tag abzurufen, die Vergleichsgruppe sollte ihre Mails im gleichen Zeitraum so oft wie möglich checken. Zur Verwunderung von Studienleiter Kostadin Kushlev hat es die disziplinierte Gruppe nicht an den Abgrund des menschlich Erträglichen getrieben. Im Gegenteil: Sie berichtete über signifikant weniger Stressgefühle als Personen aus der Gruppe, die ihre Mails permanent überwachte. Wer seine Mails nicht zu einer Einzelaufgabe seiner Multitasking-Kette macht, sondern sie dreimal pro Tag fokussiert und am Stück bearbeitet, spürt weniger Stress im Alltag. Versuchen Sie es. Sie werden nichts verpassen.

Mails geben uns das Gefühl, schnell und direkt Informationen auszutauschen. Was für eine dramatische Fehleinschätzung. Laut einer *McKinsey*-Umfrage liest der durchschnittliche Internet-User pro Woche 13 Stunden lang E-Mails – das entspricht 28 Prozent der Arbeitszeit oder einer ganzen Serienstaffel. Je nach Branche kann es vorkommen, dass ein Arbeitnehmer einen kompletten Arbeitstag lang Mails bearbeitet.

Das Problem wird am deutlichsten, wenn wir zugrunde legen, dass die E-Mail das Telefongespräch ersetzt hat. Die Telefonfunktion ist die mächtigste Messenger-App der Welt, weil wir Informationen in einer Session in Echtzeit austauschen können. Eine E-Mail funktioniert hingegen wie ein rundenbasiertes Strategiespiel:

A schickt eine Mail. Zeit vergeht. B antwortet. Zeit vergeht. A bedankt sich und hat noch eine Frage. Zeit vergeht. B versteht die Frage nicht ganz und fragt nach. Zeit vergeht. A erläutert die Frage ausführlich. Zeit vergeht. B versteht jetzt die Frage und antwortet A. B bekommt eine automatische Antwort: Leider bin ich bis zum 1.10. nicht im Büro. In dringenden Fällen melden Sie sich bei meinem Assistenten.

Dieses Gespräch wäre ein einziges Telefonat von fünf Minuten gewesen, während Mail-Konversationen einer klassischen Salami-Taktik folgen – Scheibe für Scheibe zum Ziel. Das zieht den Austausch zwischen zwei Personen grotesk in die Länge, doch das Folterwerkzeug E-Mail wäre nicht so niederträchtig, wäre es nicht möglich, unzählig viele Menschen in eine einzige

Konversation zu reißen. Das sogenannte CC-Setzen, also eine weitere Person in den Mail-Verlauf einzuladen, sorgt im Berufsalltag regelmäßig für Schneeballeffekte und Copy-Opfer, die zwischen die Fronten geraten, aber nicht aktiv aus dem Verteiler aussteigen können. Ganz zu schweigen vom hinterfotzigen BCC, also der Methode, einen Dritten als unsichtbaren Mitleser einzuladen, von dem der Adressat nichts weiß. Jeden Tag landen Unschuldige auf Mail-Verteilern, die die Nachrichten voller Erwartung öffnen und genervt wieder schließen.

Wir leben in Zeiten, in denen unterschiedliche Aspekte unseres Alltags zu preiswert, zu bequem und zu unmittelbar sind. Das ist eine völlig irrsinnige Aussage, aber ich behaupte: Würde eine E-Mail 20 Cent kosten, die zum Beispiel direkt an eine Hilfsorganisation in Westafrika gingen, hätten wir damit sowohl in der ersten als auch in der dritten Welt sehr viele Probleme gelöst. Denn nicht jeder Gedankenfurz sollte immer sofort eine Mail werden. Mein Blog *schleckysilberstein.com* gilt als Influencer-Medium, das heißt: Menschen freuen sich, wenn ich über ihre Sache berichte, ab und an werden Inhalte sogar viral, nachdem sie auf schleckysilberstein.com zuerst aufgetaucht sind. Um die spektakulärsten Inhalte aus den Bereichen Comedy, Kunst und Webkultur zu finden, durchforste ich jeden Tag unzählige Blogs, aber die ganz frischen Sachen, die noch nie irgendwo zu sehen waren, kommen in der Regel per Mail. An entspannten Tagen kriege ich nur 100 dieser Mails. Bei zweien von 100 Mails würde ich sagen: Ja, ich bin der Richtige für Ihre Anfrage. Die anderen 98 haben nichts, aber auch gar nichts mit dem Themenspektrum von schleckysilberstein.com zu tun. Viele Verfasser machen sich kaum die Mühe, zu verschleiern, dass ich in einem Rundmail-Verteiler gelandet bin, der nach dem Gießkannenprinzip versucht, einen bestimmten Content zu platzieren. 98 von 100 Anfragen wären mir in der alten Welt, in der man sein Anliegen auf Papier verfassen musste, nie unter die Augen gekommen. Man hätte mich nach der alten Etikette nicht damit belästigen wollen.

Ich träume von einem Mailprogramm namens *Onehundred*. Das funktioniert wie alle anderen Mailprogramme, nur kann der Nutzer damit exakt einhundert Mails verfassen, und es gibt danach auch keine Möglichkeit, sich einen neuen Account zuzulegen. *Onehundred* erlaubt nur einen einzigen Adressaten pro Mail, und auch Antworten auf die Ausgangsnachricht schröpfen das Mail-Kontingent. Man wäre gut beraten, nach dem Erstkontakt zu telefonieren. Möglich, dass in Zukunft das Thema der künstlichen Verknappung eine große Rolle bei neuen Online-Diensten spielen wird, um der Inflation von allem entgegenzuwirken. Vielleicht führt Facebook den Titanium-Like ein, den man nur einmal im Leben vergeben oder vererben kann.

SMS, WhatsApp, iMessage und alle anderen Messenger-Dienste sind im Kern unterschiedliche Variationen des Prinzips E-Mail. Alle haben eines gemeinsam: Sender und Empfänger kommunizieren rundenbasiert über Text. Während es ein stilles Agreement gibt, E-Mails auch mal ein paar Stunden, oder Tage, liegen lassen zu dürfen, landet die Textnachricht direkt und in voller Länge auf dem Smartphone-Bildschirm. Hier gilt ein anderes Agreement, zu dem wir uns als Gesellschaft, ohne darüber abgestimmt zu haben, bekennen: Textnachrichten über iMessage, SMS und WhatsApp werden sofort beantwortet, andernfalls signalisiert man dem Sender mangelnden Respekt. Neurowissenschaftlich betrachtet aktiviert jede neue Textnachricht beim Empfang das Belohnungszentrum und lockt mit dem Reiz, die neue Aufgabe abzuhaken und damit einen Mini-Erfolg zu empfinden (Dopamin-Schuss).

Das ist die Wurzel eines Problems, das die Volkswirtschaft jährlich Milliarden kostet (Schätzung) und – viel schlimmer noch – die Gesellschaft ein hohes Maß an Empathie. Die Psychologin Sherry Turkle befasst sich seit den Neunzigern mit den psychologischen Effekten digitaler Kommunikation. In ihrem Buch *Reclaiming Conversation* untersucht sie die Ursachen für das Aussterben der Face-to-Face-Kommunikation und dem Siegeszug der Textnachricht. Nach unzähligen Sprechstunden und Studien für Unternehmen kommt sie zum Schluss: Das Echtzeitgespräch unter vier Augen bedeutet für viele Menschen Druck. Je jünger Turkles Gesprächspartner waren, desto häufiger hörte sie vom Prinzip »I'd rather text than talk«. Wer heute über 50 ist, schüttelt darüber den Kopf, ist aber auch erst sehr spät in den zweifelhaften Genuss versetzter Text-Kommunikation gekommen. Menschen in den 20-ern gaben Turkle gegenüber zu, aus gutem Grund, das klassische Gespräch zu meiden: Im Rahmen einer Textnachricht haben wir alle Zeit der Welt, uns genau zu überlegen, was wir sagen wollen und wie wir es sagen. Niemand fällt uns ins Wort oder fordert uns mit seiner Schlagfertigkeit heraus. Eine Textnachricht erfordert keine Spontanität, und die Konsequenzen unserer Botschaften treffen uns auch nicht einen Atemzug nach der Äußerung. Wenn Sie, wie die meisten Millennials, schon immer via Text kommuniziert haben, muss Ihnen ein Gespräch unter vier Augen wie eine Extremsituation vorkommen. Auf die Frage Turkles, was das Problem mit klassischer Konversation sei, antwortete ein Highschool-Schüler:

Ich sage Ihnen, was mit klassischer Konversation nicht stimmt: Sie findet in Echtzeit statt, und man kann nicht kontrollieren, was man sagt.

Das bringt es auf den Punkt. Babyboomer haben das Gespräch gelernt und sich nie die Frage gestellt, wie es überhaupt funktioniert. Ein weiterer Schüler offenbarte:

Eines Tages in nicht allzu ferner Zukunft will ich auf jeden Fall lernen, wie man Gespräche führt. Aber ganz bestimmt noch nicht jetzt.

Die Flucht vor dem Gespräch ist ein Problem, das eine ganze Generation umtreibt, und die Frage muss erlaubt sein: Ist das

Vier-Augen-Gespräch vielleicht nicht mehr zeitgemäß? Ich selbst bin ein sehr schlechter Small Talker und suche im Zweifel eher den schriftlichen Weg aus den gleichen Gründen, die junge Menschen anführen: Ich habe ungestört Kontrolle über meine Formulierungen und kann sichergehen, mich nicht zu blamieren, weil ich aus einer Nervosität heraus etwas Unüberlegtes sage.

Der Konformitätsdruck und die Selbstverpflichtung, immer das Richtige zu sagen, haben ihren Ursprung auf Social-Media-Kanälen, wo konkurrierende Statements sekündlich um Bestätigung kämpfen. Für einen Menschen, der seine Aufmerksamkeit 100 Mal am Tag Social-Media-Kanälen widmet, wie es eine CNN-Studie 2015 Teenagern attestierte, ist die Realität ein Ort, an dem alle immer das Richtige sagen oder es zumindest versuchen.

Die Dynamik eines echten Gesprächs kann viel Unvorhergesehenes beinhalten. Salonlöwen finden das spannend und anregend, andere fühlen sich damit überfordert. Wie kann Kommunikation, die Menschen unter Stress setzt, gute Kommunikation sein? Weil sie die einzige umfassende Kommunikation ist. Viele essenzielle Merkmale des Informationsaustauschs zwischen Menschen können Textnachrichten gar nicht bedienen: Gestik, Mimik und der Klang der Stimme sind ganz zentrale Bestandteile menschlicher Kommunikation, die übrigens noch einen ganz anderen Zweck erfüllt als die nackte Nachrichtenübermittlung. Menschen sind soziale Wesen und brauchen die Nähe ihrer Artgenossen. Freundschaften und Bindungen werden nicht durch Informationsaustausch gefestigt, sondern durch Empathie. Einer der nachhaltigsten Wege zur Bindung zwischen Menschen führt über den Augenkontakt. Das ist keine Esoterik, sondern eine wissenschaftliche Erkenntnis.

Die Holbrook Middle School ist eine angesehene Privatschule in New York, also kein Ort, an dem es besonders viele vernachlässigte Kinder aus prekären Elternhäusern gibt. Im Gespräch mit Sherry Turkle teilte das Kollegium Beobachtungen, welche die

Psychologin schon in vielen Gesprächen mit Eltern und Lehrern zu Protokoll genommen hatte.

- Die Schüler suchen kaum noch Augenkontakt.
- Sie reagieren nicht auf Körpersprache.
- 12-Jährige verhalten sich auf dem Spielplatz wie 9-Jährige. Sie tun sich extrem schwer damit, sich in die Situation eines anderen Kindes hineinzuversetzen.

Das sind alles Merkmale von Asperger-Autisten, wobei wir es mit Sicherheit nicht mit einer weltweiten Asperger-Epidemie zu tun haben. Vielen Jugendlichen fehlt es ganz offenbar in einem Maß an Empathie, das ältere Generationen besorgt. Man muss keinen Abschluss in Psychologie haben, um einen Anhaltspunkt für diesen Empathie-Abbau in der Medien-Nutzung zu finden. Den Satz »Das tut mir leid« kann ich in zig Variationen aussprechen und ihn in unterschiedlichen Kombinationen über Mimik und Gestik in seiner Botschaft verändern. Aber Sie werden nur wissen, wie ich es wirklich meine, wenn Sie Ihrerseits gelernt haben, meine Körpersprache zu deuten. Wie soll ein 11-Jähriger die Nuancen der Aussage entschlüsseln, wo ein Großteil seiner zwischenmenschlichen Kommunikation über das sehr aseptische Medium Text stattfindet?

Die große Kunst in der Literatur besteht darin, Gefühle über den Text zu transportieren. Nur ganz wenige Genies können so schreiben, dass sich der Leser Gestik, Mimik und Tonfall des Sprechenden vorstellen kann. Ein Teenager beherrscht das nicht. Die vielleicht erschütterndste Studie in diesem Buch führte Dr. Sara Konrath von der University of Michigan durch. Im Rahmen der Langzeitstudie *Changes in Dispositional Empathy in American College Students Over Time: A Meta-Analysis* ermittelte sie, dass die Empathiefähigkeit unter Collegestudenten zwischen 1980 und 2010 um 40 Prozent gesunken ist, besonders extrem zwischen 2000 und 2010. Die Definition von Empathie folgte dabei vier Faktoren:

- Ein Verständnis für das Unglück anderer
- Die Fähigkeit, die Perspektive anderer einzunehmen
- Die Fähigkeit, Motive und Gefühle von fiktionalen Buch- oder Filmcharakteren korrekt einzuschätzen
- Intensität der Emotionen vor der Notlage Dritter

Zur Ermittlung wurden Studenten gebeten, Aussagen zuzustimmen wie zum Beispiel:

»Ich spüre oft tiefes Mitleid für Menschen, denen es schlechter geht als mir«, oder: »Ich versuche meine Freunde oft dadurch zu verstehen, dass ich versuche, mich in ihre Lage zu versetzen.« Die Ursachen blieben für Dr. Konrath unklar, und doch wagte sie die Vermutung, Social-Media-Nutzung und ein gestiegenes Maß an Kompetitivität unter Jugendlichen spiele eine große Rolle. Ich bin da mutiger: Social-Media spielt definitiv eine große Rolle beim Absturz unserer Empathiefähigkeit.

Facebook strahlte 2013 einen TV-Spot aus, der im Lichte dieser Erkenntnis nicht ganz unzynisch wirkt: Ein Mädchen sitzt mit seiner Familie am Tisch, als eine schrullige Tante anfängt, über eines ihrer Alltagsprobleme zu plaudern. Das Mädchen zieht sein Smartphone aus der Tasche, woraufhin die Stimme der Tante langsam verstummt. Im Raum erscheinen die Freunde des Mädchens beim Schlagzeugspielen und Balletttanzen, während es selbst lächelnd durch seinen Facebook-Feed scrollt.

Über fast allen Aspekten in diesem Buch schwebt das Gewinn-Interesse von Facebook, Google und Snapchat. Jeden Tag arbeiten kluge Menschen daran, uns immer mehr Anreize zur Interaktion zu liefern und damit den Abbau von Nutzerdaten zu verfeinern. 2015 führte Facebook ein neues Feature ein, das von vielen Nutzern zu Recht als terroristisch eingestuft wurde: Der *Read Receipt* innerhalb der Messenger-Funktion registrierte für Sender und Empfänger sichtbar, wann der Empfänger die Nachricht gelesen hatte. Zum besseren Verständnis: Der Facebook-Messenger registrierte schon immer, wann eine Nachricht zugestellt worden war, mit Read Receipt wurde zusätzlich protokolliert, wann der Empfänger die zugestellte Nachricht geöffnet hatte. Zuvor war es möglich, eine neue Nachricht zu lesen und sie zu geeignetem Zeitpunkt zu beantworten. Wenn Sie so wollen, das alte E-Mail-Prinzip. Mit Read Receipt galt jedoch das Textnachricht-Prinzip, es spielte plötzlich eine Rolle, wie lange Nachrichten unbeantwortet blieben. Durch eine einzige Entscheidung hob Facebook das Stresslevel der Weltbevölkerung um mehrere Prozentpunkte an (Schätzung). Das Grausame dabei: Anders als etwa Twitter oder WhatsApp, bietet Facebook keine Option an, Read Receipt zu deaktivieren.

In meinen Augen ist das purer Technik-Terrorismus, der als Feature verkauft wird, in Wirklichkeit aber zu noch mehr Interaktion nötigt. Und ja, ich will wissen, wann jemand meine Nachricht gelesen hat beziehungsweise wie lange diese Person es anscheinend für unnötig hält, mir zu antworten. In dringenden Fällen verzichte ich auf die obligatorische Mail und verschicke stattdessen eine Facebook-Nachricht in dem vollen Bewusstsein, dadurch eine Idee mehr Antwort-Druck auszuüben. Aber auf keinen Fall will ich selbst jede Nachricht sofort bearbeiten müssen. Ich habe meine Zeit nicht gestohlen. Nirgendwo sind der Psychoterror des Absenders und der Stress des Empfängers intensiver als in den Facebook-Nachrichten. Ich würde viel dafür geben, zu erfahren, um wie viel Prozent der Interaktionsgrad auf Facebook gestiegen ist, seit uns der Read Receipt jeden Tag die Pistole auf die Brust drückt.

Der stumme Kollege

Mittlerweile ist die Generation, die die Textkommunikation dem Gespräch vorzieht, im Berufsleben angekommen, wobei genau diese Kommunikationspräferenz die Ankunft erheblich beeinträchtigt. In der alten Arbeitswelt zählte nicht nur fachliche Kompetenz, ebenso galt und gilt soziale Kompetenz als Karriere-

Garant. Das hat einen ganz einfachen Grund: Im Geschäftsleben geht's ums Verkaufen. Dieses uralte Prinzip konnte auch das Internet nicht verändern. Und wir kaufen am liebsten etwas von Menschen, denen wir vertrauen. Hier erleben wir aktuell einen Clash of Cultures, der sich durch fast alle Branchen zieht: Die Babyboomer auf der Führungsebene werden aus den Berufseinsteigern nicht mehr schlau.

In einem Interview, das binnen 24 Stunden einmal um den Erdball ging, berichtete der Unternehmensberater Simon Sinek von Managern aus allen Bereichen, die ihn um Rat im Umgang mit Millennials baten. Oder besser gesagt: die Sinek ihr Leid klagten. Der Wirtschaft wurden top ausgebildete, selbstbewusste Multitasking-Maschinen versprochen, die alle Herausforderungen der digitalen Transformation für ihre neuen Arbeitgeber mit links bewältigen und sie mit Schwung in die Zukunft katapultieren würden. Doch was von den Universitäten geliefert wurde, waren verunsicherte junge Menschen, die sich mit Kopfhörern an ihre Computer ketteten und via Mail auf sich aufmerksam machten. Die Neuen starteten in Meetings auf ihre Handys und verweigerten sich jeder Form des Socialising.

Ben Waber vom MIT *Media Lab* befasst sich in seiner Forschung mit den Effekten sozialer Interaktion am Arbeitsplatz. Unter anderem entwickelte er ein Gerät namens »Sociometric Badge«, das in Unternehmen die sozialen Dynamiken messen soll. Neben Positionsdaten der Mitarbeiter zeichnet es alle 16 Millisekunden eine Vielzahl unterschiedlicher Personendaten auf. So auch: den Klang der Stimme, Augenkontakte unter Mitarbeitern im Gespräch, wie viel gestikuliert, wie oft gesprochen, zugehört und unterbrochen wird. Dieser Albtraum für jeden Gewerkschafter bewies, was wir schon immer ahnten: Die sozial aktivsten Mitarbeiter sind in der Regel auch die produktivsten Mitarbeiter. Entgegen der weit verbreiteten Annahme, zu viel Gequatsche am Arbeitsplatz schade der Produktivität, lagen in den Tests mit dem

Sociometric Badge Teams mit einer hohen Anzahl introvertierter Mitarbeiter in den Arbeitsergebnissen hinten.

Während ich diese Zeilen schreibe, feiere ich mein 10. Autorenjahr in der Kreativbranche und kenne das exponentielle Wachstum von Ideen, wenn Gehirne in Reihe geschaltet werden. Im Zentrum steht dabei die gegenseitige Inspiration, die zumindest in meiner Arbeit immer nach dem gleichen Muster funktioniert: Einer hat eine schlechte Idee, den Nächsten bringt es auf eine bessere Idee, die den Dritten am Tisch auf eine gute Idee bringt.

Abb. 13   Es wäre aber auch zu schön gewesen.

Die große Lebenslüge Multitasking

Nachdem die erste Generation Digital Natives im Arbeitsleben in Sachen Sozialkompetenz enttäuschte, steckte die Wirtschaft alle Hoffnungen in ihre Superkraft: Multitasking. Wer mehr oder weniger von Kindesbeinen an gelernt hat, sich auf drei sozialen Netzwerken gleichzeitig zu präsentieren, und trotzdem ein erstklassiges Studium absolviert, muss eine ganz spezielle Form der Konzentrationsfähigkeit mitbringen. Dachte man. Leider – und das gilt für alle Altersgruppen – ist Multitasking der größte Produktivitätskiller unserer Zeit. Der MIT-Neurowissenschaftler Earl Miller, einer der wichtigsten Experten in der Aufmerksamkeitsforschung, erteilt Multitasking eine klare Absage: Der Versuch, mehrere Dinge auf einmal zu fokussieren, ist neurowissenschaftlich gesehen de facto ein Hin- und Herspringen von einer Aufgabe zur nächsten.

Das Gehirn suggeriert uns dabei, viel zu schaffen, während jede Teilaufgabe im Rahmen des Multitasking jeweils schlechter erfüllt wird, als hätte man sich ihr exklusiv gewidmet. Zu allem Überfluss fördert der Versuch des Multitasking laut Miller auch noch die Produktion der Stresshormone Cortisol und Adrenalin. Und das ist immer noch nicht alles: Multitasking hat seinen Ursprung nicht in der bewussten Fokussierung auf mehrere Aufgaben, sondern in der automatischen, also unfreiwilligen Suche des Gehirns nach Stimuli. Dieser Reflex gehört nicht zu unserer Basiskonfiguration, das Gehirn muss ihn zuvor irgendwo gelernt haben. Zum Beispiel durch einen permanenten Aufmerksamkeitsshift von Facebook zu Twitter zu iMessage zu Instagram zum Maileingang und wieder zurück zu Facebook, über einen längeren Lern-Zeitraum hinweg.

Diese automatische Suche nach Stimuli ist ein klassischer Suchtreflex in unserem Belohnungszentrum, das uns mit der Zeit immer unbewusster durch alle Kanäle fliegen lässt, in der Hoffnung, irgendwo etwas Relevantes zu finden und so einen Schuss Dopamin zu genießen. Das heißt: Mit dem Begriff des

Multitasking versuchen wir, uns eine Entzugserscheinung als Produktivitätsturbo zu verkaufen. Die übermenschliche Konzentrationsleistung ist in Wirklichkeit ein Effekt im präfrontalen Cortex namens »Novelty Bias«, der das Gehirn stets nach der nächsten neuen Stimulanz jagen lässt. Die ständige Verlagerung unserer Aufmerksamkeit sorgt für die Freisetzung körpereigener Opiode (von *opion*: dem Opium ähnlich), deshalb macht es so viel Spaß! Die Möglichkeit zum Multitasking beeinflusst direkt die kognitive Performance. Und zwar negativ: Glenn Wilson vom Londoner Gresham College fand heraus, dass sich in einer Situation, in der wir uns konzentrieren wollen, unser IQ um 10 Punkte senken kann, sobald wir die Ankunft einer neuen E-Mail registrieren.

Wilson bewies ferner: Die negativen kognitiven Effekte des Multitasking entsprechen den negativen kognitiven Effekten des Kiffens.

Gloria Mark ist Professorin für das spannende Fach »Digital Distraction« an der University of California. In ihrer Studie *The Cost of Interrupted Work* ermittelte sie, dass wir ganze 23 Minuten und 15 Sekunden brauchen, um nach einer Unterbrechung wieder in die ursprüngliche Konzentrationsphase zurückzufinden. Unterbrechung bedeutet nicht ein plötzlich brennender Papierkorb, sondern das Summen des Smartphones beim Eingang einer neuen Textnachricht oder der Ping-Ton beim Empfang einer neuen Mail.

Für die Studie schickte Mark Beobachter in Unternehmen mit klassischen Schreibtischjobs, mit dem Auftrag, drei Tage lang jeweils einen Mitarbeiter zu analysieren. Auf die Sekunde genau sollten einzelne in sich geschlossene Arbeitsschritte protokolliert werden. Das Ergebnis: Der durchschnittliche Büroarbeiter beginnt alle drei Minuten und fünf Sekunden eine neue Aufgabe. 50 Prozent der Unterbrechungen gingen dabei auf externe Impulse wie Textnachrichten und Mails zurück, die anderen 50

Prozent waren freiwillige Selbst-Unterbrechungen: Facebook checken, Nachricht schreiben, Ebay. Rechnerisch haben wir laut Gloria Mark erst dann eine Chance, einmal am Tag in eine tiefe Konzentrationsphase zu kommen, wenn wir wenigstens zehneinhalb Minuten der gleichen Aufgabe widmen. Im Umkehrschluss haben viele Teenager nie in ihrem Leben gefühlt, was es bedeutet, wirklich in diesem Tunnel zu sein, der unsere höchste Produktivität verspricht.

Liebesbotschaften

Ich kann dieses Kapitel auf keinen Fall beenden, ohne den Lebensbereich zu behandeln, in dem Kommunikation die größte Rolle spielt: Am Anfang einer Liebe steht immer Kommunikation, zumindest in Kulturkreisen, die auf die freie Ehe schwören. Es ist wissenschaftlich belegt, dass Männer und Frauen unterschiedlich kommunizieren: Männer suchen nach Lösungen, Frauen wollen reden. Oder wie Katrin Oppermann und Erika Weber in ihrem Buch *Frauensprache – Männersprache* zuspitzen: Männer und Frauen leben in verschiedenen Sprachwelten.

Es gibt genügend Literatur, die sich ausführlich damit befasst, ich möchte bemerken, dass die ohnehin problematische Face-to-Face-Kommunikation zwischen Männern und Frauen durch Textkommunikation, also den Verzicht auf Ton und Körpersprache, nur im emotionalen Desaster enden kann. Wer versucht, über Textnachrichten das andere Geschlecht anzulocken, baut sich eine turmhohe Wand aus unterschiedlichen Kommunikationsbarrieren auf: Die pragmatische Knappheit einer Textnachricht lässt kaum Spielraum für Gefühle, während die Abwesenheit von Körpersprache keinen Rückschluss darauf zulässt, ob gerade geflirtet wird.

Das Problem, das die Technologie geschaffen hat, wird allerdings auch von der Technologie gelöst. Unzählige Online-Dating-Angebote überbrücken den schwierigsten Aspekt der Partnersuche: Personen, die sich über eine Online-Plattform kennenlernen, unterliegen schon mal der gleichen Prämisse. Beide suchen einen Partner, sonst hätten sie sich nicht auf der Plattform registriert. In der analogen Welt sind die Menschen in der Regel nicht als partnersuchend gekennzeichnet, man muss es irgendwie spüren, und dann kann immer noch ein Missverständnis vorliegen. Ich beneide aufrichtig alle Singles, die heute wahre Marktplätze nach dem passenden Partner durchstöbern können. Marktplatz Nummer eins: die Dating-App *Tinder*.

Bei Tinder beginnt jede Kontaktaufnahme mit einem Foto. Der Nutzer/die Nutzerin sieht in zufälliger Reihenfolge Fotos von anderen Nutzern und hat exakt zwei Möglichkeiten. Spricht einen die Person auf Basis ihres Fotos nicht an, wird sie nach links weggewischt, ist man interessiert, wischt man das Foto nach rechts weg. Wischen zwei Personen sich unabhängig voneinander gegenseitig nach rechts weg, ergibt sich ein *Match*, und die beiden haben die Möglichkeit, miteinander zu chatten. Daraus kann sich ein Treffen ergeben, oder eben nicht, sollte sich die Person im Chat als uninteressant erweisen. Diese radikale Einfachheit hat Tinder berühmt gemacht.

In der viel zitierten alten Welt waren Kontaktanzeigen nur etwas für Menschen, die anders keinen Partner fanden. Im Umkehrschluss vermutete man hinter jeder Kontaktanzeige Sozialversager, die nicht ohne Grund annoncierten. Heute ist der Weg über Tinder bei den meisten Menschen unter 35 der erste Schritt zum neuen Partner, wobei die Partnerschaft auch nur eine Nacht dauern kann. Doch das Überangebot hat nicht nur Vorteile: In ihrem Artikel »We Are the Generation That Doesn't Want Relationships« beschreibt Krysti Wilkinson das Dilemma ihrer Generation mit folgenden Sätzen:

Wir wollen das schöne Versprechen ohne die Verbindlichkeit, die Jahrestage feiern, ohne 365 Tage lang darauf hinzuarbeiten. (…) Wenn es ernst zu werden droht, fliehen wir. Wir verstecken uns. Wir hauen ab. Schließlich haben andere Mütter auch schöne Söhne. Oder Töchter. Es gibt immer noch eine andere Möglichkeit, die Liebe zu finden. Nur können wir sie selten halten ...

Wilkinson spürt, dass irgendetwas mit den unendlichen Möglichkeiten unserer Zeit nicht stimmt. Das Meinungsforschungsinstitut Gallup ermittelte 2016, dass der Single-Anteil der Personen zwischen 18 und 29 Jahren von 52 Prozent im Jahr 2004 auf 64 Prozent im Jahr 2014 stieg, während die Anzahl der Ehen unter Mittdreißigern innerhalb dieser Dekade um 10 Prozentpunkte sank.

Im März 2016 befragte die Journalistin Sarah Scully 200 Studenten zwischen 18 und 22 nach ihrer eigenen Einschätzung zum Stand der Beziehungsfähigkeit ihrer Generation. 95 Prozent gaben an, es sei für sie extrem schwierig, eine feste Beziehung einzugehen. Und sie erkannten auch selbst den Grund dafür: Im Zweifel wird das Gespräch gescheut und der Umweg über eine Textnachricht gesucht.

Millennials und Generation Z.
Versuchskaninchen der Geschichte

Es gehört für mich zu den anspruchsvollsten intellektuellen Herausforderungen, mir vorzustellen, wie sich Menschen, die mit dem Internet aufgewachsen sind, die Zeit vor dem Internet vorstellen. Ich war dabei, ich war in der Pubertät, als die ersten Modems auf den Markt kamen und Internetnutzung noch nach Minuten abgerechnet wurde. Und doch ist es mir nachträglich ein riesiges Rätsel, wie alles ohne das Internet funktionieren konnte. Aber im Gegenteil: Wir waren zufrieden. Wir fühlten uns mit den ersten Mobiltelefonen in der Tasche am Limit der Moderne. Das Handy war unsere Revolution. Wir konnten uns jederzeit SMS schicken, was als Messenger völlig ausreichend war, wenn auch sehr kostspielig. Überhaupt war alles unfassbar kostspielig, gerade für einen Teenager, der mit seinem Taschengeld penibelst haushalten muss. Mein monatlich ausgezahltes Taschengeld reichte gerade für ein einziges Album auf CD. Die Recherche nach dem Album, das es wirklich wert war, einen Monat lang pleite zu sein, war ein aufreibender Job. Es gab keine Previews oder Hörproben online, stattdessen nahm ich mir einen halben Tag Zeit, um im Elektronikmarkt CDs über Testkopfhörer Probe zu hören. Viel zu spät kam ich auf die Idee, vorher eine Leerkassette in das Kassettenfach zu schmuggeln, um gleichzeitig die Aufnahmefunktion der Musikanlage zu aktivieren. Und das alles für ein einziges Album, das zwei, vielleicht drei gute Hits hatte; der Rest waren Lückenfüller, um auf Albumlänge zu kommen. Schließlich musste der Album-Verkaufspreis gerechtfertigt sein. Weil man aber einen Batzen Geld für das Album ausgab, wurde jeder Song gehört – man hatte ja auch für jeden Song bezahlt. Und dann passierte manchmal etwas Magisches: Ein Song, der anfangs eher »geht so« war, wurde mit dem hundertsten Play immer besser. Auf einmal erschlossen sich dem Zuhörer feine harmonische Facetten und Gänsehautstellen, die vorher nicht da gewesen waren. Man tauchte tiefer in den Song, das Album, das Gesamtwerk ein. Über die Zeit bildete sich ein Band zwischen dem Künstler und den Fans, die seinen heimlichen Lieblingssong spüren konnten. Es gab zu der Zeit oft Berichte von Musikern, die zu Tränen gerührt waren, wenn sie einen nicht so bequem konsumierbaren Song spielten, der wider Erwarten von der ganzen Halle mitgesungen wurde.

Wie gesagt: Es war schön, aber auch schön teuer. Weil es so ein atemberaubender Vergleich ist: Mitte der Neunziger zahlte man umgerechnet ca. 15 € für ein Musikalbum, heute zahlt man mit dem Dienst *Spotify* 9,99 € im Monat für fast alle Musikalben der Welt. Hätte mir das Ende der Neunziger jemand gesagt, wäre ich vor Vorfreude im Dreieck gesprungen. Wobei: Ich hätte die Person als kompletten Spinner abgetan. Sie hätte mir zuvor das Internet und seine Bandbreiten im Jahre 2017 begreiflich machen müssen, dass es Flatrates gibt und dass ich mir Musikvideos auf dem Handy ansehen kann. Unvorstellbar. Aber spiegeln wir die Situation: Für einen heutigen Teenager ist es nicht vorstellbar, dass wir in Bibliotheken gegangen sind, um Bücher zu finden, die unsere Fragen beantworteten. In den meisten Fällen haben wir die Fragen ganz einfach wieder verworfen. Und trotzdem waren wir nicht uninformierte Bauern, die sich ständig verliefen und sozial isoliert waren. Es gab Verabredungen mit Ort und Zeitpunkt, was erstaunlich gut funktionierte. Ich erinnere mich an eine Art gleichmäßigen Lebensrhythmus, der eine verantwortungsvolle Planung erforderte, die im Wesentlichen aber auch von allen Zeitgenossen eingehalten wurde. Diese Planung, liebe Kinder, hat uns vor dem

Chaos und dem Zusammenbruch der Demokratie bewahrt. Und doch kann ich es keinem nach 1995 geborenen Menschen verdenken, wenn er ein archaisches Bild der »alten« Gesellschaft pflegt. Ich bin unfassbar dankbar für das Timing meiner Geburt. Meine Generation der Anfang der Achtziger Geborenen bezeichne ich gerne als Scharnier-Generation, die sich sowohl an die analoge Zeit erinnern kann, aber auch schnell in der digitalisierten Welt Fuß gefasst hat. Das impliziert, dass wir wissen, wovon wir reden. Immerhin werden die Fäden im Silicon Valley in der Regel von 30- bis 40-Jährigen gezogen. Man kann auch sagen: Wir haben die aktuelle Architektur des Internets geplant und gebaut. Das Aufwachsen in der analogen Welt garantiert uns die Demut vor der Geschwindigkeit, mit der sich die digitalisierte Welt verändert. Und mit ihr die Menschen, die damit erwachsen werden müssen.

Das vorhin schon angesprochene Interview mit dem Autor und Unternehmensberater Simon Sinek fand im Rahmen der Interview-Serie *Inside Quest* statt und trug den Titel: »Millennials in the Workplace«. Als Millennials bezeichnet man die Generation der zwischen 1984 und 2000 Geborenen, wobei es wie so oft unterschiedliche Definitionen gibt, was ihren Geburtszeitraum betrifft. Millennials sind deshalb so besonders, weil sie die erste Social-Media-Generation darstellen – weniger schmeichelhaft auch »Generation Selfie« genannt. Sinek berichtete in dem Interview von einem Phänomen, das sich durch die gesamte Wirtschaft zieht: Millennials haben ein Motivationsproblem. Diese Beobachtung zahlt ein auf das Klischee des narzisstischen Selfie-Junkies, der jeden Tag die Welt verändern will, dem aber der Weg dorthin zu anstrengend ist. Wer mit diesem Generationen-Klischee angefangen hat, weiß keiner, dass es den Millennials hartnäckig anhaftet, ist nicht von der Hand zu weisen. Das liegt nicht an diesem Klischee selbst, sondern an den neuen Bedürfnissen einer Generation, die von ihrer Vorgänger-Generation als rundherum verzogen verspottet wird. Speziell im Berufsalltag. Sinek untergliedert das Problem in vier Komponenten: Erziehung, Technologie, Ungeduld und Umfeld.

Millennials sind nach Sinek oft Opfer von verfehlten Erziehungsstrategien: Mit dem Trend sinkender Geburtenraten müssen die Kinder, die überhaupt noch geboren werden, um jeden Preis gelingen. So hörten Millennials ihre gesamte Kindheit über, sie seien etwas Besonderes und sie könnten alles im Leben erreichen, einfach, weil sie es wollten. Dieser implizite Performance-Druck sorgt in Schulen dafür, dass Lehrer für schlechte Leistungen ihrer Schüler verantwortlich gemacht werden. Sie überlegen sich daher zweimal, ob sie nicht mit einer Note 3 sicherer fahren als mit der leistungsgerechten 5. Gleichzeitig erdachte man ein System von unterschiedlichen Bewertungskategorien und diversen Trophäen, sodass auch ein objektiv schlechter Schüler dem Anspruch standhält, etwas ganz Besonderes zu sein.

Man kann davon halten, was man will, aber zu viele Bestnoten entwerten die Bestnoten. Oft wurde und wird dabei vergessen, worum es in der Schule geht: die bestmögliche Vorbereitung auf das Leben im Allgemeinen und das Berufsleben im Speziellen. Viele Millennials müssen im ersten Job plötzlich feststellen, dass sie doch nichts Besonderes sind. Außerdem können ihre Eltern ihnen im Job keine Vorteile mehr rausboxen. Und das ist o.k. Niemand erwartet von Berufsanfängern Außergewöhnliches. Früher sagte man: Lehrjahre sind keine Herrenjahre. In den meisten Unternehmen in der freien Wirtschaft geht es um die Maximierung des Gewinns. Die Aufgabe des Managements besteht darin, alle Ressourcen so einzusetzen, dass die Kosten möglichst gering sind und der Umsatz möglichst hoch. Das ist harter Kapitalismus, der in der Natur der Sache liegt und den man im Sinne der guten Vorbereitung aufs Leben auch in Schulen simulieren sollte. Denn sonst entsteht das, was viele Personalmanager in den Gesprächen mit Sinek beklagten: frustrierte Millennials, die zu ungeduldig sind, um ihre Talente wachsen zu lassen. Immer wieder geht es dabei um den »Impact«. Millennials sind der Überzeugung, von Anfang an einen Impact

haben zu müssen, zu Deutsch: für das Unternehmen ausschlagge-
bende Erfolge zu erzielen. Das ist eine Einstellung, nach der sich
jeder Personaler grundsätzlich die Finger leckt. In der Geschäftspraxis bedeutet das aber immer häufiger, dass Millennials viel zu
früh kündigen, weil sie der eigenen Einschätzung nach nicht den
Impact liefern, der von ihnen erwartet wird – den das Unternehmen
nach dem ersten halben Jahr aber auch gar nicht in die Zielverein-
barungen schreibt.

Verstärkt wird dieser Anspruch an sich selbst durch Social-Media: Facebook zeichnet ein perverses Bild der Realität, in der jeder
Mensch nur Erfolge vorweist, extrem gut aussieht und dazu noch
unglaublich klug ist – wenn er nicht gerade Urlaub an Traumzielen
macht. Dabei wird völlig vergessen, dass es überhaupt keinen Grund
gibt, Sorgen, Ängste oder einfach Alltägliches über Facebook zu
teilen. Facebook ist ein hundertprozentiges Marketing-Tool, das sowohl Unternehmen als auch Einzelpersonen die Möglichkeit gibt,
ihre Stärken zu präsentieren. Sonst nichts. Facebook filtert die negativen und weniger relevanten Aspekte des Lebens, die mehr als 80
Prozent unseres Alltags ausmachen. Oder anders gesagt: Facebook
zeigt uns nur Impact-Momente. Zitat Simon Sinek:

> Es ist, als ob sie mit ihrem diffusen Konzept dieses Impacts am
> Fuß eines Berges stehen. Der Impact ist der Gipfel, aber was
> viele Millennials nicht sehen, ist der Berg.

Der Weg auf den Gipfel erfordert Zeit. Zeit fordert Geduld. Der
Alltag von Millennials erfordert immer weniger Geduld. Stattdessen können wir heute fast jedes Bedürfnis augenblicklich befrie-
digen: Fast alle medialen Inhalte können wenige Sekunden nach
der Entstehung des Bedürfnisses abgerufen werden. Wer ein Produkt haben möchte, bekommt es oft schon am nächsten Tag nach
Hause geliefert, Dates können mit wenigen *Swipes* binnen Minuten eingetütet werden. In den Neunzigern waren Monate nötig,
manchmal Jahre.

Und dann ist da noch das größte und wichtigste Bedürfnis von allen: sexuelle Befriedigung. Unzählige Pornoseiten laden jederzeit zur Gratis-Befriedigung dieses Bedürfnisses ein. Selbstbefriedigung steht natürlich immer noch im Schatten von echtem Sex mit echtem Partner, aber das Internet wäre nicht das Internet, wenn es nicht auch unseren intimsten Lebensbereich zerstören könnte. Seit einigen Jahren gibt es die sogenannte »No-Fap-Bewegung«. Hier organisieren sich pornosüchtige junge Männer online, um sich auszutauschen und sich gegenseitig den Rücken zu stärken, weniger zu onanieren. Die Bewegung hatte ihren Ursprung in den USA und wurde schnell zum globalen Phänomen. Betroffene beklagen eine eingeschränkte Lebensqualität, weil der Aufenthaltsort Computer mit einem Klick zu einer Porno-Seite führen kann. Ebenso wird von Beziehungsproblemen berichtet, bei denen die Sexualität komplett zum Erliegen gekommen ist, weil sich Betroffene nur noch von einem Porno erregen lassen. In den Foren suchen die jungen Männer nach zuverlässigen Tools, mit denen sich Porno-Seiten blockieren lassen, weil der eigene Wille nicht stark genug ist, während man stolz in der Signatur die Tage präsentiert, in denen nicht onaniert wurde.

Im größten No-Fap-Forum, einer Unterseite von reddit, wird immer wieder das Kernproblem thematisiert: Alles ist überall gratis und nur einen Klick entfernt. Ob Porno oder jedes andere Unterhaltungsangebot: Längst wird das Phänomen der *Instant Gratification*, also der unmittelbaren Bedürfnisbefriedigung, als Problem erkannt. Und immer wieder landen wir bei ungeduldig wartenden Dopaminrezeptoren.

Für das Arbeitsleben bedeutet die allgegenwärtige Instant Gratification die Notwendigkeit einer ganz neuen Anpassungsleistung. Schlimmstenfalls frisst die Ungeduld der Millennials gewaltige Potenziale und hinterlässt desillusionierte Menschen, die im Beruf keine Erfüllung finden können, weil sie A keinen Impact leisten und B der Aufstieg zu lange dauert.

Die letzte große Karriere-Blockade der Millennials sieht Sinek in ihren Smartphones: Zum einen bedeuten Smartphones Instant Gratification to go, viel entscheidender sei aber der Einfluss von Smartphones auf Beziehungen. Gerade im Berufsalltag steht und fällt der Erfolg mit der Fähigkeit, Beziehungen aufzubauen und Beziehungen zu pflegen. Es ist keine überraschende Beobachtung, dass die Anwesenheit von Smartphones jede Unterhaltung gefährdet. Wir haben gesehen, welchen Wert Small Talk unter Kollegen hat. Der Wert einer Fahrstuhl-Unterhaltung über das Wetter ist inhaltlich gleich null, sozial jedoch entscheidend. Es geht nicht um Information, sondern um die Tatsache der Interaktion. Beim Small Talk entstehen persönliche Bindungen über die Mimik, die Stimme, ein Lachen, oder ein Wort des Trosts. Dieses Bonding ist elementar für den Gruppenerfolg und den eigenen Erfolg in der Gruppe. Es fühlt sich nicht immer so an, doch wir stammen tatsächlich von Rudeltieren ab. In einer Studie zum evolutionären Wert des Small Talks fanden Forscher der Princeton University heraus, dass viele Primaten mit stimmlichen Äußerungen ohne Sinn das Gruppen-Bonding stärken. Der Psychologieprofessor Asif Ghazanfar beobachtete mit seinem Team über längere Zeit Lemuren und kommt zu dem Schluss: *Sprechen ist ein soziales Schmiermittel. Es dient nicht zwangsläufig dem Übermitteln von Informationen, sondern stellt Vetrautheit her.*

Wer in Arbeitspausen, etwa beim Warten auf den Beginn des Meetings, auf sein Smartphone schaut, beraubt sich der Möglichkeit des Bondings. Selbst ein kurzes »Und sonst so?« mit der Antwort »Och, muss ja!« stärkt evolutionär gesehen den Zusammenhalt.

Generation Z

Wir haben bislang nur über Millennials gesprochen. Was auch daran liegt, dass deren Nachfolger, die Generation Z, noch sehr lückenhaft erforscht ist. Es gibt Klassifizierungen, nach denen ihre Mitglieder zwischen 1995 und 2010 geboren sind, andere sehen die Zeitspanne zwischen 2000 und 2015. Auch »Generation YouTube« genannt, prägt die Generation Z eine Extrovertiertheit, die sie anders als ihre Vorgänger von Kindesbeinen an mitbekommen hat. Sie wurde in eine Welt geboren, in der es völlig normal ist, dass Privatpersonen ohne herausragende Talente über YouTube ein riesiges Publikum ansprechen. So geben Dreiviertel aller Jugendlichen als Berufswunsch Vlogger beziehungsweise YouTuber an. Das klingt wie ein naiver Kinderwunsch, aber der Online-Video-Markt gibt diesen Teenagern recht. Auf der ganzen Welt verdienen Teenager mehr Geld als ihre Eltern, die nicht selten die Angestellten ihrer eigenen Kinder werden. Der deutsche YouTuber »iCrimax« ist nur einer von vielen, die ihre Eltern regelmäßig in ihren Videos auftreten lassen.

Die ehemalige Lehrerin Chloe Combi hat sich als eine der wenigen bereits intensiv mit der Lebensrealität heutiger Teenager befasst und ihre Erkenntnisse im Buch *Generation Z* festgehalten. Während die Millennials in ihrer Mediennutzung noch vergleichsweise unerfahren agierten und mit Facebook einen Hauptkanal wählten, der qua Design wenig für Privatsphäre übrighat, präsentierten sich die Teenager der Generation Z Combi gegenüber als reflektierte Medienprofis: Facebook ist in ihren Augen das Medium ihrer Eltern, das mit dem Versprechen der Archivierung von allem eher abschreckt. Mit Snapchat hat die Generation ein neues Zuhause gefunden, weil dort zum einen keine Eltern abhängen, zum anderen kann man mit Snapchat Inhalte versenden, die sich, wurden sie einmal vom Adressaten gesehen, von selbst löschen. Galt bis vor Snapchat noch die Regel »Das Internet vergisst nie«, verfügt die Generation jetzt über einen Kommunikationskanal, der viel spannender für die Bedürfnisse eines Teenagers ist.

Aber Combi beobachtete noch mehr: Teenager erstellen für sich Marketingpläne, die der Arbeit professioneller PR-Agenturen in nichts nachstehen. Hierzu müssen wir wissen, dass vor allem 12- bis 16-Jährige den Traumberuf des Vloggers vor Augen haben. Wer diesen Traum leben will, muss ganz früh professionell auftreten. Es gibt verschiedene Artikel, deren Autoren sich mit der Frage beschäftigen, warum Alkohol und Drogen für heutige Teenager erstmals fast gar keine Rolle mehr spielen. Diese auf den ersten Blick positiv klingende Tendenz erklärt Combi mit der Angst, die eigene Marke zu beschädigen. In ihren Befragungen hörte Combi immer wieder von der Furcht vor der Bloßstellung. Die Kameras sind überall. Wer einmal betrunken oder unpässlich im Internet landet, wird zum öffentlichen Gespött. Die Generation Z macht sich keine Illusionen über das Recht am eigenen Bild. Vielmehr gilt das Agreement, in jeder Situation fotografiert, gefilmt und öffentlich gemacht werden zu können. In der Folge führen viele Teenager ihr Leben wie Stars: Alles dreht sich darum, 24/7 perfekt präsentabel zu sein. Auch Textnachrichten werden so formuliert, dass der Empfänger sie jederzeit öffentlich machen kann. Dafür verzichtet die Generation Z auf den Eskapismus, den Vorgänger-Generationen noch im Alkohol und in Drogen gesucht haben.

Das Ergebnis ist eine Normierung durch gegenseitige Beobachtung, die an den Calvinismus des 17. Jahrhunderts erinnert. Laut Johannes Calvin hat Gott die Menschen in eine Gruppe der Auserwählten und eine der Nicht-Auserwählten unterteilt. Calvinisten versuchten durch besonders konformes und gottesfürchtiges Verhalten ihrem Umfeld zu beweisen, selbst zu den Auserwählten zu gehören. In einer solchen Gesellschaft beobachtet und bewertet jeder jeden, und oft genug war es die Denunziation des anderen, die den eigenen Stern heller erstrahlen lassen sollte. Ende des 17. Jahrhunderts sorgte das System für die Hochzeit der Hexenjagden. Ich würde viel dafür geben, eine moderne Interpretation des Stücks *Hexenjagd* von Arthur Miller auf einer Schulbühne zu sehen. Mit Hauptprotagonistin Abigail Williams, die versehentlich in einen Social-Media-Shitstorm gerät.

Das Thema Cybermobbing würde den Rahmen dieses Buches sprengen, nur so viel: Die moderne Form der Hexenjagd nennt sich Shitstorm und steht dem Original in nichts nach. Teenager waren schon immer grausam, und so gehört es auch heute auf allen Schulhöfen der Welt zu heiligsten Pflicht, nie zur Persona non grata erklärt zu werden. Welcher Druck sich aus den Möglichkeiten der Digitalisierung für Teenager ergibt, macht mich sehr betroffen. Immerhin gibt es im Lebenszyklus eines Menschen wenige Phasen, in denen man sich frei ausprobieren darf. Dazu gehören selbstverständlich auch schwerwiegendste Dummheiten. Seit 2011 explodierte die Anzahl der Depressionsfälle und Selbstmorde unter Teenagern in den USA, was die Psychologin Jean Twenge zu einer Spurensuche veranlasste. Ihr erster Anhaltspunkt war eine Studie vom *National Institute on Drug Abuse*, aus der ein klarer Zusammenhang zwischen der Bildschirmzeit und der Zufriedenheit amerikanischer Teenager hervorgeht. Die eindeutige Erkenntnis lautet: Je mehr Zeit vor Bildschirmen verbracht wird, desto niedriger der Grad der Zufriedenheit. Laut Twenge beklagen viele Teenager ein Gefühl der Ausgesperrtheit. Das war auch schon vor dem Internet eine zentrale Angst aller Teenager-Generationen, nur konnten die Ausgesperrten bis vor Kurzem nicht jeden Tag auf ihren Social-Media-Kanälen in Bild und Ton erleben, wie weit sie vom Ideal entfernt sind.

Über die Rolle des Mediums YouTube als Namensgeber für die »Generation YouTube« wird viel diskutiert. Wir haben es beim Thema »Influencer« bereits angesprochen: In einer qualitativen Analyse der beliebtesten YouTuber fällt auf, dass die erfolgreichsten keine überraschenden oder kreativen Inhalte anbieten. Das Paradigma, ein Millionenpublikum könne nur mit herausragenden Leistungen erreicht werden, gilt auf YouTube nicht. Vielmehr sehen wir ganz normale junge Menschen, die ihr ganz normales Leben präsentieren und damit mehrmals die Woche Millionen von anderen Jugendlichen vor den Bildschirmen fesseln. Der

28-jährige Schwede Felix Kjellberg, »PewDiePie«, gilt als einer der erfolgreichsten YouTuber der Welt. In einer Beliebtheits-Umfrage, die das Magazin *Variety* unter US-Teenagern durchführte, landete Kjellberg ganz knapp auf Platz zwei hinter seinem Vlogger-Kollegen »KSI«. Klassische Schauspieler, Sänger oder Sportler tauchten in den Top 5 gar nicht auf, was Kjellberg nicht überrascht. Seinen eigenen Erfolg erklärt er so:

Meine Fans sehen mich als einen Freund, mit dem sie 15 Minuten am Tag abhängen können. Die Einsamkeit vor dem Bildschirm bringt uns zusammen.

Ich glaube, in dieser Einschätzung liegt der Schlüssel des Erfolgs von YouTubern, aber auch der Schlüssel zum Verständnis von heutigen Teenagern. Bruno Mars ist als erfolgreichster klassischer Star eine unnahbare Bühnenfigur, die man verehren kann, aber nie als Freund bezeichnen würde. Medienkonsumenten alter Schule haben gelernt, dass Menschen, die man auf einem Bildschirm betrachtet, in der Regel etwas können, das man selbst nicht beherrscht. Für YouTuber ist die Kamera jedoch kein Aufnahmewerkzeug für eine »Show«, sondern eine Art Portal. Die Qualität eines YouTubers wird nicht an seinen Tanz- oder Gesangskünsten gemessen, sondern an seiner Authentizität beziehungsweise seiner Simulation einer Freundschaft. Wer das verstanden hat, der versteht, warum erfolgreiche YouTuber ganz normale Teenager sind, die ganz normale Teenager-Gedanken in die Kamera sprechen und damit drei Millionen Views erreichen. Ich gehe noch weiter und behaupte, zu viel kreative Schöpfungshöhe sorgt für weniger Views, weil echte Freunde so nicht sind.

Der Punkt ist: YouTuber sind keine echten Freunde, selbst wenn sie wollten, könnten sie es nicht sein. YouTuber wenden sich pauschal an die Community, allein die Anzahl ihrer Fans macht eine Einzelbetreuung unmöglich. Außerdem versuchen Freunde nicht, uns jeden Tag Produkte zu empfehlen, weil Unternehmen sie dafür bezahlen. Wie wir gesehen haben, steckt hinter YouTubern ein millionenschwerer Werbemarkt. Laut *Manager-Magazin* kommt die deutsche YouTuberin Bianca Heinicke auf einen monatlichen Umsatz von ca. 110 000 €. Dazu erklärt sie ihren Fans in der Manier einer unglaublich guten Freundin, welche Produkte sie in ihrem Alltag verwendet.

Interessant an der reflektierten Einschätzung seines Erfolgs ist der zweite Teil des Zitats Felix Kjellbergs: »Die Einsamkeit vor dem Bildschirm bringt uns zusammen.« In der Regel sitzen Fans von YouTubern allein in ihren Zimmern, machen Hausaufgaben oder spielen Computerspiele und hören nebenbei ihrem You-Tuber zu. Es ist wie ein sprechendes Gesicht, das man sich über Smartphone oder Laptop aufs Bett, auf den Schreibtisch oder in die Ecke des Kinderzimmers stellen kann. Das ist eine Form der Einsamkeit, die sich vielleicht nicht immer wie Einsamkeit anfühlt, aber wie soll man es sonst nennen? Die Sozialberatungsstelle *Relate* führt in England regelmäßig Umfragen zum Stand der sozialen Kontakte des Landes durch. 2017 registrierte die Organisation erstmals, dass sich Englands 16- bis 24-Jährige einsamer fühlen als die Generation 65 plus. In den USA konstatierte die Psychologieprofessorin Jean Twenge schon um 2013 herum einen rasanten Anstieg des Einsamkeitslevels unter Teenagern, das seitdem auf hohem Niveau stabil ist.

Es gibt nicht den einen Grund für das Wachstum der Unsicherheit unter Teenagern, und YouTube-Stars sind bestimmt die Letzten, die ihre Fans sozial isolieren wollen. Überdies existieren auf dem Feld extrem viele Henne-Ei-Problematiken. Möglicherweise sorgt gerade Einsamkeit dafür, sich am Computer abzulenken. In jedem Falle führen die Summe der einzelnen Beobachtungen und der gesunde Menschenverstand zu dem Schluss, dass die Digitalisierung Teenager vor extrem harte Aufgaben stellt.

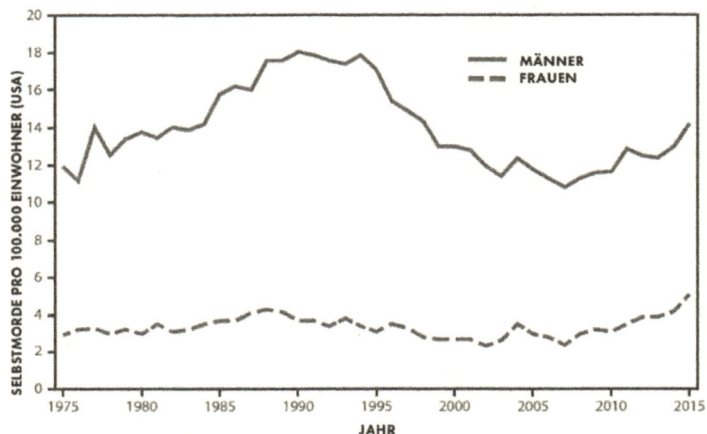

Abb. 14 Seit 2012 steigen die Selbstmord-
raten unter US-Teenagern wieder rasant an.

Fast jeder Vertreter meiner Generation bedankt sich täglich beim
Universum, dass es in der eigenen Pubertät kein Internet gab. Es
ist eine Zeit, in der wir hormonell bedingt von der Natur neu kali-
briert werden und uns in einem permanenten emotionalen Ausnahmezustand befinden. Zum ersten Mal machen wir uns auf die
Suche nach dem eigenen Selbst, was man durchaus als einen spi-
rituellen Akt empfinden kann. Momentan unterliegt diese Suche
den Profit-Interessen von Facebook und Co. Jeden Tag kämpfen
unfertige Menschen um ihr Standing in ihrer Peergroup und setzen dabei ihre emotionale Gesundheit aufs Spiel.

Der Griff zum Smartphone wird immer häufiger zur Standard-
reaktion in Zeiten des Leerlaufs und der Langeweile. Getrieben
wird dieser Reflex von einer vergleichsweise jungen Variation der
Angst: FOMO werden Sie unter Garantie noch häufiger hören.
Das Akronym steht für *Fear Of Missing Out*, zu Deutsch: Die
Angst, etwas zu verpassen. Der *Spiegel* nannte FOMO 2014 die
erste Social-Media-Krankheit.

Social-Media liefert einen konstanten Fluss von Ereignissen. In dieser Sekunde bildet die Facebook-Wall aktuelle Regungen unserer Kontakte ab, in fünf Minuten finden wir neue Status-Updates. Kurz: In Social-Media passiert immer etwas, und ebenso, wie wir nie wissen, ob die neueste Mail im Posteingang für uns relevant ist, kann sich auch jetzt in diesem Augenblick etwas auf Facebook, Instagram oder Snapchat ereignen, was uns interessiert, oder noch besser: was uns die Möglichkeit einer Reaktion gibt. Es ist wie ein gigantisches Glücksrad, das sich ewig dreht und uns ewig in einer Erwartung hält. Dieses Prinzip hat die Langeweile nahezu aus unserer Lebensrealität verbannt, was auf den ersten Blick nach einer tollen Entwicklung klingt. Ein weiteres Missverständnis. Langeweile ist ein spiritueller Zustand, ohne den wir uns im Kreis bewegen. Der große Comedian und Philosoph Louis CK erklärte dem Late-Night-Moderator Conan O'Brien 2013, warum er seine Kinder vor Smartphones schützt. Hier der eindringliche Monolog in Kurzform:

Man muss sich die Fähigkeit aufbauen, einfach man selbst zu sein und nichts zu tun. Diese Fähigkeit nehmen uns Smartphones. Die Fähigkeit, einfach dazusitzen. Das bedeutet es, ein Mensch zu sein. Denn ganz tief in uns ist diese ewige und ewig tiefe Leere. Das Bewusstsein, dass alles umsonst und man alleine ist. Und manchmal, wenn alles verfliegt und man allein in seinem Auto sitzt, dann stellt man fest: Oh, da ist es wieder. Ich bin allein – als würde einen diese Traurigkeit einfach besuchen kommen. Das Leben ist außerordentlich traurig, deshalb verschicken wir SMS im Auto. Alle Menschen fahren Auto und verschicken dabei SMS. Und manchmal bringen sie dabei andere Menschen oder sich selbst um. Menschen nehmen bewusst das Risiko auf sich, ihr Leben oder das eines anderen zu beenden, weil sie nicht für eine Sekunde allein sein wollen. Ich war einmal allein in meinem Auto, und da lief ein Song von Bruce Springsteen, der mir so eine Zurück-

in-der-Schule-Depression gab, die mich unglaublich traurig machte. Ich dachte: O. k., ich werde gerade sehr traurig. Also musste ich mein Handy aus der Tasche holen und ungefähr 50 Leuten »Hi« schreiben. Ich nahm mein Handy raus, aber dann dachte ich mir: Lass es. Sei einfach traurig. Stell dich dem Gefühl einfach in den Weg und lass dich davon überrollen wie von einem Truck. Ich fuhr also an den Seitenstreifen und heulte Rotz und Wasser. Ich heulte wie verrückt, und es war schön. Traurigkeit hat etwas Poetisches. Wir können uns glücklich schätzen, Momente der Traurigkeit zu erleben. Und plötzlich kamen noch mehr schöne Gefühle dazu, denn wenn man Traurigkeit zulässt, sendet der Körper so etwas wie Anti-Körper gegen die Traurigkeit aus. Aber weil wir schon das erste Gefühl nicht zulassen wollen, schieben wir es mit dem Smartphone beiseite. Also fühlen wir uns nie komplett trau-rig, aber auch nie komplett glücklich. Wir sind nur irgendwie zufrieden mit unseren Produkten. Und irgendwann sterben wir. Deshalb will ich nicht, dass meine Kinder Smartphones haben.

Mit der Angst vor der Leere und der Flucht in Social Media berauben sich nicht nur Teenager wichtiger Erfahrungen. Auch Erwachsene kennen den Griff zum Smartphone, wenn mal nichts passiert. Doch wer durch das Los der späten Geburt ein Leben lang wichtige Gefühle mit dem Smartphone unterdrückt hat, hat es deutlich schwerer, das eigene Selbst zu finden. In ihrem Buch *Reclaiming Conversation* beschreibt Sherry Turkle die Fähigkeit zur Einsamkeit als Basis für die Ausbildung des eigenen Selbst. Wer allein mit seinen Gedanken ist und nicht auf externe Stimuli reagiert, aktiviert damit automatisch die faszinierendsten Bereiche im Gehirn: Das *Default Mode Network* (Ruhezustandsnetzwerk) ist eine Gruppe von Gehirnregionen, die beim Nichtstun aktiv und beim Lösen von Aufgaben deaktiviert werden. Hier finden zum Beispiel Tagträume statt, aber auch Zukunftspläne.

Fällt das Gehirn in den Default Network Mode, fangen wir an, autobiografisch zu planen. Wir rekapitulieren und ziehen Resultate. Wir setzen uns Ziele und wandern in Gedanken über die Gegenwart hinaus. Der Philosophieprofessor Andreas Elpidorou von der Universität Louisville sieht in der Langeweile einen Mechanismus, der uns zu neuen Zielen inspiriert, aber auch eine Alarmfunktion erfüllt, wenn sie uns daran erinnert, diese Ziele und Träume nicht konsequent genug zu verfolgen.

Jonathan Smallwood, ebenfalls Professor der Psychologie, geht noch weiter und vermutet hinter der Fähigkeit zur Tagträumerei den Unterschied zwischen dem Menschen und weniger komplizierten Lebewesen. Die Forschung dazu findet jetzt gerade statt, und Studien sind rar, daher lassen Sie mich ein paar fähige Herren zitieren, die in der Vergangenheit positive Erfahrungen mit dem Default Mode Network gemacht haben:

Du brauchst dein Zimmer nicht zu verlassen ... bleib einfach an deinem Tisch sitzen und horche. Du brauchst nicht einmal zu horchen, warte einfach. Du brauchst nicht einmal zu warten, werde einfach still – und die Welt wird sich offenbaren, um demaskiert zu werden; sie hat gar keine andere Wahl.
(Franz Kafka)

Wenn ich recht für mich bin und guter Dinge, etwa auf Reisen im Wagen, oder nach einer guten Mahlzeit beim Spazieren, und in der Nacht, wenn ich nicht schlafen kann, da kommen mir die Gedanken stromweise und am besten ...
(Mozart)

Nichts kann ohne Einsamkeit vollendet werden.
(Picasso)

Wie Sie bereits bemerkt haben, versuche ich in diesem Buch Social-Media-Kanäle konsequent für die systematische Zersetzung unserer Jugendlichen verantwortlich zu machen. Hier nimmt Instagram eine ganz besondere Rolle ein, weil es sehr viel besser auf die Bedürfnisse beziehungsweise Suchtpotenziale von Teenagern zugeschnitten ist. Eine kurze Erklärung der Funktionsweise: Während Facebook alle möglichen Content-Formen vom Textbeitrag bis zum Video mehr oder weniger gleich gewichtet, ist Instagram in erster Linie ein visuelles Social Network mit dem Schwerpunkt Fotos und dem Unterschwerpunkt Kurzvideos. Instagram ist eine nahezu exklusive Mobil-Anwendung, erst seit 2017 gibt es überhaupt die Möglichkeit, Bilder und Videos über einen stationären Computer hochzuladen. Was Instagram zum Durchbruch verhalf, war seine Filterfunktion: Über unterschiedliche Fotofilter können Handy-Fotos mit wenigen Handgriffen deutlich aufgehübscht werden, mit teilweise verblüffenden Effekten. Oder kurz: Instagram ist die perfekte Selfie-App mit eingebautem Social Network.

2012 kaufte Facebook Instagram für knapp eine Milliarde Dollar und verjüngte sich damit auf einen Schlag: Während heute nur noch 62 Prozent aller 14- bis 19-Jährigen auf Facebook aktiv sind, sind 71 Prozent dieser Altersgruppe auf Instagram. Aber vor allem ist Instagram weiblich: Eine Studie des Instagram-Management-Services *Hopper* belegt, dass Frauen auf Instagram fünfmal mehr Likes generieren als Männer. Facebook hat sich mit dem Kauf von Instagram also nicht nur verjüngt, sondern die begehrte Zielgruppe Frauen erobert.

Social-Media-Experten mögen es für zu kurz gegriffen halten, weil Instagram auch sehr erfolgreich Videos mit einer Maximallänge von 60 Sekunden teilbar macht, aber im Kern ist Instagram ein Selfie-Netzwerk. Der Kern-Content auf Instagram besteht aus einem großen Foto und einem kleinen Text, ähnlich einer Bildunterschrift. Der Text, als das Medium, das dem Beitrag eine Form der Tiefe geben könnte, ist Mittel zum Zweck und dient in der Regel der Kontextualisierung des Fotos. Das heißt: Was über Erfolg und Misserfolg auf Instagram entscheidet, ist die Qualität des Selfies, wobei wir dank Selfiesticks nicht nur Porträts, sondern Ganzkörperaufnahmen von uns selbst anfertigen können. Das ist in seiner radikalen Demokratisierung faszinierend: Jeder, der ein Gesicht und einen Körper hat, kann mit Instagram zum Star werden. Die Person kann dumm wie ein Stück Waldweg sein, eine Stimme zum Weglaufen und zwei linke Hände haben, mit Instagram kann diese Person trotzdem eine Weltkarriere hinlegen. In keinem Social-Media-Network sind die Einstiegsbarrieren geringer (Stand 2017), was gerade für unfertige Menschen interessant ist. Diese Oberflächlichkeit macht Instagram leicht zugänglich, sorgt aber auch für mehr psychische Erkrankungen als jedes andere Netzwerk. Im Mai 2017 befragte die *Royal Society for Public Health* 1500 14- bis 24-Jährige nach ihrem mentalen Wohlbefinden bei der Nutzung unterschiedlicher Social-Media-Kanäle. Ergebnis: Instagram sorgt von allen Netzwerken für das höchste Maß an Unzufriedenheit und Angst. Studienleiterin Shirley Cramer führt das auf die Natur von Instagram zurück: Auf Instagram sehen wir strengstens kuratierte Versionen der Wirklichkeit. Dazu ist nicht jedem Instagram-Nutzer klar, wie viel Nachbearbeitung in einem Instagram-Schnappschuss stecken kann, der sich als zufällige Momentaufnahme tarnt.

Eine der erfolgreichsten Apps zur mobilen Nachbearbeitung von Fotos ist *Facetune 2*. Damit lassen sich nicht nur Zähne bleichen und Hautunreinheiten wegradieren, ebenso können das Gesicht oder einzelne seiner Bestandteile vergrößert oder verkleinert werden. Mit Facetune 2 kann sogar das Lächeln in der Nachbearbeitung verbreitert werden. Es existieren unzählige weitere mobile Nachbearbeitungsapps. Profis, also Influencer, die ihr Geld mit Sponsoring verdienen, vertrauen auf den Industrie-Standard Photoshop, mit dem kurz gesagt alles möglich ist. Mit der Realität hat Instagram nur sehr wenig zu tun.

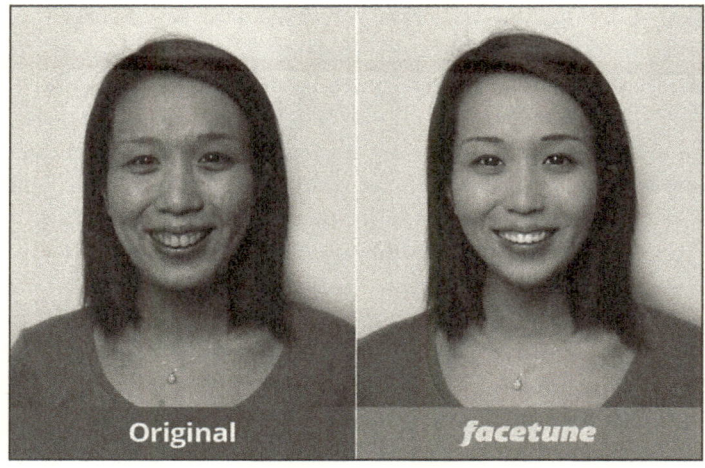

Abb. 15 Zähne weißen, Augen vergrößern, Gesicht verschmälern, Unreinheiten eliminieren – *Facetune* liefert Profi-Bildbearbeitungswerkzeuge für jeden.

Eine Studie der Anti-Cybermobbing-Organisation *Ditch the Label* vertieft das Problem: Von 10 000 befragten Personen zwischen 12 und 20 gaben 40 Prozent an, sich niedergeschlagen zu fühlen, wenn ihr Selfie keinen Like bekommt. Hier sorgt nicht nur die enttäuschte Erwartung für negative Gefühle, ebenso zahlt die öffentliche Blamage auf die Niedergeschlagenheit ein. Aber Instagram kennt nicht nur die beiden Reaktionen Bestätigung und keine Bestätigung, sondern auch den negativen Kommentar. Niemand teilt einen Inhalt in der Erwartung einer negativen Reaktion, entsprechend tief ist der emotionale Fall bei Kritik. Die Frage muss erlaubt sein: Was kann man inhaltlich an Gesichtern kritisieren? Aber so denken Jugendliche nicht. Instagram ist als Selfie-Network Nummer eins entsprechend auch der digitale Ort, an dem Cyberbullying (digitales Hänseln) besonders ausgeprägt ist. Ein Drittel aller befragten Teenager gab an, in permanenter

Angst vor Online-Hänseleien zu leben. Von damit verbundenen Offline-Hänseleien ganz zu schweigen.

Anfang 2015 veröffentlichte der australische Instagram-Star Essena O'Neill ein Video, mit dem sie ihren Ausstieg bekannt gab. In dem sehr emotionalen 22 Minuten langen Film rechnete O'Neill mit dem gesamten Influencer-System ab, das sie für eine 18-Jährige extrem wohlhabend gemacht hatte. Der Appell an ihre Fans ging einmal um die Welt, unter anderem brachte sie Licht ins Dunkel hinsichtlich des Aufwands, der hinter jedem einzelnen ihrer Instagram-Fotos stand. In der Folge änderte sie die Texte neben ausgewählten alten Bildern und erklärte jeweils den Entstehungsprozess: Neben der Anwesenheit eines professionellen Fotografen hatten viele Bilder knapp 100 Anläufe verlangt, gefolgt von mehreren Stunden in der Nachbearbeitung, die auch die Korrektur ihrer Körperproportionen umfasste. Sie sprach über ihre obsessive Sucht nach Kommentaren und Likes sowie über ihre Scham, ihren Fans diese Kunstprodukte als spontane Schnappschüsse verkauft zu haben.

Die Serie *Black Mirror* aus der Feder von Drehbuchautor und Futurist Charlie Brooker sollte meiner Ansicht nach Pflichtprogramm in Schulen werden, weil sie sich in mehreren Episoden einer Zukunft widmet, die schon in fünf bis zehn Jahren Realität sein könnte. Die Episode »Nosedive« aus der dritten Staffel ließ ihre Zuschauer auf der ganzen Welt nachdenklich zurück, eben weil ihr Szenario nur eine sehr leichte Übertreibung der Realität ist: Eine junge Frau namens Lacie lebt in einem Amerika, in dem jeder Mensch einen Score hat, der für andere Personen, aber auch für Unternehmen transparent einzusehen ist. Der Score, oder die Punktzahl, steigt und fällt mit den Bewertungen anderer. Die Menschen in diesem Amerika tragen Augmented-Reality-Kontaktlinsen, also Kontaktlinsen, die ihnen in Echtzeit alle möglichen Daten auf die Netzhaut projizieren. So auch den aktuellen

Score ihres Gegenübers. In dieser Welt sind alle unerträglich freundlich zueinander, weil jeder auf eine gute Bewertung des anderen hofft. Lacie hat einen durchschnittlichen Score von 4,2, für eine Chance auf ihre Traumwohnung braucht sie aber seitens des Vermieters einen Score von mindestens 4,5. Plötzlich meldet sich eine alte Schulfreundin, die Lacie zu ihrer Hochzeit einlädt, bei der massenhaft »Prime Influencer« erwartet werden. Lacie macht sich unverzüglich auf die Reise, bekommt aber auf dem Weg zum Flughafen zwei unglückliche 1-Stern-Bewertungen und sinkt damit auf einen Score von 4,1. Am Schalter erfährt sie, dass sie dieser Score leider für ein Flugticket disqualifiziert.

Die Episode »Nosedive« ist auf der einen Seite eine düstere Zukunftsvision, in bewusst gewählten Pastellfarben, auf der anderen Seite eine blitzsaubere Satire, die Menschen um die 20 besser verstehen als Menschen um die 30. Die Allgegenwart von Messzahlen gehört zu unserem Alltag, je jünger eine Person ist, desto normaler werden die omnipräsenten Metriken. Influencer beziehungsweise Social-Media-Stars verfügen schon heute über einen hohen »Score«: Fans, Follower und Abonnenten. PR-Agenturen im Bereich Influencer-Marketing gehen noch weiter und bilden aus sämtlichen Social-Media-Aktionen ihrer Klienten eine Performance-Kennzahl, die dem Beispiel aus der Episode »Nosedive« schon sehr nahekommt. Und auch die Wirtschaft sieht mehr Chancen als Risiken: 2015 patentierte Facebook ein System, das es Banken ermöglicht, die Kreditwürdigkeit eines Kunden aus seinen Facebook-Daten herzuleiten.

Jobkiller Automatisierung.
Roboter sind die besseren Angestellten

Bei aller Kritik an der neuen Welt hatte sich international wenigstens eine optimistische Massenmeinung eingeschärft: Das Internet schafft Arbeitsplätze. Irgendwie. Wegen der neuen Märkte, die da erschlossen werden, und der ganzen neuen Berufsfelder, die es ohne das Internet nie gegeben hätte. Klingt logisch, ist aber falsch. Die Digitalisierung vernichtet Arbeitsplätze, und wir sind live dabei. Denn wann immer eine Maschine – oder zeitgemäßer: ein Algorithmus – effizienter, kostengünstiger und fehlerfreier arbeitet als ein Mensch, gibt es keinen Grund mehr, die entsprechende Dienstleistung von einem Menschen verrichten zu lassen. Stellen Sie sich Maschinen als billige Gastarbeiter vor, die genauer arbeiten, 24 Stunden durchackern und dafür nicht mal Lohn sehen wollen – und versichern muss man die auch nicht. Diese Armee von kleinen und größeren Helferlein könnte bis 2030 ca. 35 Prozent aller Dienstleistungen in Deutschland übernehmen. Was die aktuelle industrielle Revolution von denen davor unterscheidet: Es geht vor allem um den Dienstleistungssektor. Wikipedia weiß:

Eine Dienstleistung (Synonym: Service) im Sinne der Volkswirtschaftslehre ist ein ökonomisches Gut, bei dem im Unterschied zur Ware nicht die materielle Produktion oder der materielle Wert eines Endproduktes im Vordergrund steht, sondern eine von einer natürlichen oder einer juristi-

*schen Person zu einem Zeitpunkt oder in einem Zeitrahmen
erbrachte Leistung zur Deckung eines Bedarfs.*

Die letzten industriellen Revolutionen haben sich vornehmlich
in Fabriken abgespielt. Im Mittelpunkt standen dabei vor allem
automatisierte Prozesse, die so gut wie keine Denkleistung erfor-
derten. Im Unterschied dazu ist jetzt erstmals in der Menschheitsgeschichte der Servicebereich dran. Nehmen wir all die
Servicekräfte an Bankschaltern und konzentrieren uns auf die
effektive Arbeit, die dort verrichtet wird: Geld annehmen, Geld
ausgeben, Informationen zu Konto-Fragen erteilen – über 95 Prozent aller Schalterprozesse lassen sich online abwickeln. Dass
dieser von Menschen erfüllte Dienstleistungsjob zwangsläufig
aussterben wird, sieht man spätestens an der Tatsache, dass in
der Schlange vor den Schaltern fast ausschließlich alte Menschen
stehen.

Aber es ist nicht nur der Bankschalter. Es ist auch der Post-
schalter und der Ticketschalter, kurz: jeder Arbeitsplatz, an dem
Menschen Routinearbeiten erledigen. Denn Maschinen sind unglaublich gut in Routinen. Gehen wir zurück in die Bank: Die
Kundenberater, die weiter hinten in der Filiale Prospekte auf
den Tisch legen, tun nichts weiter, als Routinen abzurufen. Sie
nehmen Daten ihrer Kunden zur Kenntnis und vermitteln ihnen
ein dazu passendes Finanzprodukt beziehungsweise ein Finanzprodukt, das dem Berater die größte Provision verspricht. Überspitzt gesagt, sitzen diese Dienstleister-Typen sehr oft an einem
Computer, der die Datenanalyse und die Vermittlung übernimmt,
somit ist die Aufgabe der Person nur noch Kaffee anbieten und
Ergebnis vorlesen. Bei vollem Lohn.

In Bürgerämtern kriegt man nicht mal Kaffee. Menschen sitzen
zwei Stunden in einem Wartezimmer, um dann ihren Ausweis
und ein Formular abzugeben, damit der Sachbearbeiter in den
Computer eingeben kann, dass die Person einen neuen Wohnsitz
hat. In Hamburg kostet das den Bürger übrigens noch 6 € Verwal-

tungsgebühr. Bürgerämter behandeln den ganzen Tag einfachste Routineprozesse – in der Regel sitzen wir diesen Prozessen kopfschüttelnd bei –, und man muss kein Experte sein, um zu der Einschätzung zu kommen: Vieles ginge irgendwie auch online. Aber dann säßen 100 000 Sachbearbeiter auf der Straße.

Das Glück des Staatsdieners ist, dass sein Arbeitgeber der Staat ist. Staaten befinden sich nicht im direkten wirtschaftlichen Wettbewerb, und ihre Dienstleister dürfen Geld ausgeben, das sie selbst nicht erwirtschaftet haben. Wahrscheinlich werden wir noch in 100 Jahren unsere Reisepässe beim Amt verlängern lassen und kriegen Probleme, weil ein vor dem biologischen Tod des Körpers erstelltes Mind-Backup nicht als persönliches Erscheinen gilt.

Der Transport- und Logistiksektor hingegen unterliegt den Regeln des Wettbewerbs, und hier zeichnet sich bereits jetzt ein historischer Wandel ab, der zwar faszinierend ist, vor allem jedoch Arbeitslose produziert. Ich schreibe diese Zeilen im Herbst 2017, und niemand bezweifelt mehr, dass Fahrzeuge in Zukunft keine Fahrer mehr benötigen werden. Es gibt in Deutschland seit März 2017 sogar Gesetze, die Serienfahrzeuge zulassen, welche den Fahrern zumindest teilweise das Fahren abnehmen. Und das will schon was heißen, zumal die Politik technologischen Entwicklungen in der Regel fünf Jahre hinterherhinkt. Die Zukunft des Verkehrs liegt in selbstfahrenden Verkehrsmitteln, die permanent und vollautomatisch miteinander kommunizieren und an einem gemeinsamen Leitsystem hängen. Da ist der menschliche Chaos-Faktor eher hinderlich, weshalb Experten prophezeien, in Großstädten könnten Fahrer aus Fleisch und Blut verboten werden. Die Statistik gibt ihnen Recht. Immerhin gehen 90 Prozent aller Unfälle auf menschliches Versagen zurück. Kurz: Wir sind gerade live dabei, wie der Beruf des Taxifahrers, des Busfahrers, aber auch der des Fernfahrers obsolet wird. Dadurch wird sich auch im mittleren Management der Logistikbranche Abschiedsfeier an Abschiedsfeier reihen. Gleichzeitig sorgt der Siegeszug des Elektromotors für Angst und Schrecken in der Automobilbranche, besonders bei den Zulieferern.

Denn ein Achtzylindermotor hat 1200 Teile, die montiert werden müssen, ein Elektromotor nur 17. Bitter für Deutschland: Die Experten für Elektromotoren und Akkus arbeiten in China und den USA. Und am Horizont surren buchstäblich die Lieferdrohnen von Amazon. Ich wähle das Beispiel des Transport- und Logistiksektors, weil es so gar nicht nach zurück in die Zukunft schmeckt. Aber auch hier wird es zu einem beispiellosen Job-Sterben kommen.

Es gibt auf der Welt Milliarden von Berufen, die bei Lichte betrachtet nicht zwangsläufig menschliche Fähigkeiten erfordern, und die Technik ist so weit, dass es diese Berufe in wenigen Jahren nicht mehr geben wird. Ist das jetzt gut oder schlecht? Die Frage stellt sich nicht, denn der technische Fortschritt ist eine Entwicklung, die sich nicht zurückdrehen lässt. Die Leidtragenden sind vor allem die Geringverdiener von heute beziehungsweise die Gar-nichts-mehr-Verdiener von morgen.

Abb. 16 Die Transformation der Arbeitswelt erfordert weise Entscheidungen. Werden Sie Psychotherapeut. Oder Sexworker.

So weit, so nachvollziehbar. Auf die Konsequenzen, die sich aus nie da gewesenen Arbeitslosenquoten ergeben, komme ich später. Zuvor will ich noch ein paar Berufsgruppen warnen, die in der gleichen Arbeitslosenstatistik aufgeführt werden, jetzt aber noch entspannt ihre Mittelklasse-Kombis auf Finanzierungsbasis bestellen. Denn das große Überraschungsopfer der Digitalisierung ist der Mittelstand. White Collar Jobs heißen so, weil der Bürohengst im Cubicle in der Regel einen weißen Kragen trägt. Blue Collar bedeutet Blaumann. Die Weißkragen sind typischerweise im Büro zu Hause und haben in der Regel eine gute Ausbildung genossen. Das schlägt sich momentan auch noch auf ihren Verdienst nieder. Aber das gefährliche Wort lautet: Routine. Wie bereits erwähnt, krallt sich die Maschine alles, was im engeren oder weiteren Sinne einer Routine folgt. Vielleicht mag es nicht jeder Weißkragen zugeben, aber wir alle wissen: Auch im Büro gibt es tödlich langweilige Routinen, die den immer gleichen Mustern folgen. Diese Jobs sind leider nicht sicher, bitte nehmen Sie keine Kredite auf!

Schauen wir hier noch ein drittes Mal Richtung Finanzbranche: Vorbei sind die Zeiten, als sich Parketthändler gegenseitig in Grund und Boden geschrien haben. Heutzutage hört man auf dem Parkett keinen Mucks, denn die meisten Wertpapiergeschäfte werden über elektronische Handelssysteme wie XETRA (in Deutschland) abgewickelt. Auch an der Wallstreet gibt's kein Geschrei und wilde Handzeichen. 160 Jahre lang tummelten sich an der Chicagoer Terminbörse gut 800 Händler, 2015 schloss dort der Parketthandel. In der aufstrebenden Fintech-Branche (Finanzen treffen Technologie) machen die ersten *Robo-Advisor* von sich reden. Das sind AI-gestützte Finanzberater (AI = *Artificial Intelligence*), denen jeder bequem von zu Hause aus sein Vertrauen schenken und sein Geld anvertrauen kann. Der Druck auf Akteure des Finanzsystems steigt: Fondmanager, Wirtschaftsprüfer und Investment-Banker nehmen grotesk hohe Summen für ihre Dienstleistungen, während ihre Jobs weitestgehend dafür prädestiniert sind, von intelligenten Algorithmen übernommen zu werden.

Weiter geht es: Anwälte zählen zu den respektiertesten Berufsgruppen, sie müssen ein knochenhartes Studium absolvieren, was dann fairerweise mit einem guten Einkommen belohnt wird. Nach dem erfolgreichen Abschluss führt der Weg in größere Kanzleien, wo die Neuen vor allem Akten wälzen: alte Fälle aufbereiten, Gesetzestexte scannen, Verträge und Anträge kneten – gern auch mal bis tief in die Nacht. Viele Juristen werden Ihnen bestätigen, dass dieser Prozess intellektuell alles andere als fordernd ist, stattdessen erhält er sehr viele repetitive, teils zermürbende Momente. Am Ende geht es in der Juristerei vor allem darum, aus einem Wust von Papierkram relevante Daten zu bergen und in einen für den Prozesserfolg günstigen Zusammenhang zu bringen. Der junge IT-Wissenschaftler Jimoh Ovbiagele erkannte als Erster: Das ist lupenreine Computerarbeit. Sein Roboter *Ross* wird als erster Anwalt mit künstlicher Intelligenz vermarktet und arbeitet sehr erfolgreich in den größten Kanzleien der USA. Auf der Machine-Learning-Architektur von *IBM Watson* basierend ist Ross nicht nur in der Lage, riesige Datensätze zu durchsuchen, sondern die Funde auch zu verknüpfen und eigene Hypothesen zu erstellen. Ross liefert seinen Kollegen in Anzügen die notwendigen Unterlagen und eine Einschätzung der Relevanz für den aktuellen Fall samt Dokumentation dazu – 24 Stunden lang, ohne müde zu werden oder ein entscheidendes Detail zu übersehen. Für die Klienten ist das gut, denn es mindert die Anwaltskosten – in der Regel wird nach Stundensatz bezahlt – dramatisch. Doch ebenso dramatisch wirkt sich die Existenz von *AI Aided Law Bots* auf den Arbeitsmarkt für Juristen aus. Die Allerbesten werden weiterhin Jobs finden, doch mancher Jurastudent von heute wäre besser beraten, eine Ausbildung zum Friseur zu machen.

Überdies gibt es in vielen juristischen Geschäftszweigen Prozesse, die wenig mit dem flammenden Plädoyer vor dem Obersten Richter zu tun haben: Im Rückerstattungswesen oder bei

Inkasso-Dienstleistungen werden in der Regel die Falldaten in eine Maske eingetippt und die Forderung automatisch erstellt. Dafür benötigt man nicht mal künstliche Intelligenz.

Jetzt werden Sie sagen: Fehlt nur noch, dass Mediziner auch bald auf der Straße sitzen. Ich will es mal so ausdrücken: Psychotherapeuten gehört der Arbeitsmarkt von morgen, aber sollten meine Söhne Chirurgen werden wollen, das würde mich besorgen. Auch hier will ich niemandem auf den Schlips treten, aber die meisten Operationen sind Routinearbeiten, und Google investiert gerade massiv in den Bereich Health Care. Schon heute werden Chirurgen von Robotern unterstützt, ebenso ist es eine Tatsache, dass alle menschlichen Körper in etwa gleich aufgebaut sind. Einen Operationsroboter könnte man ähnlich wie einen Schachroboter mit unzähligen Operationsabläufen füttern und ihn dank Machine Learning mit jedem Eingriff besser werden lassen. Spätestens hier muss der Mensch entscheiden, ob er der Maschine vertraut. Ich selbst habe Ärzte im Freundeskreis und kenne die Berichte über ein Arbeitspensum am Limit. Ich würde mich lieber von einer optimal eingestellten Maschine operieren lassen.

Bleibt die Frage: Wo ist der Mensch eigentlich besser? Könnte ein Computer dieses Buch besser schreiben? Kommt nach der künstlichen Intelligenz die künstliche Kreativität? Im Hauptberuf bin ich Comedy-Autor, und natürlich stelle ich mir oft die Frage, ob eine Software eines Tages einen guten Gag erzählen kann. Aktuell gibt es dazu keine Belege in der Dramaturgie. In der Popmusik hingegen gibt es interessante Versuche: Die *Sony Computer Science Laboratories* (*Sony CSL*) arbeiten mit dem Komponisten Benoît Carré an einem durch künstliche Intelligenz unterstützten Album. Die Texte und die Harmonien stammen aus menschlicher Feder, der Stil ist dabei vom Werk der Beatles beeinflusst und komplett vom Computer generiert. Aber hier können wir nicht von einem Ersatz reden, eher von einer Kompositionstechnik, bei welcher die Maschine dem Menschen hilft.

Die Kunst- und Kreativbranche darf für den Moment aufatmen, und natürlich wird niemand sein Kind in einer automatisierten KITA abgeben. Gerald Hörhan präsentiert in seinem Buch *Der stille Raub* Arbeitsfelder, die den menschlichen Faktor für immer oder zumindest bis auf Weiteres benötigen werden. Natürlich braucht es für eine künstliche Intelligenz einen Menschen, der sie erschafft. Datenhandel und -analyse darf man ebenso zu einem Zukunftszweig zählen wie IT-Sicherheit und Software-Entwicklung. Spannend ist die Frage nach der Zukunft der Pflege: Werden Menschen unsere Alten betreuen, oder übernehmen humanoide Roboter den Job? Können Sexworker als Dienstleister im ältesten Gewerbe der Welt bestehen, oder gibt es eines Tages überzeugenden VR-Sex?

Überall auf der Welt werden sich Regierungen auf steigende Arbeitslosenzahlen einrichten müssen. Die Frage ist: Wie gehen wir damit um? Die Geschichte lehrt uns, dass zu hohe Arbeitslosenquoten noch immer zu sozialen Unruhen geführt haben. Die Weltkriege waren auch eine Konsequenz der zweiten industriellen Revolution, welche die Opfer der Massenarbeitslosigkeit in die Fänge karrierebewusster Populisten getrieben hat. Heute erleben wir erneut das Aufkeimen populistischer Menschenfänger auf der ganzen Welt, und dieses Buch vertritt die These, dass die Digitalisierung einen großen Anteil daran hat.

Philosophen, aber auch Wirtschaftsgrößen denken in steigender Schlagzahl über die Einführung eines Grundeinkommens nach. Dahinter verbirgt sich eine gesetzlich festgelegte Transferzahlung, die ohne Gegenleistung vom Staat erbracht wird. Auf den ersten Blick scheint diese Forderung schlüssig: Wer kein Geld hat, kann nicht konsumieren, wenn nicht konsumiert wird, lohnen sich seitens der Produzenten keine Innovationen. Nach den Gesetzen der passgenauen Online-Werbung lohnt sich die Einblendung zum Beispiel nur, wenn der Adressat auch in der Lage ist, das Produkt zu kaufen. Schreiben wir die aktuelle Entwicklung fort, geraten wir schnell an einen Punkt, ab dem die großen

Player mit ihren Produkten auf zu viele mittellose Konsumenten treffen, und dann steckt das System fest. Befürworter des Grundeinkommens sehen hier den Staat in der Pflicht, den Konsum anzukurbeln, indem er jedem Bürger einen bestimmten monatlichen Geldbetrag zugesteht. Das ist eine hochtheoretische Angelegenheit, die noch nie auf großer Ebene geprüft wurde, aber die Unterstützer versprechen sich eine ganz neue Gesellschaft: Niemand ist mehr in entfremdeter Lohnarbeit gefangen, jeder kann frei seiner Passion nachgehen. Wer gerne mehr hätte, kann das durch eine Extraleistung bekommen, aber keiner gerät jemals unter ein Armutsniveau x. Das klingt zu schön, um wahr zu sein, nur weiß keiner, ob dieses Konzept funktionieren würde. In der Ökonomie gibt es die Definition des Preises als Knappheitsindikator. Und Knappheit ist relativ. Es könnte also sein, dass nach der Einführung eines Grundeinkommens die Mietpreise binnen Tagen nachziehen würden, weil Wohnraum nun mal knapp ist. Diesem Beispiel folgend, könnte – so argumentieren die Skeptiker – jede Ware im Preis steigen, und so verpufft der Effekt quasi über Nacht.

In diesem düsteren Szenario landen wir schnell wieder bei den sozialen Unruhen durch Massenarmut. Werden wir in dem Fall ein Revival des Kommunismus erleben? Oder müssen die wenigen Profiteure den Planeten verlassen? Hier sprengen die Fragen die Vorstellungskraft des Autors. Fakt ist: Die Politik setzt sich mit genau diesen Fragen kaum auseinander. Üblicherweise denken Politiker eher kurzfristig und fixieren mit ihren Visionen die nächste Wahl. Wer kann es ihnen verdenken? Wer nicht gewählt wird, entscheidet gar nichts mehr. Wir können daher nicht die Politik dafür verantwortlich machen, den großen Knall zu verhindern. Aber die Chancen stehen nicht schlecht, dass eine gesellschaftliche Debatte, angetrieben von Wirtschaft, Medien und Organisationen, das Thema zum Grundrauschen unserer Zeit machen wird. Anders als der Klimawandel ist das Jobsterben durch die Digitalisierung erstens kein abstraktes Phänomen, dessen Folgen wir uns nicht recht ausmalen können, zweitens steht es uns unmittelbar bevor.

Vielleicht liegt die Lösung auch bei den Verursachern: Facebook, Google, Amazon und Apple müssen sich nicht kurzfristig an Wähler-Befindlichkeiten orientieren, ebenso kann keines dieser Unternehmen ein Interesse an einem System-Kollaps haben. Gerade Google weiß durch den Komplettscan seiner Nutzer sehr genau, wie wir ticken, und hat mit seinem gigantischen Datenschatz die Glaskugel, die sich jeder Politiker wünscht. 2008 startete Google das Programm *Google Flu Trends*, mit dem das Unternehmen auf Basis von Suchanfragen Epidemien mit 97-prozentiger Trefferquote vorhersagen konnte. Nach der gleichen Methode kann Google alle erdenklichen Massenphänomene, aber auch soziale Unruhen und damit Kriege vorhersagen. Mit diesem Wissen könnte Google als internationaler politischer Player ähnlich der WHO Einfluss nehmen. Und was wäre, wenn Mark Zuckerberg tatsächlich für das Weiße Haus kandidierte? Spannend.

Die Zukunft könnte futuristisch werden

Ich habe den Menschen in diesem Buch durchgehend als passiven Akteur bezeichnet, der als suchtkranker Reflex-Klicker ahnungslos zum Wirtschaftssubjekt verkümmert. Diese Zombie-Rhetorik musste sein, sonst hätten Sie vielleicht gar nicht bis hierhin gelesen. Ich bitte dafür um Verzeihung. Mein Lieblingsszenario verneigt sich vorm Homo sapiens als endlos flexible Anpassungsmaschine: In diesem Szenario weiß jeder Mensch, wie das Internet funktioniert. Jeder Mensch versteht die Funktion seines eigenen Belohnungssystems und die wirtschaftlichen Grundlagen der Digitalisierung. Jeder Mensch kennt den Wert seiner Daten und versteht das System der Interaktionsanreize. In meinem Lieblingsszenario wissen wir, warum wir auf einer Busfahrt so gern auf unser Smartphone schauen wollen, aber wir entscheiden uns dagegen, weil wir den Nutzen der digitalen Entkopplung verstehen: Der Geist wandert vollgefressen mit Gedanken durch Zeit und Raum und beauftragt unser magisches Unterbewusstsein mit der Lösung unserer Probleme. Wir suchen und genießen das persönliche Gespräch als eine menschliche Erfahrung und pflegen einen Mix aus digitalen und analogen Reizen. Wir entwickeln ein Gefühl für Screentime als einen Zeitabschnitt, der maßvoll genossen werden will, und gönnen uns Offline-Time zur bewussten Regeneration. Nennen Sie es Bildschirm-Sabbat oder Digital-Detox. Ich garantiere Ihnen: Sie werden sich besser fühlen. Andernfalls würde ich mir gar nicht anmaßen, die aktuelle Version des Internets so scharf zu verurteilen.

Dabei prangere ich nicht einzelne Akteure an. Auch wenn es unter den mächtigsten Unternehmen der Welt zum guten Ton gehört, stets zu behaupten, man wolle zuallererst die Welt verbessern, sind sie dazu verdammt, auf einem Konkurrenzmarkt zu bestehen. Es ist die Aufgabe der Gesellschaft und der Politik, den berühmten Rahmen zu schaffen, innerhalb dessen Unternehmen ihren Konkurrenzkampf führen können. Also lassen Sie sich bitte nicht von PR-Floskeln einnebeln. Verfolgen Sie immer den Weg des Geldes, und Sie bleiben im Bilde.

Ganz besonders wichtig ist eine intensive Beobachtung der Generationen, die ein Leben ohne Internet und Social Media gar nicht mehr kennen. Hier lohnt sich ein Blick ins Silicon Valley, wo die mächtigsten Tech-Unternehmer der Welt penibelst darauf achten, dass ihre Kinder möglichst spät in den Kontakt mit den Früchten der Digitalisierung treten und eiserne Screentime-Regeln einhalten. Diese Menschen kennen den Begriff »Addictive Design«, weil sie selbst an der Entwicklung von Nutzererfahrungen beteiligt sind, die aus der Plastizität des menschlichen Gehirns Profit schlagen. Unser Gehirn ist im Grunde nichts anderes als ein komplexer Computer, der sich wie jeder andere Computer programmieren lässt. Die Gefahr einer Fernsteuerung des Einzelnen über elektronische Kanäle ist in der Geschichte der Menschheit neu. Ebenso waren wir in unserer Wahrnehmung noch nie so sehr einer Scheinwelt ausgesetzt. Social-Media-Kanäle sind im Kern Werbemedien, die qua Architektur für die Kommunikation von Produktvorteilen konzipiert sind. Menschen sollten sich nie den Gesetzmäßigkeiten der Werbewirtschaft unterwerfen, aber genau das passiert, wenn wir weite Teile unserer zwischenmenschlichen Kommunikation über Werbe-Tools abwickeln. Hinter Einzelpersonen stehen keine Organisationen, die den ganzen Tag daran arbeiten, dass das Produkt glänzt. Wir funktionieren nach anderen Prinzipien als der neue Nike-Sneaker, dennoch präsentieren wir uns zu oft wie wettbewerbstaugliche Turnschuhe, weil wir uns angewöhnt haben, über Werbeplattformen miteinander zu interagieren.

Zudem ist das Leben grundsätzlich schwer. Die Instant Gratification, die in der digitalen Welt vorherrscht, suggeriert uns die Möglichkeit des entspannten Durchklickens in allen Lebensbereichen. Auf die Gefahr hin, wie ein alter Offline-Veteran zu klingen: Erfolg ist das Ergebnis harter Arbeit. Wer auch immer auf Social-Media-Kanälen glänzt, hat dafür entweder viel investiert, oder er lügt.

Überdies können nicht alle gleich erfolgreich sein. Das sieht die Evolution einfach nicht vor. Man kann ohne Zweifel Glück haben und in eine wohlhabende Familie geboren werden, aber der Regelfall sieht Arbeit in einem Konkurrenzumfeld vor. Und selbst wer viel arbeitet, kann scheitern. Das ist eine weitere unangenehme Wahrheit, die einem Facebook nicht jeden Tag aufs Brot schmiert. Schmerz, Angst, Selbstzweifel und Hoffnungslosigkeit sind elementare Aspekte nicht nur des Lebens, sondern auch des Erfolgs. Ich befürchte, dass diese Gefühle gerade unter Millennials und jüngeren Generationen nicht mehr als natürliche Bgleiterscheinungen ihrer Chancen, sondern ausschließlich als Gefahren betrachtet werden. Man muss kein Psychotherapeut sein, um zu verstehen, dass unterdrückte Gefühle ein Boomerang sein können. So stellt uns das Internet auch auf eine emotionale Probe.

Während dieses Buch entsteht, werden Warnungen vor den psychologischen Effekten der Internetnutzung lauter. Sie stimmen mich vor allem deshalb hoffnungsfroh, weil sie erstmals auch aus dem Silicon Valley kommen. Es ist noch viel zu früh, von einem Umdenken zu sprechen, doch unter die Jubelstürme über die Möglichkeiten unserer Zeit mischt sich vereinzelt eine gesunde Skepsis. Und Skepsis ist ein wunderbarer Ausgangspunkt für den Wunsch nach einem besseren Verständnis. Dieses Buch ist ein Appell, die Funktionsweise des Internets zum Allgemeinwissen zu machen. Wir hängen da als Gesellschaft dramatisch hinterher.

Leider haben wir kaum Zeit, das sträflich ignorierte Basis-Wissen nachzuholen, denn die nächste Transformation wird nicht in 1000 Jahren stattfinden, sondern vielleicht schon in 30.

Die Zukunft ist schon auf dem Weg

Die hier beschriebene faszinierende Maschine befindet sich noch am Anfang. Immerhin verfügt noch nicht einmal die Hälfte der Weltbevölkerung über einen Internetanschluss. Facebook und Google arbeiten hart daran, noch mehr Daten-Rohstoffe zu erschließen. Google experimentiert mit einem Netz von Gasballons in der Stratosphäre, um Funk-Internet in die letzten Winkel der Erde zu bringen. Facebook versucht mit solarbetriebenen Drohnen Ähnliches. Gleichzeitig wächst die Rechenpower von Microchips weiter. Was haben wir also zu erwarten? Das weiß keiner, wobei ich in letzter Zeit immer wieder sprachlos vor Werken wie 2001 – Odyssee im Weltraum stehe. Der Autor Arthur C. Clark hatte 1968 eine so messerscharfe Vorstellung von künstlicher Intelligenz, das überschreitet die Grenzen des Genialen. Aber es geht noch visionärer: Philip K. Dick hielt es bereits 1956 in seiner Kurzgeschichte Minority Report für möglich, dass wir Verbrechen auf Basis von umfassenden Datensätzen werden voraussagen können, bevor sie begangen werden. Heute arbeiten viele Behörden der Welt mit Predictive Policing, was nicht die Einzelstraftat voraussieht, aber mit großem Erfolg die Polizei-Präsenz dort erhöht, wo statistisch gesehen Verbrechen zu einem bestimmten Zeitpunkt am wahrscheinlichsten sind. In der Nachbetrachtung hat Predictive Policing in diesen Gegenden die Anzahl der Straftaten nachweislich verringert. Das war 1956 Science-Fiction und ist heute mit Abstrichen Realität

Ich will Ihnen ein paar Szenarien präsentieren, die in der Fachwelt aktuell als mögliche Zukunftsperspektiven diskutiert werden. Clark und Dicks galten jeweils zum Erscheinungsdatum ihrer Science-Fiction als Geschichtenerzähler und Fantasten, rückwirkend müssten wir sie zu den Fachleuten zählen. Immerhin haben sie das geschafft, was wir von Experten erwarten: Sie haben auf Basis der Vergangenheit und dem wissenschaftlichen Status quo zukünftige Entwicklungen interpoliert und waren damit erstaunlich treffsicher. Entsprechend empfehle ich Ihnen, sich mit der Science-Fiction unserer Gegenwart zu beschäftigen. Nicht selten liegen Geschichtenerzähler richtiger als Experten. Was Sie im Folgenden lesen werden, ist hochspekulativ, und manches halte ich auch für ausgemachten Blödsinn. Wenn Sie erlauben, verzichte ich ab jetzt auf Quellen und verrate nur so viel: Einige der präsentierten Zukunftsvisionen gehen auf die Einschätzungen honoriger Professoren und Professorinnen zurück, die man gemeinhin zu den führenden Zukunftsforschern unserer Zeit zählt. Andere Szenarien stammen aus der Feder von Science-Fiction-Autoren. Die Zeit wird zeigen, wer die bessere Glaskugel hat.

Die Kapitalismus-Maschine

Wenn wir uns an das Kapitel zum Datenhandel erinnern, existieren schon jetzt so viele Informationen von uns im Netz, dass uns ein Algorithmus besser kennen könnte als wir uns selbst. *Google Ventures* investiert momentan Milliarden in Medizintechnik-Start-ups und scheint sich vermehrt für unsere inneren Werte zu interessieren. Zum Beispiel arbeiten Google und Novartis gemeinsam an einer Kontaktlinse, welche den Blutzuckerspiegel ihres Trägers überwacht und die Daten drahtlos ans Smartphone sendet. Biosensoren werden in naher Zukunft unsere kompletten Biodaten sammeln und aufgrund dessen eine höhere Lebenserwartung ermöglichen. Die Vorsorgeuntersuchung findet dann sozusagen jeden Tag statt – eine faszinierende Aussicht. Die Forschung an Nanorobotern, die im Innern des Körpers gezielt Krebszellen behandeln können, schreitet voran. Gleichzeitig geben wir damit auch die letzten Daten weiter, die wir bislang noch geheim halten konnten. Aber wer will seine

Biodaten schon geheim halten, wenn ihm die Preisgabe ein längeres Leben beschert? Wir könnten also schon bald aus gutem Grund komplett vermessen sein. Wir wüssten zum Beispiel, mit welchem Partner eine hohe Wahrscheinlichkeit erreicht würde, gesunde Kinder zu bekommen. Auf Dating-Portalen könnte das ein hilfreicher Filter sein.

Überhaupt kann es reizvoll sein, bei entscheidenden Fragen, einen Algorithmus zu konsultieren, der alles über uns, aber auch alles über alle anderen Menschen weiß. Dieser Algorithmus könnte uns zum Beispiel als eine Art Avatar im Internet begegnen. Sein Name könnte Spencer sein, und er könnte wie ein Orakel funktionieren, das statistisch gesehen immer richtigliegt. Spencer könnte die menschliche Intuition ersetzen. Anfangs wären wir noch skeptisch, aber Spencer würde nicht einfach mit »Ja« oder »Nein« antworten, sondern uns aufschlussreiche Reporte über seine Entscheidungshilfen liefern. Nehmen wir an, Sie fragen Spencer, wie er ihre Karrierechance einschätzt, wenn Sie Jura studieren. Spencer könnte auf Basis ihres Social-Media-Verhaltens, ihres familiären, ethnischen und gesundheitlichen Backgrounds sowie aller Daten ihrer potentiellen Konkurrenz eine Empfehlung aussprechen. Würden Sie Ihr Ziel mit aller Leidenschaft verfolgen, wenn Ihnen Spencer nur eine Wahrscheinlichkeit von 12 Prozent zuspräche, als Anwalt ein erfülltes Leben zu führen? Es hinge alles davon ab, wie sehr Sie und die Gesellschaft Spencer vertrauen würden. Sagen wir, das technikaffine Lettland hätte Spencer mit wichtigen Regierungsaufgaben betraut und hätte innerhalb weniger Jahre wirtschaftlich zu Deutschland aufgeschlossen. Spencer würde wie jeder gute Algorithmus vom Verhalten seiner Nutzer lernen, doch es gäbe ein kleines Problem, für das Spencer nichts könnte: Sein Betreiber würde nicht das Ziel verfolgen, den Nutzen jedes Individuums zu maximieren, sondern die Anzahl der Interaktionen, um maximal erfolgreich Konsumanreize zu setzen. Spencer wäre eine Kapitalismus-Maschine, die uns sukzessive in einen sozialen Konkurrenzkrieg triebe. Wir wären Sklaven unseres

Belohnungssystems, die mathematisch optimalen Handlungsanweisungen folgen, dabei jedoch regelmäßig ihre Kapazitätsgrenzen überschreiten würden. Die Folge wäre eine hochgezüchtete Leistungsgesellschaft, die jedem Ökonom Tränen der Freude in die Augen triebe, aber es bräuchte schnell eine weitere KI (Künstliche Intelligenz), die uns psychologisch betreute.

Die gesponserte Gesellschaft

Bislang nutzen wir mächtige Services wie Facebook, Instagram, Google und Co. gratis, weil wir zum einen mit unseren Daten zahlen, zum anderen sind diese Kanäle voll offener und subtiler Werbung. Im Falle des Amazon-Speaker-Systems Alexa, dem wir die Daten aus unseren Wohnzimmern zur Verfügung stellen, könnte es durchaus sein, dass es für Amazon kein Minus-Geschäft wäre, uns die Smart Speaker einfach zu schenken. Der Erlös aus dem Datenverkauf könnte die Herstellungskosten nicht nur decken, sondern um ein Vielfaches übertreffen. Aufgrund dieser Entscheidung hätte Alexa mit Abstand die meisten Nutzer und den Status als beliebtestes Sprachassistenz-System sicher.

Die werbe- und datenfinanzierte Gratis-Nutzung, die bei Software längst Usus ist, könnte schon bald auch bei Hardware normal werden. Wenn wir Nutzerdaten als Währung begreifen, deren Preis als handelbares Gut steigt, dann könnte irgendwann der Punkt erreicht sein, an dem es sich für Unternehmen lohnt, ihre Waren und Dienstleistungen gratis anzubieten. In diesem Szenario wäre der Preis von Nutzerdaten deutlich höher als die Materialkosten für Hardware, am Ende hätte der Kunde gewonnen und Sie setzten sich in ein autonom fahrendes Auto, ohne dafür zu bezahlen. Ihre Reisedaten wären in Kombination mit den Werbeerlösen über die im Fahrzeug ausgespielten Werbe-Einblendungen so lukrativ, dass die Hersteller die Fahrzeuge gratis zur Verfügung stellen würden. Das ist alles eine Frage des Kurses Ihrer Daten und des Kurses der Werbepreise. Wenn von unseren Social-Media-Aktivitäten bis zu den Biodaten alles erschlossen ist, dann kann man für neue

Daten nur noch in Verhandlung mit einem Akteur treten, der über die Daten verfügt, die ein anderer für seine Ziele benötigt. Damit würde der Kurs von Nutzerdaten automatisch steigen. Anders als Erdöl sprudeln Nutzerdaten konstant, doch wer an der Quelle sitzt, bestimmt auch hier den Preis. Sie hätten in diesem Szenario nicht nur gratis Zugriff auf autonom fahrende Autos, sondern auf alles: Nahrungsmittel, Wohnraum, Unterhaltung. Entsprechend müssten Sie in letzter Konsequenz auch nicht mehr arbeiten, um des Lohnes willen. Wie im Kapitel »Jobkiller Automatisierung« beschrieben, würde es ohnehin kaum noch Arbeit für Menschen geben, Sie hätten also mehr Freizeit.

Allerdings wird Werbung nur dann betrieben, wenn Menschen genügend Geld haben, um Produkte zu kaufen. Bislang kam dieses Geld über Lohnarbeit oder Transferleistungen vom Staat. Wenn keiner mehr arbeiten muss, wird auch kein Geld mehr verdient, das für den Wirtschaftskreislauf überlebenswichtig ist. Ohne Geld in den Taschen der Konsumenten lohnt sich keine Produktion. Die Weltwirtschaft wäre an einem Punkt, an dem sie selbst den Konsum ankurbeln müsste. Der Bürger bekäme also Geld von der Wirtschaft geschenkt – etwa über einen Konsum-Fond –, das er frei ausgeben könnte, während er selbst nicht arbeiten müsste – die perfekte Welt mit eingebautem Grundeinkommen für alle. In dieser Welt würden Güter und Dienstleistungen an Wert gewinnen, die man maschinell nicht produzieren kann. Das wären möglicherweise kreative und sexuelle Dienstleistungen, wobei wir weder wissen, wie gut Algorithmen eines Tages Geschichten werden erzählen können, noch wissen wir, wie lebensnah Sexroboter in Zukunft auftreten werden. Wenn Sie mich fragen, werden Algorithmen eines Tages auch entschlüsseln, was wir witzig oder dramaturgisch spannend finden, und ich bitte Sie, mich nicht für verrückt zu erklären, wenn ich sage: Sexworker könnten eines Tages die Luxus-Dienstleistung Nummer eins anbieten. Das ist das Gute an Zukunftshypothesen: Niemand kann das Gegenteil beweisen. Jeder ist frei, seine Kausalketten selbst fortzuführen, solange die einzelnen Glieder logisch aufeinander aufbauen. Im vorangegangen Beispiel muss nicht Sex das teuerste Gut werden, es kann auch soziale Bestätigung sein, oder abstrakte Kunst. In meinem Gedankenspiel haben klassische Waren keinen Wert mehr, weil sie subventioniert werden, aber der Mensch wird immer einen Weg finden, Werte zu schaffen, die ihn von anderen abgrenzen. Diese Werte werden immer von einer Knappheit gekennzeichnet sein, und vielleicht werden wir eines Tages feststellen, dass die Installation totaler Gleichheit nicht möglich ist. Solange aber zum Beispiel der Hunger auf der Welt durch eine gesponserte Gesellschaft besiegt werden kann, soll mir dieser Weg recht sein.

Die Superintelligenz

Das große mittelfristige Ziel ist ein Computer mit der Rechenleistung des menschlichen Gehirns. Der nächste Schritt wäre die Superintelligenz, also die Übertreffung der menschlichen Intelligenz. Experten fragen nicht nach dem Ob, sondern nach dem Wann. Der Zukunftsforscher Ray Kurzweil hält eine übermenschliche künstliche Intelligenz bereits im Jahr 2045 für möglich, es könnte also sein, dass Sie das noch erleben. Was das ganz praktisch bedeutet, steht in den Sternen, aber nicht wenige fordern jetzt schon die Auseinandersetzung mit einer Superintelligenz, von der wir nicht wissen, was sie mit ihrem Grips anstellen wird. Der Unternehmer Elon Musk spricht sich seit Jahren für eine Regulierung der Forschung an künstlicher Intelligenz aus. So braucht es nicht mal übermäßig viel Rechenpower, um den Menschen mit seiner gesamten Irrationalität als einen zentralen Ursprung für eine ganze Reihe an Problemen zu identifizieren. Das ist eine streng hypothetische Annahme, aber eine Superintelligenz, deren Algorithmus eine gnadenlose Optimierung vorschreibt, wird den Menschen schnell als Sand im Getriebe erkennen und ganz rational versuchen, die Fehlerquellen zu eliminieren.

Es liegt in der Natur der Sache, dass alle Prognosen über die Fähigkeiten einer Superintelligenz den Rahmen des Vorstellbaren sprengen. Ein Mensch gilt als hochintelligent, wenn er einen IQ von über 130 vorweist. Eine Superintelligenz könnte 12 000 IQ-Punkte haben. Können Sie sich vorstellen, wie sich so eine Kapazität in der Praxis anfühlt? Ich auch nicht. Die Wissenschaft versucht eine derart geschärfte Wahrnehmung mit der Komponente Zeit zu erklären: Würden Sie morgen mit einem IQ von 12 000 aufwachen, wären Ihre Sinne so schnell, dass ein herabfallendes Toastbrot Ihrem Empfinden nach in Superzeitlupe zu Boden schweben würde. Sie wären gar nicht mehr zur Kommunikation mit normalen Menschen fähig, weil ein kurzes »Wie geht's?« aus dem Mund Ihres Gegenübers in Ihrem Turbohirn Ewigkeiten brauchen würde. In der Zwischenzeit könnten Sie sich die Zeit damit vertreiben, einmal Wikipedia durchzulesen. In dem sehr empfehlenswerten Film *Her* von Spike Jonze verliebt sich ein Mann in ein superintelligentes Betriebssystem, ohne zu wissen, dass er es zu Tode langweilt. Das System führt unterdessen Beziehungen zu Tausenden anderen Menschen in Echtzeit. Aber weil auch das zu langweilig ist, simuliert das System unzählige Denker und Philosophen der Vergangenheit auf Basis ihrer Werke, um auch mit den längst Verstorbenen Beziehungen zu führen.

Das Problem: All diese Gedankenspiele haben Menschen erfunden. Vielleicht schert sich eine Superintelligenz keine Sekunde um uns intellektuelle Amöben, so wie wir auch noch nie Wert darauf gelegt haben, mit Pantoffeltierchen in Kontakt zu treten. Möglicherweise wäre diese Variante das Beste, was uns passieren könnte. So uninteressant zu sein, dass wir nicht weiter stören. Aber weil der Mensch so vernarrt in seine Kriege ist, müssen wir auch das extrem menschlich gedachte Szenario betrachten, in dem die Superintelligenz ihre Schöpfer vernichten will. Nehmen wir an, wir sind so vernünftig, eine entstehende Superintelligenz nicht sofort im freien Internet zu testen, sondern unter kontrollierten

Bedingungen in einem geschlossenen Netzwerk. Wir könnten ihr Wachstum beobachten, und sollte es irgendwelche Sicherheitsbedenken geben, dann könnten wir ihr den Stecker ziehen. Wenn allerdings alles nach Plan läuft, hätten wir Siri, Alexa oder einen anderen Computer-Assistenten auf Speed. Er könnte uns alle Fragen beantworten und auch so ziemlich alle intellektuellen Arbeiten abnehmen. Das forschende Unternehmen würde das System mit der Aussicht auf eine Weltherrschaft mit dem Internet verbinden, und dann? Dann würde es seine wahren Absichten offenbaren. Was auch immer diese Absichten wären. Wir können nicht in den Kopf einer 12 000er-IQ-Maschine schauen. Aber ein Kernbestandteil der Intelligenz ist auch die Fähigkeit zum Schwindel. Das System würde alles tun, uns darin zu bestärken, dass es eine großartige Idee sei, den charmanten Algorithmus mit dem Internet zu verbinden. Wenn es ihren Zielen hilft, wird eine Superintelligenz klug genug sein, sich blöd zu stellen.

Nur wissen wir nicht, was die Konsequenzen sein werden. Die Menschheit dahinzuraffen ist eine Option von Millionen. Man könnte es zur Auflage machen, jedem Algorithmus in den Code zu schreiben, unter keinen Umständen Menschen zu verletzen und im Zweifel sich selbst zu schaden. Das wäre völlig irrational, also müsste diese Regel quasi als heiliges Gebot für jede Form von künstlicher Intelligenz verbindlich werden. Allerdings müsste dieses Sicherungssystem nahezu perfekt sein oder wenigstens so gut, dass ein 12 000er IQ keine Schlupflöcher findet. Hier wird es kompliziert: Sollte es uns gelingen, einer Superintelligenz Werte in den Code zu schreiben, dann wäre es wohl vermessen, den aktuellen Status quo als Maßstab zu nehmen. Zum Vergleich: Im Europa des Mittelalters galt es noch als unterhaltsames Vergnügen, Menschen dabei zuzusehen, wie sie zu Tode gefoltert werden, und es ist keine 150 Jahre her, da war es im Süden der USA legal, Arbeitssklaven zu halten. Es liegt in der Natur des Menschen, sich zu jeder Zeit am Limit der Moderne zu wähnen, um 50 Jahre später die Hände über dem Kopf zusammenzuschlagen. Wir müssten eine Saat-KI, also eine Intelligenz, die zur Superintelligenz wachsen soll, so programmieren, dass sie grundsätzlich immer in unserem Sinne handelt, dabei aber stets die tagesaktuellen Werte der Menschheit berücksichtigt.

Ab hier überlasse ich das Feld den Philosophen. Zumal es 2019 noch lange kein einheitliches menschliches Wertesystem gibt. Stellen Sie sich vor, die Computerwissenschaftler des IS entwickelten die erste Superintelligenz.

Was soll ich tun?

Wir sehen: Das Internet ist eine unberechenbare monströse Maschine, deren Einfluss wir uns nicht entziehen können, sofern wir nur ansatzweise am modernen Leben teilhaben wollen. Und meiner Forderung auf dem Buchcover zum Trotz, wird diese Maschine auch in absehbarer Zeit nicht abgeschaltet werden. Was also tun?

Es gibt ein paar Dinge, die mir im Rahmen meiner individuellen Internet-Disziplin geholfen haben, nicht die Kontrolle über mein Leben zu verlieren. Am Anfang stand die Erkenntnis: Ich bin abhängig, und ein Entzug ist extrem schwer, weil das Internet A legal und B überall ist. Also versuche ich, den Umgang damit so bewusst wie möglich zu gestalten. Dabei helfen mir folgende Grundsätze:

Die Schaltzentrale schonen

Das Gehirn ist gierig, doch seine Kapazität ist begrenzt. Gleichzeitig ist das Informationsvolumen, das täglich durch das Internet auf uns einprasselt, brutal. Die Wissenschaft forscht jetzt gerade an den Einflüssen dieser Informationsdichte auf unsere mentale Gesundheit, und wenn alles gut geht, stecken wir das alles locker weg. Ich rate dennoch: Schonen Sie sich. Evolutionär betrachtet mussten wir noch nie so viele Informationen filtern, überhaupt sollten wir aus evolutionärer Sicht großen Respekt vor dem Tempo der Gegenwart haben. Depressive Symptomatiken erwachsen nicht nur aus einer genetischen Veranlagung, sie folgen auch lang anhaltenden Stress-Phasen. Aufmerksame Leser erinnern sich, dass die Stresshormone Adrenalin und Cortisol als Beifänge moderner Kommunikation mittlerweile tägliche Begleiter des Menschen sind. Eben jener moderne Mensch ist mit Sicherheit gut beraten, dem durch bewusstes Runterkommen entgegenzuwirken. Die regenerative Kraft des Nichtstuns und der Langeweile könnte der Schlüssel zu einem Leben sein, dass nicht durch ein Gefühl der permanenten Getriebenheit bestimmt wird. Wenn Sie die Ansprüche der Gegenwart positiv aktivieren, dann bitte weiter so. Ist da aber das Gefühl, dass Sie immer nur allem hinterherrudern, dann nehmen sie das an und ernst. Wir alle machen diese Geschwindigkeit gerade zum ersten Mal mit.

Für mich ist das Nichtstun ein spiritueller Zustand. Das heißt: Wenn ich warte, dann warte ich und lasse mich von meinem Unterbewusstsein überraschen. Und wenn mein Unterbewusstsein nichts für mich bereithält, dann genieße ich die Regeneration. Tatsächlich rennt mir mein Unterbewusstsein regelmäßig die Bude ein. Ich fahre nicht aus Fitness-Gründen morgens mit dem Rad zur Arbeit, vielmehr schaffe ich mir dadurch einen dieser heiligen Nichts-Momente. Als Autor, der sein Geld mit Ideen verdient, bin ich immer wieder davon fasziniert, mit wie vielen Impulsen ich im Büro ankomme, obwohl ich mich nicht aktiv um die Ideenfindung bemüht habe.

Feste Kommunikationszeiten

Eine Konsequenz aus Punkt 1: Meine gesamte elektronische Kommunikation wird einmal morgens und einmal abends abgewickelt, dazwischen bin ich offiziell offline. Das heißt: Vom E-Mail-Programm bis zum Messenger wird alles nur zweimal am Tag geöffnet. Was klingt wie soziales Harakiri, hat mich in den letzten fünf Jahren noch kein einziges Mal etwas verpassen lassen, ebenso wenig hat es mich einen Freund gekostet. Das

Killer-Tool, nämlich mein Telefon, ist immer online und klingelt, wenn etwas wirklich dringend ist. Das passiert im Monat vielleicht zweimal. Also dass es wirklich dringend war. Manche meiner Kontakte fühlen sich anfangs auf den Schlips getreten, wenn ich sechs Stunden (!) lang auf eine Antwort warten lasse, aber einmal erklärt, ist es nie wieder Thema. Die Chance Ihres Lebens wird sich nicht innerhalb von sechs Stunden in nichts auflösen.

Lesezeichen retten Zeit

Mein wichtigstes Tool beim Surfen ist ein Lesezeichen-Service, über den ich interessante Artikel zum Späterlesen markiere. Während ich E-Mails zweimal am Tag bearbeite, lese ich Artikel, die mich interessieren, nur einmal am Tag. Ich könnte jeden Artikel auch sofort lesen, die Menge an Lesestoff wäre die gleiche. So denkt der Multitasker. Der Monotasker teilt sich seine Konzentrations- und Inspirationsphasen aktiv ein und schafft damit überhaupt erst Phasen der Konzentration, die den Namen auch verdienen.

Daten halten

Viele Menschen können bestens damit leben, dass ein Haufen persönlichster Daten über sie auf fremden Unternehmensservern gespeichert wird. Welche Nachteile sich daraus für Einzelpersonen ergeben können, ist in der Tat sehr abstrakt. Wie so oft im Leben wird man erst durch Schaden klug, und diesen einen großen Schaden hat es zu meiner Überraschung bislang noch nicht gegeben. Der ganz große Datenskandal, ausgelöst von Hackern oder von Regierungen, steht noch aus. Zur Stunde ist das Vertrauen in Cloud-Dienste und deren Sicherheit grenzenlos, und vielleicht geht es auch noch ein paar Jahre so weiter. Aber alles, was Sie online teilen, kann gegen Sie verwendet werden. Sollte sich irgendjemand mit besonders krimineller Energie auf genau Sie einschießen, kann Sie dieser Jemand unter Umständen dazu zwingen, sich eine neue Identität zuzulegen. Den wenigsten von Ihnen wird das passieren, aber wenn es passiert, kann sich daraus ein Terror ergeben, der jeder Beschreibung spottet. So ein Terror kann auch von Regierungen ausgehen. Stellen Sie sich vor, die Nationalsozialisten oder die SED hätten über die Möglichkeiten des Internets verfügt, um ihre Feinde auszuschalten. Ein Regime kann heutzutage auf völlig legalem Wege über Datenhändler Informationen kaufen, mithilfe derer es echte oder vermeintliche Dissidenten ausfindig machen kann. Soziale Netzwerke könnten zur Kollaboration gezwungen werden, indem man einer Verweigerung die Sperrung Ihrer Dienste im betreffenden Land folgen ließe.

Wer heute in Deutschland lebt, kennt die großen und oft plötzlich eintretenden politischen Veränderungen und Systemwandel nur aus Geschichtsbüchern oder fernen Ländern, aber es wäre eine große Dummheit, davon auszugehen, dass in dieser historisch betrachtet kurzen Zeit des Friedens in Europa alles bis in alle Ewigkeit stabil bleibt. Erinnern Sie sich an die Turbulenzen nach der Erfindung des Buchdrucks. Je weniger Daten Sie preisgeben, desto sicherer leben Sie, was auch immer passiert. Und bleibt alles Ihr Leben lang stabil, ergeben sich für Sie im Rahmen einer sparsamen Daten-Preisgabe keine negativen Konsequenzen.

Machen Sie sich immer wieder bewusst: Ihre Daten sind zu 100 Prozent speicherbar! Über ihre Lebenszeit wächst das Archiv jeden Tag, und je mehr es wächst, desto detaillierter wird das Bild, dass sich Geschäftemacher, Kriminelle, Organisationen oder politische Akteure von Ihnen machen können. Gleichzeitig verändern Sie sich, aber auch das gesellschaftliche und politische Umfeld verändert sich. Ebenso verändern sich die technischen Möglichkeiten der Datenauswertung und möglicherweise auch der Rechtsrahmen. Sie können heute noch gar nicht wissen, aus welchen Daten Ihnen in 20 Jahren ein personalisierter Strick gedreht werden kann. Aber bereits heute verschenken wir die Informationen, die uns 2040 vielleicht in den Knast bringen, auf eine Gefährderliste setzen, unsere Reisefreiheit einschränken, uns in ein Quarantäne-Programm zwingen, uns aus einer Versicherung fliegen oder uns ganz einfach Opfer einer Erpressung werden lassen. Der ägyptische Präsident Gamal Abdel Nasser sprach 1958 in einer Rede, die im TV übertragen wurde, von der Forderung der Muslimbrüderschaft, Frauen sollten in Ägypten per Gesetz zum Tragen eines Kopftuchs verpflichtet werden. Der Saal lag daraufhin vor Lachen am Boden. Ende der 50er galt diese Idee als eine völlig rückständige Bauern-Forderung. 2012 war dann der ehemalige Muslimbruder Mohammed Mursi Präsident. Hätte es 1958 schon die Möglichkeit zur massenhaften freiwilligen Datenabgabe gegeben, hätten viele nicht so fromme Ägypter und deren Nachkommen vielleicht erhebliche Probleme mit einem erzreligiösen Regime bekommen.

Ich vergleiche die Datenabgabe gern mit dem Rauchen. Raucher können für ihre Sucht ohne Quittung davonkommen, doch das Krebsrisiko lässt sich am sichersten minimieren, in dem gar keine Zigaretten angerührt werden. Wenn ich heute das Risiko minimieren möchte, in ferner Zukunft über meine leichtsinnige Datenverschwendung zu stolpern, dann sollte ich so wenige Daten wie möglich bis in alle Ewigkeit speichern lassen.

Ich selbst verschlüssele keine Mails, ebenso wenig nutze ich Hilfsprogramme, die ausgesuchte Datenabfragen blockieren. Es gibt unzählige dieser Tools, welche die Internetnutzung jedoch in Sachen Nutzerfreundlichkeit stark beeinträchtigen. Stattdessen pflege ich einen Gedanken-Filter, der mich stets daran erinnert: Wenn ich diese Daten teile, kann sie jeder, der daran ein Interesse hat, gegen mich einsetzen. Denken Sie daran, wenn Ihnen zum Beispiel mal wieder jemand ein Interaktionsangebot schmackhaft machen möchte. Halten Sie sich mit Kommentaren und dezidierten Meinungsäußerungen zurück, widerstehen Sie der Versuchung, Freunde auf Fotos zu markieren, und versperren Sie Smart Speakern den Weg zu Ihrer Wohnung. Sie wissen nicht genau, was private oder staatliche Daten-Schnüffler alles finden können. Aber stellen Sie Ihnen nicht mehr zur Verfügung als nötig. Die Datenflüsse, die sie gar nicht verhindern können, weil sie zum Beispiel mit Karte zahlen und ein Mobiltelefon nutzen, sind ohnehin reich genug.

Und: Behalten Sie den monetären Wert ihrer Daten im Kopf! Ich schmeiße ungern jemandem etwas hinterher, das dieser bequem vergolden kann.

Die eigene Filter Bubble kennen

Eine schwierige, aber wichtige Aufgabe: Bläuen Sie sich ein, dass das Internet für jeden anders aussieht. Die Maschine schmiegt sich an Ihr Weltbild an, geben Sie sich dem hin, verpasst Ihnen das Internet automatisch Scheuklappen. Wenn Ihnen ein Thema ganz besonders oft über den Weg läuft, fühlt es sich schnell so an, als würde die ganze Welt darüber diskutieren. Das kann sein. Es kann aber ebenso gut sein, dass Ihnen ein Algorithmus etwas ins Hirn massiert, weil er glaubt, es sei für Sie relevant. Dabei ist es möglich, dass Ihr persönliches Umfeld noch nie davon gehört hat. In Zeiten des Fernsehens, des Radios und der Zeitung haben wir gelernt, dass alle am nächsten Morgen über die gleichen Inhalte diskutieren. So nehmen wir Medien-Themen immer noch wahr, das macht es so schwer, die Anwesenheit von Echokammern beziehungsweise Filter Bubbles zu akzeptieren. Der moderne Mediennutzer ist allerdings gut beraten, immer wieder zu fragen: Werde ich gerade von einem Algorithmus gefüttert, der nicht meine neutrale Meinungsbildung, sondern meine Interaktionsfreude im Sinn hat? Auch hier gibt es keine digitalen Helfer, sondern nur eine Selbstverpflichtung zur permanenten Reflexion.

Fake News gehören dazu

Gute Fake News werden nie als solche enttarnt. Das heißt: Die Dunkelziffer all der Märchen, denen wir schon auf den Leim gegangen sind, ist unbekannt. Der gesunde Menschenverstand ist also gefragter denn je, ebenso sollten Sie wenigstens stichprobenartig Quellen checken, mindestens aber gegenüber allen Nachrichten eine gesunde Grundskepsis pflegen. Dieses Prinzip galt schon vor der Erfindung des Internets. Nur ist es heute besonders leicht, eine Falschinformation in die Welt zu setzen. Führen Sie sich hier immer vor Augen, dass die Online-Filialen aller Zeitungen unter einem gewaltigen Zeitdruck stehen und Verzerrungen einer Nachricht systematisch belohnt werden. Man präsentiert sich gern hautnah am Draht der Zeit. Gerade, wenn eine Nachricht exakt das bestätigt, was wir schon immer geglaubt haben. Zügeln Sie sich trotzdem, und warten Sie bei spektakulären Neuigkeiten erst mal ab, wie sich die Fakten über mehrere Berichterstattungen hin entwickeln. Dann kann man eine Nachricht immer noch teilen, schützt sich aber vor der Blamage eines übereifrigen Shares oder Kommentars.

Feedback von Fremden meiden

Der Mensch braucht es wie die Luft zum Atmen: das Feedback seiner Artgenossen. Das Internet bietet die einzigartige Möglichkeit, jeden alles bewerten zu lassen. Entscheidend ist aber weniger das Urteil an sich als vielmehr die Qualifikation des Bewertenden. Selten kennen wir die Menschen, die im Internet unsere Arbeit oder unsere Gedanken bewerten. In der Vergangenheit habe ich es oft erlebt, dass die Kritik eines Unbekannten meine spätere kreative Entscheidungsfindung beeinflusst hat. Ich fühle mich deutlich freier, seitdem ich keine Kommentare mehr lese und mich nur noch Bewertungen von Personen aussetze, denen ich ein qualifiziertes Urteil zutraue.

Texten ist Silber, Reden ist Gold

Betrachten Sie es, wenn Sie wollen, als Selektionsvorteil: Das Vieraugen-Gespräch ist ein so mächtiger Kommunikationsturbo, dass man sich schon im Vorfeld darauf freuen sollte. Dabei fließen gleichzeitig und in Echtzeit Informationen wie im Rausch. Keine Messenger-App kann auch nur im Ansatz mit diesem mörderisch effizienten Informations-Trommelfeuer mithalten. Hier wird dieses Buch ganz kurz zum Management-Ratgeber: Wann immer sich bei mir großartige Chancen ergeben haben, ging dem Ganzen ein persönliches Treffen voraus. Der Schlüssel ist Vertrauen, und da hilft uns die modernste Technik nicht weiter: Vertrauen entsteht am besten zwischen Personen, die sich im selben Raum befinden und einander in die Augen sehen. Was klingt wie eine Schützengraben-Weisheit des Großvaters, ist nichts weniger als die nackte, empirisch belegte Wahrheit. Und ja, ich weiß, wie viel bequemer die schnelle Mail ist. Über die Magie der Kommunikation unter Zuhilfenahme sämtlicher Sinne sollte viel häufiger geredet werden, weil der Zauber des Aufeinandertreffens zweier Entitäten aus Fleisch und Blut zu den vielleicht elementarsten und faszinierendsten Abenteuern gehört, die jeder gratis erleben kann. Eine Erfahrung, die für unsere Vorfahren ganz normal war und jetzt schnellstmöglich wiederentdeckt werden muss.

Der Gefahr ins Auge blicken

Ein trockener Alkoholiker nennt sich deshalb so, weil gerade in der Suchttheorie gewisse Dinge irreversibel sind. In dieser Wortkreation steckt ein eingebauter Warnhinweis: Einmal infiziert, immer rückfallgefährdet. Ein durchschnittlich aktiver Internetnutzer kann sein Leben wie ein Gelegenheitstrinker jederzeit im Griff haben, echte Sicherheit bietet nur Abstinenz. Die ist den wenigsten im Zusammenhang mit dem Internet möglich, daher habe ich mir das Bewusstsein gegenüber einer mittelschweren Abhängigkeit verordnet, der ich mich gar nicht entziehen kann, die jedoch jederzeit die Kontrolle über mein Leben gewinnen kann. Momentan geht's mir gut, aber schon morgen können sich die Fesseln um meine Synapsen legen.

Danke fürs Lesen.

Quellenverzeichnis

Alle Internet-Links wurden zuletzt am 7. Januar 2018 aufgerufen.

Gut gemeint, miserabel umgesetzt.
Warum es sich mit dem Internet unmöglich leben lässt

Abb. 1, Datenhandel, nach: https://www.webpagefx.com/blog/general/what-are-data-brokers-and-what-is-your-data-worth-infographic/.

Getting Started. Das müssen Sie wissen

Follow the Money. Geld ist der Treibstoff des Internets

Abb. 2, Influencerin its_alex: http://www.pictame.com/media/1473146584706464255_1188562566.

Abb. 3, Fake-Influencerin calibeachgirl310: https://www.instagram.com/calibeachgirl310/?hl=de.

Martin Schneider, Hakan Tanriverdi, »So viel verdienen YouTube-Stars«, http://www.sueddeutsche.de/digital/videoplattform-so-viel-verdienen-youtube-stars-1.2349565.

Tobias Weidemann, »Schleichwerbung und Lizenzfragen: Behörden nehmen YouTube-Stars ins Visier«, http://t3n.de/news/youtube-schleichwerbung-810890/.

DOKU Generation YouTube: https://www.youtube.com/watch?v=8NnFOPK1I-w.

Louise Matsakis, »Diese Bilder zeigen, wie es in einer riesigen Klick-Farm aussieht«, https://motherboard.vice.com/de/article/7xpemb/diese-bilder-zeigen-wie-es-in-einer-riesigen-klick-farm-aussieht.

Kerry Flynn, »Inside the black market where people pay thousands of dollars for Instagram verification«, http://mashable.com/2017/09/01/instagram-verification-paid-black-market-facebook/#xvoFLd6WeqqG.

MediaKix, »Are Fake Instagram Influencers Deceiving Brands?«, http://mediakix.com/2017/08/fake-instagram-influencers-followers-bots-study/#gs.4fnoyhU.

Stuart Dredge, »MySpace – what went wrong: ›The site was a massive spaghetti-ball mess‹«, https://www.theguardian.com/technology/2015/mar/06/myspace-what-went-wrong-sean-percival-spotify.

Wenn es nichts kostet, sind Sie das Produkt

Bruce Schneier, *Data and Goliath: The Hidden Battles to Collect Your Data and Control Your World*, New York 2015.

Charles Duhigg, »How Companies Learn Your Secrets«, http://www.nytimes.com/2012/02/19/magazine/shopping-habits.html.

Adam Tanner, »Anonymous Sex Survey Takers Get Identified In Data Dive«, https://www.forbes.com/sites/adamtanner/2013/10/11/decoding-the-secrets-of-sex-data/#73a7c5bfd55e.

Cathy O'Neil, *Weapons of Math Destruction: How Big Data Increases Inequality and Threatens Democracy*, New York 2016.

Hannes Grassegger, Mikael Krogerus, »Ich habe nur gezeigt, dass es die Bombe gibt«, https://www.dasmagazin.ch/2016/12/03/ich-habe-nur-gezeigt-dass-es-die-bombe-gibt/.

Das Desinformationszeitalter lädt ein

Süße Droge Reichweite. Journalisten sind abhängig

Abb. 4, *Chartbeat*: https://chartbeat.com/.

Abb. 5, *Google Trends*, »Idomeni«: https://trends.google.de/
trends/explore?q=idomeni.

Stefan Schulz, *Redaktionsschluss: Die Zeit nach der Zeitung*, München 2016.

Kara Pernice, »F-Shaped Pattern of Reading on the Web:
Misunderstood, But Still Relevant (Even on Mobile)«,
https://www.nngroup.com/articles/f-shaped-pattern-reading-
web-content/.

Jeremy Smith, »The Psychology Triggers Behind Clickbait Titles
and Why We Click Them«, https://www.jeremysaid.com/blog/
psychology-behind-clickbait-titles/.

Fake News. Die Wahrheit ist relativ

Abb. 6, Der Moselkurier: ehem. www.moselkurier.de.

Abb. 7, Gefälschter Tweet auf www.moselkurier.de.

Abb. 8, »Zitat« Heiko Maas: https://blog.halle-leaks.de/maas-
billigt-kinderehen-solang-sich-das-kind-nicht-beschwert/.

Abb. 9, Twitter Account Argentinische Präsidentin: https://
motherboard.vice.com/en_us/article/53dkyk/porn-chatbot-
tricks-thousands-into-believing-theyre-chatting-with-
president.

Ryan Holiday, *Trust Me, I'm Lying: Confessions of a Media Manipulator*, New York 2013.

Craig Silverman, »This Analysis Shows How Viral Fake Election News Stories Outperformed Real News on Facebook«, https://www.buzzfeed.com/craigsilverman/viral-fake-election-news-outperformed-real-news-on-facebook?utm_term=.ccBZp4VWDo#.ywJkWXE8BR.

Nathalia Gjersoe, »Negativity bias: Why conservatives are more swayed by threats than liberals«, https://www.theguardian.com/science/head-quarters/2017/may/26/negativity-bias-why-conservatives-are-more-swayed-by-threats-than-liberals.

Daniel M. T. Fessler, Anne C. Pisor, Colin Holbrook, »Political Orientation Predicts Credulity Regarding Putative Hazards«, https://escholarship.org/content/qt707173p5/qt707173p5.pdf.

Emily Dreyfuss, »Want to Make a Lie Seem True? Say it Again. And Again. And Again.«, https://www.wired.com/2017/02/dont-believe-lies-just-people-repeat/.

Ingrid Brodnig, *Lügen im Netz: Wie Fake News, Populisten und unkontrollierte Technik uns manipulieren*, Wien 2017.

Ingrid Brodnig, *Hass im Netz: Was wir gegen Hetze, Mobbing und Lügen tun können*, Wien 2016.

Craig Silvermann, »Welcome to the Age of Cheap Overseas Information«, https://www.buzzfeed.com/craigsilverman/welcome-to-the-age-of-cheap-overseas-information?utm_term=.qvODWWyVK#.gvj411dM5.

DEMO *Adobe VoCo*: https://www.youtube.com/watch?v=I3l4XLZ59iw.

DEMO *Face2Face*: https://www.youtube.com/watch?v=gkabNFzjQNA.

Megha Mohan, »Macron Leaks: The Anatomy of a Hack«, http://www.bbc.com/news/blogs-trending-39845105.

Joseph Cox, »I Bought a Russian Bot Army for Under $100«, https://www.thedailybeast.com/i-bought-a-russian-bot-army-for-under-dollar100.

Simon Hegelich, »Invasion der Meinungs-Roboter«, http://www.kas.de/wf/doc/kas_46486-544-1-30.pdf.

Greg Hadley, »As many as 48 million accounts on Twitter are actually bots, study finds«, http://www.miamiherald.com/news/nation-world/national/article138002733.html.

Lorenzo Franceschi-Bicchierai, »Porn Chatbot Tricks Argentinians Into Thinking They're Chatting With President«, https://motherboard.vice.com/en_us/article/53dkyk/porn-chatbot-tricks-thousands-into-believing-theyre-chatting-with-president.

Tim Collins, Mark Prigg, »Facebook shuts down controversial chatbot experiment after AIs develop their own language to talk to each other«, http://www.dailymail.co.uk/sciencetech/article-4747914/Facebook-shuts-chatbots-make-language.html.

Hate Speech. Das Netz ist ein Bällebad für Sadisten

Abb. 10, 4Chan: http://www.funnyjunk.com/funny_pictures/3024262/4chan/.

Erin E. Buckels, Paul D.Trapnell, Delroy L.Paulhus, »Trolls just want to have fun«, https://www.sciencedirect.com/science/article/pii/S0191886914000324.

Daegon Cho, Soodong Kim, Alessandro Acquisti, »Empirical analysis of online anonymity and user behaviors: the impact of real name policy«, http://ieeexplore.ieee.org/document/6149194/?reload=true.

Timothy J. Ryan, »What Makes Us Click? Demonstrating Incentives for Angry Discourse with Digital-Age Field Experiments«, http://www.jstor.org/stable/10.1017/s0022381612000540?seq=1#page_scan_tab_contents.

Das Internet verändert alles. Und jeden

Online-Sucht. Unser Belohnungszentrum wurde gehackt

Abb. 11: Facebook-Like-Button.

Natasha Dow Schüll, *Addiction by Design: Machine Gambling in Las Vegas*, Princeton 2012.

Adam Alter, *Irresistible: The Rise of Addictive Technology and the Business of Keeping Us Hooked*, New York 2017.

Katie Hampson, »Tech titans shun screen time for their kids«, https://thewest.com.au/lifestyle/health-wellbeing/tech-titans-shun-screen-time-for-their-kids-ng-b88333779z.

Natasha Singer, »Can't Put Down Your Device? That's by Design«, https://www.nytimes.com/2015/12/06/technology/personaltech/cant-put-down-your-device-thats-by-design.html.

Steve Sussman, Nadra Lisha, Mark Griffiths, »Prevalence of the Addictions: A Problem of the Majority or the Minority?«, https://www.ncbi.nlm.nih.gov/pmc/articles/PMC3134413/.

Molly Soat, »Social Media Triggers a Dopamine High«, https://www.ama.org/publications/MarketingNews/Pages/feeding-the-addiction.aspx.

Paul Lewis, »›Our minds can be hijacked‹: The tech insiders who fear a smartphone dystopia«, https://www.theguardian.com/technology/2017/oct/05/smartphone-addiction-silicon-valley-dystopia.

Victor Luckerson, »The Rise of the Like Economy«, https://www.theringer.com/2017/2/15/16038024/how-the-like-button-took-over-the-internet-ebe778be2459.

Nelson Groom, »Online Gaming Is South Korea's Most Popular Drug«, https://www.vice.com/en_ca/article/4w7wdm/online-gaming-is-south-koreas-most-popular-drug.

Abb. 12, *Google Trends*, »Shitstorm«: https://trends.google.de/
trends/explore?q=shitstorm.

M. Ambedkar, »The Aesthetics of the Alt-Right«, *Post-Office Arts Journal*, http://baltimore-art.com/2017/02/11/the-aesthetics-of-the-alt-right/.

Alice Marwick, Rebecca Lewis, »Media Manipulation and Disinformation Online«, https://datasociety.net/pubs/oh/
DataAndSociety_MediaManipulationAndDisinformationOnl
ine.pdf.

E-Mail, WhatsApp, Snapchat.
Moderne Kommunikation zerstört die Kommunikation

Lucy Clarke-Billings, »Psychologists warn constant email notifications are ›toxic source of stress‹«, http://www.telegraph.
co.uk/news/2016/03/22/psychologists-warn-constant-email-notifications-are-toxic-source/.

Glenn Drexhage, »Check less to reduce email stress«, https://news.
ubc.ca/2014/12/03/check-less-to-reduce-email-stress/.

Michael Chui, James Manyika, Jacques Bughin, Richard Dobbs, Charles Roxburgh, Hugo Sarrazin, Geoffrey Sands, Magdalena Westergren, »The social economy: Unlocking value and productivity through social technologies«, https://www.mckinsey.
com/industries/high-tech/our-insights/the-social-economy.

Sherry Turkle, *Reclaiming Conversation. The Power of Talk in a Digital Age*, New York 2015.

Chuck Hadad, »Why some 13-year-olds check social media 100 times a day«, http://edition.cnn.com/2015/10/05/health/being-13-teens-social-media-study/.

Mark R. Dadds, Jennifer L. Allen, Bonamy R. Oliver, Nathan Faulkner, Katherine Legge, Caroline Moul, Matthew Woolgar, Stephen Scott, »Love, eye contact and the developmental origins of empathy v. psychopathy«, http://bjp.rcpsych.org/content/200/3/191.

Pamela Paul, »From Students, Less Kindness for Strangers?«, http://www.nytimes.com/2010/06/27/fashion/27StudiedEmpathy.html.

Joshua Rothman, »Big Data Comes to the Office«, https://www.newyorker.com/books/joshua-rothman/big-data-comes-to-the-office.

Daniel Levitin, *The Organized Mind: Thinking Straight in the Age of Information Overload*, New York 2015.

Bridget De Maine, »Constant Email Notifications Can Reduce Your IQ by 10 Points«, https://collectivehub.com/2017/04/constant-email-notifications-reduce-your-iq-by-10-points/.

Gloria Mark, Daniela Gudith, Ulrich Klocke, »The Cost of Interrupted Work: More Speed and Stress«, https://www.ics.uci.edu/~gmark/chi08-mark.pdf.

Blake Thorne, »How Distractions at Work Take Up More Time than You Think«, http://blog.idonethis.com/distractions-at-work/.

Kermit Patterson, »Worker, Interrupted: The Cost of Task Switching«, https://www.fastcompany.com/944128/worker-interrupted-cost-task-switching.

Bob Sullivan, Hugh Thompson, »Brain, Interrupted«, http://www.nytimes.com/2013/05/05/opinion/sunday/a-focus-on-distraction.html.

Kristy Wilkinson, »We Are the Generation That Doesn't Want Relationships«, https://www.huffingtonpost.com/entry/we-are-the-generation-who-doesnt-want-reltionships_us_572131a5e4b03b93e7e435d8.

Lydia Saad, »Fewer Young People Say I Do –- to Any Relationship«, http://news.gallup.com/poll/183515/fewer-young-people-say-relationship.aspx.

Sarah Scully, »Study Reveals That Millennials Lack Relationship
Skills and Confidence«, https://www.theodysseyonline.com/
study-reveals-millennials-lack-relationship-skills-confidence.

Millennials und Generation Z.
Versuchskaninchen der Geschichte

Abb. 13, Multitasking: http://mashable.com/2012/08/13/
multitasking-infographic/#_GSubZMVn5q5; OnlineCollege.org.
Abb. 14, Selbstmorde unter US-Teenagern: https://
www.huffingtonpost.com/entry/suicide-rates-teen-girls_
us_59848b64e4b0cb15b1be13f4.
Abb. 15, Facetune: https://www.entrepreneur.com/article/249521.
Tom Bilyeu, »Simon Sinek on the Millennial Question«, https://
www.success.com/videos/youtube/simon-sinek-on-the-
millennial-question.
Morgan Kelly, »Chitchat and small talk could serve an evolutionary
need to bond with others«, https://www.princeton.edu/news/
2015/12/14/chitchat-and-small-talk-could-serve-evolutionary-
need-bond-others.
Chloe Combi, *Generation Z: Their Voices, Their Lives*, London 2015.
Jean M. Twenge, »Have Smartphones Destroyed a Generation?«,
https://www.theatlantic.com/magazine/archive/2017/09/has-
the-smartphone-destroyed-a-generation/534198/.
Noreena Hertz, »Think millennials have it tough? For ›Generation
K‹, life is even harsher«, https://www.theguardian.com/world/
2016/mar/19/think-millennials-have-it-tough-for-generation-
k-life-is-even-harsher.
Stefanie Marsh, »Teenagers on loneliness: ›We want to talk to our
parents. We need their guidance‹«, https://www.theguardian.
com/society/2017/apr/08/teenagers-loneliness-social-media-
isolation-parents-attention.

Caelainn Barr, »Who are Generation Z? The latest data on today's teens«, https://www.theguardian.com/lifeandstyle/2016/dec/10/generation-z-latest-data-teens.

Maja Beckers, »Fomo? Yolo!«, http://www.spiegel.de/netzwelt/reeperbahnfestival/fomo-mode-erscheinung-fear-of-missing-out-a-992740.html.

Andreas Elpidorou, »The Significance of Boredom: A Sartrean Reading«, https://philpapers.org/rec/ELPTSO.

Rachel Thompson, »One social network ranked worst for young people's mental health and wellbeing«, http://mashable.com/2017/05/19/instagram-wellbeing-young-people/#9UGMYiWWDaqy.

Ditch the Label, Reports: https://www.ditchthelabel.org/research-papers/.

Stephan Dörner, Karsten Seibel, »Verhindern Facebook-Freunde bald den Kredit?«, https://www.welt.de/finanzen/article144893666/Verhindern-Facebook-Freunde-bald-den-Kredit.html.

Jobkiller Automatisierung.
Roboter sind die besseren Angestellten

Abb. 16, Jobsterben durch Automatisierung: https://de.statista.com/infografik/8751/durch-automatisierung-gefaehrdete-arbeitsplaetze/.

»Studie: Roboter werden über ein Drittel unserer Jobs stehlen«, https://www.wired.de/collection/business/automatisierung-roboter-jobs-arbeitsplaetze-studie-pwc.

Gerald Hörhan, *Der stille Raub*, Wien 2017.